Den Nachkommen von Luise und Rudolf Röhm

Hermann Röhm

Chinesen vor der Hölle retten

48 Jahre als Missionare in China:
Luise und Rudolf Röhm

Impresssum

© 2017 Hermann Röhm

Umschlaggestaltung: Achim Kramer
Titelgestaltung unter Verwendung des Bildes „Höllenstrafen"
eines namentlich unbekannten chinesischen Malers von 1902.

Verlag: tredition GmbH, Hamburg

ISBN

Paperback   978-3-7439-2754-4

Hardcover   978-3-7439-2755-1

e-Book   978-3-7439-2756-8

Printed in Germany

Inhalt

Vorwort

Das abenteuerliche und entbehrungsreiche Leben meiner Großeltern habe ich in diesem Buch großenteils mit Zitaten aus ihren Berichten nachgezeichnet. Die Hauptautoren sind also Luise und Rudolf Röhm. Sie haben über Jahrzehnte Freunden und Unterstützern in Deutschland und der Schweiz von ihrer Arbeit und den Lebensbedingungen in einem weit entfernten und oft sehr fremden Kulturkreis erzählt.

Einige Zitate habe ich leicht geändert: 1. Orte bezeichne ich möglichst mit den heutigen Namen, damit interessierte Leser sie auf Landkarten finden können. Der in den Originalberichten als Chuchow oder Tschuetseo erwähnte Ort heißt beispielsweise heute und in diesem Buch Lishui. Manche kleine Ortschaften im Umkreis der Stationen meiner Großeltern habe ich nicht mehr gefunden. Ihre Namen habe ich unverändert übernommen. 2. Schwer verständliche alte Rechtschreibung habe ich durch heutige ersetzt. 3. Alte Abkürzungen habe ich ausgeschrieben.

44 Jahre nach der Ausweisung meiner Großeltern aus China übernahm ich 1995 Aufgaben in diesem Land und habe bis 2013 mit Unterbrechungen 8 Jahre dort gelebt. Aber meine Lebensbedingungen waren unendlich viel besser als die von Luise und Rudolf Röhm. Ich war zwar auch oft wai guo gui zi, ausländischer Teufel, aber ich habe nie den Ruf gehört ,Schlagt die ausländischen Teufel tot'. Ich wurde nie beraubt und musste nie unter Lebensgefahr fliehen. Aberglauben, Gewalttätigkeit, Korruption, krasse Selbstsucht, Verleumdung fand ich noch weit verbreitet.

Zum Gelingen dieses Buches haben meine Vettern Gerd und Helmut Röhm beigetragen, indem sie Berichte unserer Großeltern aus Sütterlin-Schrift in Maschinenschrift übertragen und mir zur Verfügung gestellt haben. Von meinen Kusinen Ursula Hyde und Ute Wachter habe ich alte Bilder erhalten bzw. bearbeitet bekommen.

Mein Onkel Dr. Walter Röhm, der Jahrzehnte in China lebte, hat mich bei der Suche nach Wohn- und Arbeits-Orten seiner Eltern unterstützt. Seinem Buch ‚Wie Gott in drei Erdteilen führte' verdanke ich wichtige Informationen. Mein Vater Theophil Röhm hat mir seine Erinnerungen an Kindheit und Jugend in Zhejiang eindrucksvoll geschildert. Die Allianz Mission hat mir ihr leider im zweiten Weltkrieg weitgehend zerstörtes Archiv geöffnet. Meine Frau Jiang Yindi hat mir als Pfadfinderin bei der Suche nach Lebensstationen meiner Großeltern und alten Weggefährten und als Dolmetscherin und Übersetzerin unschätzbare Dienste geleistet. Von ihr stammt auch der Titel dieses Buchs. Allen Unterstützern herzlichen Dank!

Köln, 15. Mai 2017

Dr. Hermann Röhm

1 Die entscheidende Frage

Darf ich untätig bleiben, wenn 450 Millionen Menschen unwissentlich in ihr Verderben laufen? Diese Frage beantworteten zwei junge Deutsche aus einfachen Verhältnissen in den frühen 1890er Jahren mit einem klaren „Nein". Sie wollten helfen, Chinesen vor der Hölle zu bewahren. Sie kannten die von dem Evangelisten Markus überlieferten Worte Jesu „Gehet hin in alle Welt und prediget das Evangelium aller Kreatur. Wer da glaubet und getauft wird, der wird selig werden; wer aber nicht glaubet, der wird verdammt werden." Die 20jährige Luise Sichelschmidt aus Westfalen und Rudolf Röhm, 25 Jahre alt, aus Baden beschlossen unabhängig voneinander, als Missionare die christliche Botschaft in China zu verkünden. 1893 traten sie der Deutschen China Allianz Mission bei.

Auf ihr großes Ziel waren sie nicht vorbereitet. Sie waren zwar gläubige Christen, hatten aber keine theologische Ausbildung. Nach der Volksschule arbeitete Luise als Hausgehilfin, Rudolf war nach seiner Buchbinderlehre auf der Walz. So nannte man damals die für junge Handwerksgesellen übliche Wanderung, um in fremden Städten bei anderen Meistern neue Erfahrungen zu sammeln. Von China und den Chinesen wussten sie wenig. Chinesisch konnten sie nicht.

Nach mühsamer Vorbereitung in Deutschland und England kamen sie im Frühjahr 1896 in China an und besuchten zunächst in kleinen Orten Sprachschulen. Dort erlebten sie Fremdenhass. Trotz unzureichender Sprachkenntnisse wurden sie bald erfahrenen Missionaren als Helfer zugeteilt. Nach drei Jahren konnten sie selbständig arbeiten. Im Jahr 1900 entkamen sie fremdenfeindlichen Mörderbanden im sogenannten Boxeraufstand durch die Flucht nach Schanghai. Dort heirateten sie und kehrten auf ihr Arbeitsfeld zurück, als sie sich nicht mehr gefährdet glaubten.

Nachdem Deutschland den ersten Weltkrieg verloren hatte, wurden sie 1919 auf Betreiben Englands aus China ausgewiesen. Dass sie deutsche Staatsbürger waren, genügte als Grund sie hinauszuwerfen; sie hatten nichts verbrochen und keine Reichtümer, deren sich die Sieger bemächtigen konnten. ‚England rules the whole world‘, erklärte ein Engländer Rudolf Röhm. In Deutschland hielten sie ihr Ziel im Auge, das Evangelium in China zu verbreiten. Bei erster Gelegenheit kehrten sie 1924 in ein Land im Bürgerkrieg zurück. Sie erlebten unerhörte Kriegsgräuel und flohen mehrmals unter Lebensgefahr von ihren Stationen. Aber aufgeben wollten sie nicht. Selbst als sie einen Krieg mit Japan voraussahen, kehrten sie 1937 von einem Heimaturlaub ins geliebte China zurück, obwohl Rudolf knapp 69 und Luise 64 Jahre alt war. Sie sahen sich an ihren Auftrag gebunden, den ein Missionslied beschrieb: „Sagt's immer wieder, bis keiner mehr klagt, niemand hat je mir vom Heiland gesagt."

Der erwartete chinesisch-japanische Krieg kam schnell und 1939 brach der zweite Weltkrieg aus. Die Missionsarbeit wurde immer schwerer. Aber die Frage, ob sie untätig bleiben dürften, obwohl Millionen Chinesen das christliche Evangelium nie gehört hatten, beantworteten die alten Röhms weiterhin klar: „Nein, wir müssen etwas tun." Das sah die am 1. Oktober 1949 an die Macht gekommene kommunistische Regierung anders. Am 15. März 1951 wurden Luise und Rudolf Röhm aus ihrem Missionshaus vertrieben, weil sich die örtliche Polizei dort einnisten wollte. In Deutschland blieb den alten Missionaren nur noch, für China zu beten und in Missionsversammlungen zum Gebet aufzurufen.

Für die chinesischen Christen folgten schreckliche Jahre unter kommunistischer Gewaltherrschaft. Nach dem Tod des Tyrannen Mao im Jahre 1976 verbesserte sich ihre Lage langsam und sie verbreiteten die christliche Botschaft ohne ausländische Helfer. 40 Jahre nach Maos Tod hat sich die Zahl der Christen in China vervielfacht.

2 Frühe Jahre in Deutschland

2.1 Rudolf Röhm

Gustav Rudolf Röhm wurde am 18. November 1868 in Königsbach (Amt Durlach) im damaligen Großherzogtum Baden geboren. Seine Mutter Katharina, geb. Knodel, stammte von dort: Ihre Vorfahren hatten seit über 100 Jahren dort als Handwerker und Bauern gelebt. Sein Vater Johann Georg Röhm war aus dem rund 50 km südlich gelegenen Gültlingen, (Oberamt Nagold) zugezogen, wo seine Vorfahren ebenfalls seit über 100 Jahren als Handwerker und Bauern ansässig gewesen waren. Königsbach und Gültlingen waren damals kleine Orte im Großherzogtum Baden. Heute, im Jahre 2017, gehören sie zum Bundesland Baden-Württemberg und sind Teile der größeren Gemeinden Königsbach-Stein und Wildberg im nördlichen Schwarzwald. 1874 zog Rudolf Röhm mit seinen Eltern nach Karlsruhe.

Bei der Geburt von Rudolf Röhm waren seine Großeltern bereits tot oder starben kurz darauf. Seine Eltern bekamen noch weitere vier Kinder: Karl, Friedrich, Julius und Anna. Die Eltern waren – wie auch schon Groß- und Urgroßeltern – evangelisch. Der Vater von Rudolf Röhm war Schuhmacher und Kirchendiener, so wurden damals Küster genannt, laut Duden Menschen die „für Instandhaltung, Reinigung u. Ä. einer Kirche [...] und für den äußeren Ablauf des Gottesdienstes u. Ä. verantwortlich" sind. Rudolf besuchte die Volksschule. Ihre Unterrichtsfächer waren: „Religion, Lesen und Schreiben, deutsche Sprache, Rechnen, Gesang, Zeichnen und das Wissenswürdigste aus der Geometrie, der Erdkunde, der Naturgeschichte und

Naturlehre und aus der Geschichte (Realien), sodann Turnen für Knaben und Handarbeitsunterricht für Mädchen."[1]

Die Schulpflicht dauerte vom vollendeten 6. bis zum vollendeten 14. Lebensjahr. Es gab auch erweiterte Volksschulen, in denen zusätzlich Französisch und Englisch unterrichtet wurde. Ob Rudolf Röhm in den Genuss solchen Sprachunterrichts kam, ist unbekannt. Nach der Volksschule ging er in Karlsruhe-Durlach in eine Buchbinderlehre. Sein Gesellenstück, ein prachtvolles dickes Buch mit Goldprägung in einer großen Cassette, erregte in meiner Kindheit meine Bewunderung. Leider ist es verschollen.

Nach Abschluss der Lehre ging Rudolf Röhm nach damaligem Handwerkerbrauch auf die Walz: Dieser Begriff steht für „die Zeit der Wanderschaft zünftiger Gesellen nach dem Abschluss ihrer Lehrzeit (Freisprechung). Sie war seit dem Spätmittelalter bis zur beginnenden Industrialisierung eine der Voraussetzungen der Zulassung zur Meisterprüfung. Die Gesellen sollten vor allem neue Arbeitspraktiken, fremde Orte, Regionen und Länder kennenlernen sowie Lebenserfahrung sammeln."[2] Einzelheiten über Rudolf Röhms Wanderschaft sind kaum bekannt. Sein Sohn Walter berichtete, dass er mit anderen Wandergesellen den Rhein entlang gezogen sei. Nach einem verblichenen Personal-Bogen – vermutlich der Deutschen China Allianz Mission – hat er in den Christlichen Vereinen junger Männer in Karlsruhe, Elberfeld, Lemgo, Bielefeld und Frankfurt am Main verkehrt, so dass er sich an diesen Orten wohl länger aufgehalten und gearbeitet hat. Im Juli 1891 hat Rudolf Röhm „Heilsgewissheit er-

---

[1] Die Schulen des Großherzogthums Baden, Herausgegeben von dem Handelsministerium. Bearbeitet von L. Renk, Direktor des Großherzoglichen Badischen Oberschulraths. Carlsruhe, Chr. Fr. Müller'sche Hofbuchhandlung, 1873, S 16 ff; im Internet unter Beiträge zur Statistik des Großherzogtums Baden – digitalisiert, 1873, 34. Heft, S. 16; auf digital.blb-Karlsruhe.de/ periodical/pageview/1324701 ff [Zugriff am 15.06.2014]
[2] Wikipedia, Wandergesellen, [Zugriff 12.06.2014]

langt", ohne dass Einzelheiten dazu überliefert sind. In Bielefeld kam er „als begeisterter Bläser mit dem ‚Posaunengeneral' Kuhlo in Bethel in Verbindung".[3] Die Verbindung mit dem ‚Posaunengeneral' Pastor Johannes Kuhlo (1856 bis 1941) lässt vermuten, dass Rudolf Röhm mit der Arbeit der diakonischen Einrichtungen Bodelschwingh'sche Anstalten in Bethel und Rauhes Hauses in Hamburg vertraut war, denn Kuhlo war in Bethel Anstaltspfarrer und hatte vorher im Rauhen Haus in Hamburg gearbeitet. „Theologisch stand Kuhlo der neupietistischen Erweckungsbewegung nahe und war durch ein orthodoxes Luthertum und schlichten Bibelglauben geprägt, ohne theologisch-wissenschaftliches Interesse." Er war ein sehr einflussreicher Musiker, der ab 1881 als ‚Posaunen-General' berühmt wurde.[4] Nach dem Besuch eines Vortrags von Hudson Taylor in Frankfurt entschloss Rudolf Röhm sich im April 1893 der Deutschen China Allianz Mission beizutreten[5] und wurde im Juli 1893 in die Mission aufgenommen.

Der Engländer Hudson Taylor war ab 1853 in China als Missionar tätig gewesen und hatte 1865 die China Inland Mission gegründet. Er gilt als einer der einflussreichsten christlichen Missionare aller Zeiten. Er war überzeugt, den Chinesen die christliche Botschaft bringen zu müssen, ohne die sie auf ewig verloren seien. Für diese Idee warb er auch auf Vortragsreisen in Deutschland. Taylor gilt als der Begründer der sogenannten Glaubensmissionen, denen es in erster Linie um die Verkündigung der christlichen Botschaft geht und die sich nicht um enge theologische Begrenzungen kümmern. Bei ihnen können Christen verschiedener Glaubensgemeinschaften und beiderlei Geschlechts mitarbeiten; sie müssen nicht einmal studierte Theologen sein. Eine feste Bezahlung erhalten sie nicht.

---

[3] Röhm, Walter, Wie Gott in drei Erdteilen führte, o.O. 1995, S. 3
[4] Nach: Der Posaunengeneral, Portrait von Pastor Johannes Kuhlo; www.posaunenchor-schwarz.de [Zugriff 24.05.2014]
[5] Röhm, W., Wie Gott in drei Erdteilen führte, S.3

Die evangelische Hochschule Tabor in Marburg beschreibt die Grundsätze der China Inland Mission so:

„1. Die Mission ist interdenominationell. Missionare aus allen evangelischen Kirchen können in ihr mitarbeiten, wenn sie der Glaubensgrundlage zustimmen.

2. Fragen der Kirchenordnung sind sekundär und auf dem Missionsfeld pragmatisch zu lösen.

3. Missionare sind nicht Angestellte, sondern Mitglieder der Mission.

4. Missionare bekommen kein Gehalt, sondern erwarten im Glauben, dass Gott sie mit allem Nötigen versorgt („Glaubensprinzip").

5. Missionare mit unterschiedlicher Vorbildung sind gleichermaßen willkommen.

6. Ordinierte und nicht ordinierte Missionare sind in jeder Hinsicht gleichgestellt.

7. Ehefrauen gelten als Missionare und haben dieselben Möglichkeiten wie Männer.

8. Ledige Frauen haben dieselben Möglichkeiten der Missionsarbeit wie Männer und können auch im selbständigen evangelistischen Pionierdienst arbeiten.

9. Die Missionare identifizieren sich soweit wie eben möglich in ihren Lebensgewohnheiten mit der Kultur des Gastlandes. So tragen sie z. B. chinesische Kleidung.

10. Missionare müssen bereit sein zu Verzicht, Leiden und Opfer.

11. Verkündigung hat Vorrang vor institutioneller Arbeit.

12. Erste Priorität der evangelistischen Arbeit ist es, allen die Chance zu geben, das Evangelium wenigstens einmal zu hören. Deswegen steht die evangelistische Reisepredigt im Zentrum.

13. Die Bekehrten sind in Gemeinden zu sammeln und zur Ausweitung des Dienstes einzusetzen.

14. Die Mission ist international.

15. Die Leitung der Mission ist zentralistisch und liegt auf dem Missionsfeld. Die Heimatzentralen der Mission sind nur für die Vertretung der Belange der Mission im jeweiligen Land zuständig."[6]

Hudson Taylor „war der festen Überzeugung, dass es nur durch die persönliche Bekehrung zu Christus Heil gibt. Jeder Mensch, der nie das Evangelium gehört hat, oder sich nicht für ein Leben im Glauben an Jesus entschieden hat, geht ewig verloren. Diese Theologie gab den frühen Glaubensmissionen eine starke Leidenschaft und Dynamik. Neu war, dass die Glaubensmissionen nach dem Vorbild der China Inland Mission ihre vordringliche Aufgabe darin sahen, das Evangelium zu bisher unerreichten Völkern zu tragen."[7]

Taylors Missionsideen wurden weitgehend unterstützt durch den aus Schweden stammenden Amerikaner Fredrik Franson, der sie auf weltweiten Vortragsreisen propagierte. Er gründete zusammen mit dem Wuppertaler Kaufmann Carl Polnick 1889 die Deutsche China Allianz Mission. Sie arbeitete eng mit der China Inland Mission zusammen und hatte bereits 7 Missionare/innen nach China entsandt,

---

[6] Evangelische Hochschule Tabor, Neupietistische Missionsgesellschaften, Die Glaubensmissionen, in: http://www.eh-abor.de/dieglaubensmissionen, [Zugriff 12.05.2014]
[7] ebenda

als Rudolf Röhm ihr beitrat.[8] Fredrik Franson (1852 bis 1908) erschien manchen Zeitgenossen als fanatischer Evangelisationsprediger, der die Menschen in emotionale Erschütterung versetzte, so dass sie sich bekehrten. Das rief sogar gelegentlich – auch im Wuppertal – die Polizei auf den Plan, brachte ihn in Europa mehrfach ins Gefängnis und trug ihm 1885 ein immerwährendes Aufenthaltsverbot in Dänemark ein. Er wurde auch von nüchterner denkenden Theologen kritisiert.[9]

Franson erwartete die baldige Wiederkehr Christi und sah sich in Zeitnot, die Menschenmassen, die die christliche Botschaft noch nicht kannten, zu evangelisieren und so vor dem ewigen Verderben zu retten.[10] Sein theologisches Vorbild Dwight Lyman Moody hatte erklärt: „Ich sehe diese Welt als schrottreifes Schiff. Gott hat mir ein Rettungsboot gegeben und gesagt ‚Moody rette alle, die du retten kannst'. Gott wird als Richter kommen und diese Welt verbrennen. [...] Die Welt wird dunkler und dunkler, ihr Untergang kommt näher

---

[8] Röhm, W., Wie Gott in drei Erdteilen führte, S. 4

[9] Spohn, E., 2009: Die Allianz-Mission und der Bund Freier evangelischer Gemeinden (BFeG): Die Geschichte ihrer Beziehung und deren theologische Begründung (The German Alliance-Mission and the Federation of Free Evangelical Churches in Germany: The History of their Relationship and its theological Rationale), http://uir.unisa.ac.za/bitstream/handle/10500/2427/dissertation.pdf [Zugriff 24.05.2014], S. 29 – 33 nach pdf Zählung, 25 – 28 nach Nummerierung der gedruckten Seiten. Spohn bezieht sich auf Jung, August, 2000: Ein umstrittener Endzeitprediger: Missionar Fredrik Franson aus Amerika. Monatsheft für Evangelische Kirchengeschichte des Rheinlandes 49, 161-192./ Ferner: Billy Graham Center Archives, Papers of Fredrik Franson - Collection 87) – Biography aus: http://www2.wheaton.edu/bgc/archives/ GUIDES/087.htm#3

[10] Nach Edvard Torjesen, The Legacy of Fredrik Franson, Boston University – School of Theology, Biographies, http://www.bu.edu/missiology/missionary-biography/e-f/franson-frederick-1852-1908/ [Zugriff 14.06.2014]

und näher. Wenn du noch irgendwelche nicht erlöste Freunde auf diesem Wrack hast, solltest du keine Zeit verlieren und sie herunterholen."[11] Solche Gedanken erklären vielleicht den fanatischen Eifer, der Franson rastlos durch alle Kontinente trieb und zum Mitbegründer vieler Missionsgesellschaften werden ließ.

Ob Rudolf Röhm vor seiner Entscheidung, in die Mission zu gehen, Fredrik Franson persönlich erlebt hat oder sogar näher kannte und auch von ihm beeinflusst wurde, ist unbekannt. Gelegenheiten, den viel Reisenden zu erleben, gab es wohl. Franson war von 1885 bis zum Winter 1890 viel in Deutschland unterwegs, wie Briefe und Schriften belegen.[12]

Auch Carl Polnick [...] ging es – wie Franson – um die Rettung der 'Verlorenen' und auch er rechnete mit der baldigen Wiederkunft Christi. 1890 schrieb er „Doch die Zeichen der Zeit mehren sich so, dass unser Herr und unsere Erlösung nahe ist, dass jeder Einzelne sich wohl ernstlicher, als bisher fragen darf, ob er seine Zeit, seine Gaben, sein Vermögen nicht besser als bisher für unseren Herrn und König Jesus verwerten kann."[13]

Das Wupper-Tal war als Gegend mit vielen religiösen Gruppierungen bekannt, deren Glaubensgewissheiten sich nur in geringer Weise unterschieden, die sich aber dennoch oft streng gegeneinander abgrenzten. Das erlebte ich als Kind selbst in den 1950er Jahren noch – 60 Jahre nach dem Eintritt Rudolf Röhms in die Deutsche China Allianz Mission: Auf knapp 2 Kilometer Strecke fanden sich 3 evangelische religiöse Gemeinden, die sich reserviert beäugten. Eine Reihe von Mitgliedern einer Freikirche sah sich selbst als ‚Kinder Gottes' im Gegensatz zu den ‚Weltmenschen', die der evangelischen Kirchen-

---

[11] Spohn, E., 2009, S 104 der pdf-Nummerierung)
[12] Vgl. Billy Graham Center Archives Papers of Fredrik Franson - Collection 87 – aus: http://www2.wheaton.edu/bgc/archives/GUIDES/087.htm#3
[13] Spohn, E., 2009, S. 80 der pdf-Nummerierung

gemeinde angehörten. Fröhliches Singen in leicht angeheitertem Zustand am Neujahrsmorgen habe ich als untrügliches Zeichen für ‚Weltmenschen' in Erinnerung. Die Deutsche China Allianz Mission hielt sich frei von solch engen Einschränkungen; der Namensbestandteil ‚Allianz' machte das deutlich.

2.2 Luise Sichelschmidt

Auguste Luise Sichelschmidt wurde am 22.01.1873 in Haspe geboren. Der Ort mit knapp 10.000 Einwohnern erhielt wenig später Stadtrecht, wurde aber 1929 Stadtteil von Hagen in Westfalen. Ihre Mutter, Lisette geb. Kampmann, stammte aus Eilpe, heute ebenfalls ein Stadtteil von Hagen. Ihr Vater Ferdinand Sichelschmidt kam von dem Flecken Saale bei Breckerfeld, rund 15 km südlich von Haspe. Ferdinand Sichelschmidt war Commis, nach heutigen Begriffen kaufmännischer Angestellter. Sein Vater war Bauer. Luise Sichelschmidts anderer Großvater war Schlosser und Kleinschmied. Die Berufe früherer Vorfahren sind im Ahnenpass von Johannes Röhm, Luises jüngstem Sohn, nicht überliefert.

Über die frühen Jahre von Luise Sichelschmidt ist sehr wenig bekannt. Sie hatte drei jüngere Geschwister namens Bertha, Elli und Eduard, die sehr streng erzogen wurden. Luise „bekam einmal eine Tracht Prügel, weil sie ohne Erlaubnis Schlittschuhlaufen ging, dies auch später nicht mehr tun durfte".[14] Sie besuchte die Volksschule, in der Religion, Deutsch, Rechnen, Zeichnen, Naturkunde, Erdkunde, Geschichte, Singen und Turnen und für Mädchen fakultativ Hand-

---

[14] Röhm, W., Wie Gott in drei Erdteilen führte, S. 3

18

arbeit gelehrt wurde. Damals bestand 8-jährige Schulpflicht ab dem 6. Lebensjahr in Preußen.[15]

Nach dem Besuch der Volksschule war sie im Haushalt tätig. Auf einem Notizzettel steht in ihrer Handschrift „1890 gläubig geworden" und „1893 Eintritt in die Mission". Da war sie 20 Jahre alt. Warum und unter wessen Einfluss sie diese Entscheidung getroffen hat, ist unbekannt. Ihr Sohn Walter schreibt, sie habe diese Entscheidung unabhängig von ihrem späteren Ehemann Rudolf Röhm getroffen.[16] Ob sie ihn vor ihrem Eintritt in die Mission kannte, ist ungewiss. Möglicherweise war auch sie von dem glühenden Evangelisations-Prediger Fredrik Franson beeinflusst, der zwischen 1885 und 1890 mehrfach längere Zeit in dem nur 19 km entfernten Wuppertal-Barmen arbeitete. Sie erzählte im hohen Alter, dass sie gelegentlich mit anderen zu Fuß nach Barmen gewandert sei. Barmen und Haspe waren auch bereits jahrelang durch eine Eisenbahn verbunden. Ob sie Hudson Taylor in ihren jungen Jahren in Deutschland persönlich erlebt hat, ist unbekannt. Er war ihr großes Idol, sein Bild hing in ihrem Zimmer und sein Name fiel oft, nachdem sie hochbetagt nach der Vertreibung aus China wieder nach Deutschland gekommen war. Er hatte ihr, einem Mädchen aus einfachen Verhältnissen und ohne akademische Ausbildung, mit den oben beschriebenen Grundsätzen der China Inland Mission die Tätigkeit als Missionarin in China ermöglicht. Durch ihn konnte sie – als Frau im ausgehenden 19. Jahrhundert! – helfen, die unerlösten ‚China's millions' mit der christlichen Botschaft bekannt zu machen und vor dem ewigen Verderben zu bewahren.

---

[15] Vgl. Wittmütz, Volkmar: Die preußische Elementarschule im 19. Jahrhundert. In: Themenportal Europäische Geschichte (2007), URL: <http://www.europa.clio-online.de/2007/Article=263>.

[16] Röhm, W., Wie Gott in drei Erdteilen führte, S. 4

3 Vorbereitung auf die Mission

Der von Luise Sichelschmidt und Rudolf Röhm 1893 unabhängig voneinander gefasste Beschluss, der Deutschen China Allianz Mission beizutreten, stellte die beiden vor enorme Herausforderungen: Sie hatten keine fundierte theologische Ausbildung, sie kannten ihre Zielgruppe kaum und deren Sprache gar nicht. Es war also eine lange Vorbereitung nötig, bevor sie sich in ihre eigentliche Arbeit stürzen konnten. Diese ‚Lehrzeit' fand in Deutschland, England und China statt.

3.1 Vorbereitungen in Deutschland

Rudolf Röhm und Luise Sichelschmidt hatten mit hoher Sicherheit eine unvergleichlich viel bessere Bibelkenntnis als Hauptschulabsolventen des Jahres 2017. In den Volksschulen in Baden und Preußen, den Heimatländern der beiden, hatte Religionsunterricht eine hohe Priorität. Die Schulen wurden gerade erst langsam unabhängig von kirchlicher Trägerschaft und Leitung und die Schüler lernten viele Bibelverse, den Katechismus und viele Kirchenlieder auswendig. Auf diese Wissensgrundlage setzte Carl Polnick, Gründer der Deutschen China Allianz Mission und von Beruf Seifen-Fabrikant, mit einigen örtlichen Pastoren, die der Missionsarbeit zugetan waren, eine einfache theologische Ausbildung.[17]

---

[17] Röhm, W., Wie Gott in drei Erdteilen führte, S. 4

3.2 Vorbereitungen in England

„Weil zum Erlernen der chinesischen Sprache englische Sprach-kenntnisse erforderlich waren" wurden die Missionsanwärter ins Missionshaus der China Inland Mission nach London geschickt.[18]

3.2.1 Rudolf Röhm

Bei der China Inland Mission nahm Rudolf Röhm von April bis November 1894 Sprachunterricht, danach besuchte er bis März 1895 Bibelschulkurse in Mrs Baxter's Bibelschule.[19] Das war eine Trainings-Einrichtung für Missionars-Anwärter, die von einer Elizabeth Baxter ins Leben gerufen worden war. Dort erhielten viele junge Menschen eine christliche Erziehung, bevor sie als Missionare tätig wurden. Mrs Baxter war Mit-Herausgeberin einer Zeitschrift ‚Christian Herald' und eine bekannte Missionarin, die auch in Süd-deutschland tätig war und dort im Vertrauen auf Gottes Hilfe mit minimalen Deutschkenntnissen auftrat und Menschen bekehrte.[20]

Anschließend war Rudolf Röhm „in der Jugendarbeit tätig, wobei er auch das berühmte Waisenhaus des Deutschen Georg Müller in Bristol kennenlernte."[21] Müller (1805 – 1898) war ein deutschstämmi-ger Theologe und Evangelist, der 1929 nach England gekommen war und sich zunächst der Judenmission widmete. Ab 1836 baute er ein Waisenhaus für schließlich über 1000 Kinder auf. „Die Arbeit lebte von Spenden, ohne dass jemals ein Spendenaufruf veröffentlicht wurde, weil Georg Müller darauf vertraute, dass Gott für alle notwen-

---

[18] Röhm, W., Wie Gott in drei Erdteilen führte, S. 4

[19] Nach einer handschriftlichen Notiz ohne weitere Details vermutlich von Rudolf Röhm

[20] Vgl. Elizabeth Baxter Christian Heraldess.
Aus: http://www.pawcreek.org/testimonies/elizabeth-baxter, [Zugriff 15.06.2014]

[21] Röhm, W., Wie Gott in drei Erdteilen führte, S. 4

digen Spenden sorgen würde. [...] Ab 1875 unternahm Müller Evangelisationsreisen durch Europa, Amerika, Asien und Australien."[22]

Die praktische Arbeit in England war für Rudolf Röhm nicht ganz einfach, aber er nahm sie als gutes Training für die künftigen Aufgaben in China. In einem Brief aus Bridgewater schreibt er am 11. Juni 1895: 'Wir haben als Arbeiter der Gospel Union (Evangelisations-Verein) jeden Abend der Woche, freitags ausgenommen, Versammlung im Freien und im Saal. Am Sonntag haben wir 4 Gebets- und Evangelisationsstunden in der Halle und außerdem bei schönem Wetter noch 2mal Predigt im Freien. Viele haben also Gelegenheit, die gute Botschaft zu hören, doch es sind immer nur wenige, die willig sind, das Wort aufzunehmen. Die Zahl der Mitglieder unserer hiesigen Vereinigung beläuft sich zur Zeit auf 30 Christen. Viele von ihnen sind indes schwach und nicht gegründet im Wort; wir bedürfen deshalb der Kraft des heiligen Geistes, um sie in ihrem Christenleben zu fördern und empfehlen uns der Fürbitte, dass der Herr uns in diesem Werk segnen möge. [...] Wir haben auch die umliegenden Dörfer zu besuchen [...] In vielen Häusern sind die Leute gern bereit, einen Bibelabschnitt zu hören, besonders ältere Leute, oder solche, die nicht lesen können. [...] Obgleich für einen Ausländer in England viele Schwierigkeiten zu überwinden sind, so bin ich doch dankbar dafür, dass der Herr mich hier in die praktische Arbeit gestellt hat. Es ist vielleicht eine gute Vorbereitung für China.[23]

Am 11.02.1896 reiste er ab Genua mit dem knapp 140 m langen Dampfer ‚Preußen' des Norddeutschen Lloyd nach Schanghai. Die Preußen hatte eine Höchstgeschwindigkeit von 26 km/h und bot Platz für 100 Passagiere in der ersten, 28 in der zweiten und 202 in der dritten Klasse.[24] Am 15.03.1896 kam er nach 34 Tagen in Schanghai an. Hundert Jahre später schaffte ein Flugzeug Boeing 747

---

[22] Wikipedia: Georg Müller, Waisenhausleiter. [Zugriff 15.06.2014]
[23] Röhm, R., Brief vom 11.06.1895 in China Bote, Juli 1895
[24] Wikipedia: Preussen (Schiff 1886), [Zugriff 16.06.2014]

23

mit mindestens der gleichen Passagierzahl und einer Höchstgeschwindigkeit von 900 bis 1000 km/h die Strecke in 10 Stunden. Als
Reisebegleiter hatte er einen deutschen und mehrere schwedische
Missionare. Als das Schiff ablegte, blies er auf seiner Trompete für
zurückbleibende Bekannte das Lied ‚Sicher in Jesu Armen‘. Am
15.03.1896 traf er in Schanghai ein.[25]

Auf seiner Reise erlebte Rudolf Röhm einige Enttäuschungen: In
Port Said traf er auf einen Araber, der ‚in den Christenländern augen-
scheinlich kein gutes Urteil über die Leute, die sich Christen nennen,
bekommen‘ hatte. In Hongkong erzählte ihm ein Missionar, dass ihm
die dort lebenden Deutschen wenig Freude machten, denn viele von
ihnen gäben durch ihren ausschweifenden Lebenswandel großen An-
stoß und erschwerten die Arbeit unter den Chinesen sehr.

3.2.2 Luise Sichelschmidt

Luise Sichelschmidt hielt sich nur ein Jahr in London auf – von
April 1894 bis April 1895. Die vorhandenen Informationen über
ihren Aufenthalt sind leider äußerst gering. Dass sie Englisch gelernt
hat, ergibt sich aus der Zielsetzung des Aufenthaltes. Außerdem gab
sie „u.a. einer Gruppe jiddisch-sprechender Judenfrauen im berüchtigten Ostteil der Stadt Unterricht in Nähen und Hauswirtschaft.“[26]
Mündlich überlieferte Familiengeschichte besagt, dass sie sich vor
ihrer Ausreise nach China alle Zähne ziehen lassen und durch ein
künstliches Gebiss ersetzen lassen habe, um Zahnproblemen im Hin-
terland Chinas ohne Zahnärzte vorzubeugen. Ich bezweifle, dass diese Familiensaga richtig ist, weil ihr späterer Ehemann
am 10.08.1930 von einem Zahnarztbesuch im heutigen Wuhan
berichtete[27] und sie selbst in einem Brief vom 01.04.1931 an ihren

---

[25] Vgl. Röhm, W., Wie Gott in drei Erdteilen führte, S. 7
[26] Röhm, W., Wie Gott in drei Erdteilen führte, S. 4
[27] Vgl. Röhm, R., China Bote, Juli/August 1931, S. 109

Sohn Walter eine herausgefallene Plombe beklagte.[28] Auch soll sie, wie andere angehende Missionarinnen, erwogen haben, sich die Füße binden zu lassen, um sich den chinesischen Sitten anzupassen und leichter akzeptiert zu werden. In Teilen Chinas war es damals Sitte, kleinen Mädchen die Füße durch enges Einbinden so zu verkrüppeln, dass sie kaum noch laufen konnten. Das gelingt allerdings nur, wenn die kleinen Knochen noch sehr weich sind. Beide Geschichten deuten eine große Entschlossenheit beim Verfolgen eines Zieles an und auch die Bereitschaft, dafür große Belastungen auf sich zu nehmen. Tatsächlich hatte Luise Röhm aber keine verkrüppelten Füße und war auch im hohen Alter in Wuppertal noch ganz gut zu Fuß. Was hätten ihr verkrüppelte Füße bei ihrer Missionars-Tätigkeit im damals verkehrstechnisch sehr unterentwickelten China nützen können? Wie hätte sie sich vor Ort bewegen, wie vor Zuhörern stehen sollen, wenn sie ihre Füße nicht mehr gebrauchen konnte?

Am 08.12.1895 reiste Luise Sichelschmidt ab Antwerpen mit dem Dampfer „Karlsruhe" des Norddeutschen Lloyd nach Schanghai, und kam dort nach 45 Tagen am 22.01.1896 an. Das 132 m lange Schiff konnte 24 km/h Höchstgeschwindigkeit fahren und hatte Platz für 44 Passagiere in der ersten Klasse, 36 in der zweiten und 1.955 Passagiere in der dritten Klasse. Es war als Auswandererschiff gebaut worden.[29] Luise Sichelschmidt und 2 weitere angehende Missionarinnen reisten tief unten im Schiff in der 3. Klasse, weil das Geld für die besseren Klassen nicht gereicht hatte. Während am Heiligabend 1895 in den Sälen oben lauter Jubel herrschte, feierten die drei Missionsanwärterinnen trotz Einladung lieber unten im Stillen. Da bescherte ihnen der Kapitän einen kleinen Weihnachtsbaum, unterhielt sich kurz mit ihnen und verabschiedete sich mit guten Wünschen.[30]

---

[28] Vgl. Röhm, Luise, Brief vom 01.04.1931 an Sohn Walter
[29] Wikipedia: Karlsruhe, Schiff (1889). Zugriff 16.06.2014
[30] Vgl. Röhm, W., Wie Gott in drei Erdteilen führte, S. 5

4 Erster China-Aufenthalt 1896 – 1904

Schanghai, wo Luise Sichelschmidt im Januar und Rudolf Röhm im März 1896 ankamen, war damals Chinas modernste Stadt. Sie hatte einen wichtigen, rasch wachsenden Hafen und eine halbe Million Einwohner, unter ihnen viele Ausländer aus vieler Herren Länder und nicht wenige unerfreuliche Gestalten. China hatte sich bis in die 1840er Jahre weitgehend von der Außenwelt abgeschottet. Nachdem England im ersten Opium Krieg gegen China gesiegt hatte, zwang es das schwache chinesische Kaiserreich, sich für den Außenhandel zu öffnen: China musste sog. Vertragsstädte für Ausländer öffnen, die dort in eigenen Bezirken außerhalb der chinesischen Rechtsordnung standen. Schanghai war seit 1843 eine dieser Vertragsstädte, in denen zunächst die Engländer, dann ab 1849 die Franzosen und ab 1862 die Amerikaner solche Konzessions-Gebiete hielten. Die britische und die amerikanische Konzession fusionierten 1863 zur Internationalen Konzession mit eigener Gesetzgebung, die von den Konsuln von 14 in Schanghai ansässigen Nationen verwaltet wurde. Nach dem verlorenen Chinesisch-Japanischen Krieg bekamen 1895 auch die Japaner noch eine Konzession in Schanghai. „Glückspiel, Opium und Prostitution sind in der zweiten Hälfte des 19. Jahrhunderts neben den Einnahmen aus dem Hafenbetrieb die einträglichsten Erwerbsquellen für die Stadt. Erst mit der Errichtung des japanischen Konzessionsgebiets nach 1895 werden die ersten Fabriken in der Stadt gebaut. Europäische und amerikanische Unternehmen folgen rasch dem japanischen Vorbild."[31]

---

[31] Beijing Rundschau 29.04.2010: Geschichte Shanghai:
Die Entwicklung der Stadt bis zum Ende des 19. Jahrhunderts; aus
http.//german.beijingreview.com/cn/expo2010/ txt/2010-04/29/conte…,
[Zugriff 17.06.2014]

In Schanghai lag auch das Hauptquartier der China Inland Mission. Das war die erste Anlaufstelle von Luise Sichelschmidt und Rudolf Röhm. Hier wurden sie landestypisch eingekleidet, damit sie durch ausländische Kleidung nicht zu sehr auffielen. Für Rudolf Röhm gehörte zur landestypischen Ausstattung auch ein langer Zopf. Weil Rudolf selbst keine langen Haare hatte, war der Zopf aus chinesischen Haaren geflochten und an einer halbkugelförmigen schwarzen Kappe mit Bommel befestigt. Zopf und Kappe sind heute in meinem Besitz. „Zur weiteren Ausrüstung gehörten eine dicke Wattedecke, ein Moskitonetz, eine Emaillewaschschüssel und weiteres Bettzeug. Alles wurde in ein wasserdichtes Öltuch und darum eine Bastmatte gepackt und verschnürt." Trotz landestypischer Ausstattung waren die beiden aber noch lange nicht als Missionare einsetzbar. Sie mussten zunächst einmal Chinesisch lernen und zwar in getrennten Sprachschulen für Frauen und Männer in kleinen Orten weit außerhalb von Shanghai und mit weit weniger kosmopolitischer Bevölkerung. „Der erste der sechs Abschnitte des Sprachstudiums fand im Winter statt, damit die jungen Leute nicht gleich mit der belastenden Sommerhitze konfrontiert wurden. Er wurde mit einem Examen beendet. Dann erfolgte die Einweisung auf eine Missionsstation, wo unter Leitung eines erfahrenen Missionars für die zweite Prüfung gelernt wurde. Erst während der Vorbereitung auf die nächste war eine einfache Mitarbeit möglich."[32]

---

[32] Röhm, W. Wie Gott in drei Erdteilen führte, S. 5/6

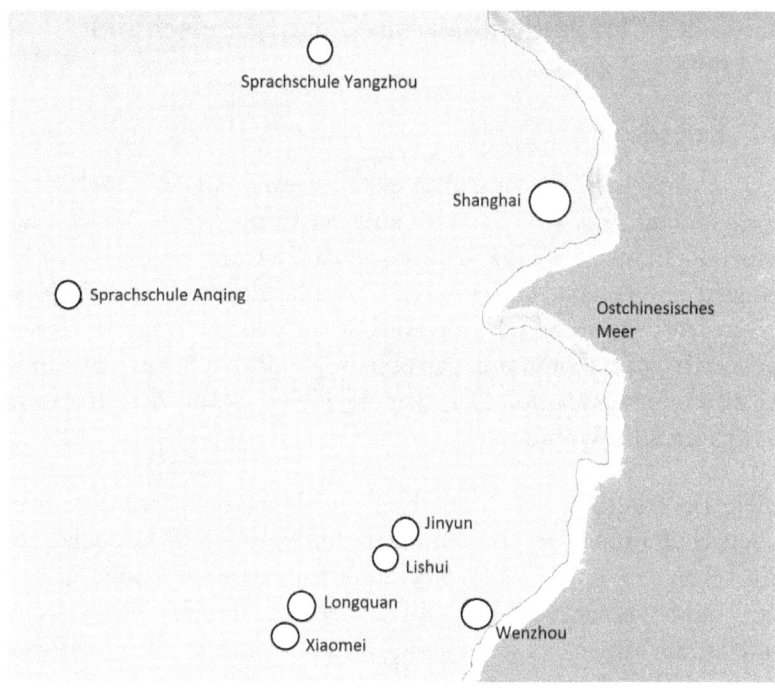

Bild 1: Wohnorte von Luise Sichelschmidt und Rudolf Röhm 1896 – 1919

4.1 Erster Chinaaufenthalt von Luise Sichelschmidt (1896 – 1904)

4.1.1 Yangzhou

Luise Sichelschmidt kam zum ersten viermonatigen Abschnitt des Sprachstudiums auf eine Sprachschule der China Inland Mission nach Yangzhou in der Provinz Jiangsu, etwa 280 km nordwestlich von Shanghai am Jangtse und am Kaiserkanal gelegen. Marco Polo soll hier im letzten Viertel des 13. Jahrhunderts im Auftrag des Kaisers Kublai Khan Salzkommisar gewesen sein, ein wichtiges Amt in der damaligen Salzindustrie. Die damals kleine Stadt hat inzwischen 4,5 Millionen Einwohner.

Die Bevölkerung von Yangzhou und Umgebung zeigte sich den Sprachschülerinnen gegenüber nicht durchgehend freundlich. Luise Sichelschmidt notierte: „Eines Nachmittags waren wir außerhalb der Stadt, dort vernahmen wir überall den bekannten Ruf ʻfremde Teufelʻ; die armen Leute wissen nicht, dass wir ʻBotschafter an Christi stattʻ sind." Spätestens hier sollte ihr klar geworden sein, dass sie vor einer sehr harten Aufgabe stand. Denn mit Teufeln und bösen Geistern haben die meisten Menschen nicht gern zu tun. Selbst mehr als hundert Jahre später und nach Jahrzehnte langer brutaler Unterdrückung von Religion und Aberglauben schützen sich sehr viele Chinesen im beginnenden 21. Jahrhundert noch mit großem Einfallsreichtum vor Teufeln und Gespenstern. Sie hängen Spiegel auf, in denen Teufel ihre eigenen furchterregenden Gestalten sehen können und vor ihnen flüchten sollen. Sie hängen sich Sträuße bestimmter Pflanzen an die Türen, die Teufel vom Eindringen in Wohnungen abschrecken sollen. Sie malen mit Kreide geometrische Figuren aufs Pflaster, die Teufel und Gespenster bannen. Sie lassen bei Familienfeiern Spezialisten für teures Geld mit Musik und Gesten Teufel von den Teilnehmern fernhalten und sie übertölpeln böse Geister, indem sie untereinander falsche Namen benutzen. So werden die üblen Unholde auf der Jagd nach ihren Opfern verwirrt. Abgesehen von

Teufeln, die aus religiösen Vorstellungen entspringen, hatten die Chinesen vor 1900 wohl auch durchaus materielle ausländische Teufel im Visier: Ausländer, die mit überlegener Technik und Waffen klar gemacht hatten, dass die glorreichen Zeiten chinesischer Kaiserherrschaft vorbei waren. Ausländer, die durch Drogenhandel mit China unermesslich reich wurden und die in China machten, was sie wollten, und die chinesische Regierung unter ihren Einfluss brachten. Gegen diese Leute gab es starke nationalistische Strömungen.

Bild 2: Luise Sichelschmidt (Mitte), 1896

4.1.2 Longquan

Nach der Sprachschule in Yangzhou reiste Luise Sichelschmidt wohl gegen Ende Mai 1896 zurück nach Schanghai und von dort mit einem Küstendampfer nach Wenzhou, einer Hafenstadt im Süden der Provinz Zhejiang, etwa auf dem 28. Grad nördlicher Breite. Die Stadt ist berühmt für ihre geschäftstüchtigen Händler. Von dort wurde die Reise unbequem: Mit Flussboot, Tragstuhl und zu Fuß über das heutige Lishui nach Longquan. Dort kam sie am 09.07.1896 an. Im Jahre 2014 konnte man die rund 550 Straßenkilometer von Schanghai nach Longquan mit dem Auto in etwa 7 Stunden schaffen.

In Lishui unterbrach sie die Reise auf der dortigen Missionsstation. Sie beschreibt die Weiterreise so:

„Nachdem wir 14 Tage bei den Geschwistern in Lishui verbracht und viel Segen genossen, mussten wir uns zur Weiterreise rüsten. Bruder Schmidt begleitete uns am Dienstag zum Boot, welches uns vorkam wie ein großer Holzschuh und so niedrig war, dass wir im Innern desselben nur liegen konnten. Der Bootsmann war sehr freundlich gegen uns. Des Nachts lag unser Boot in mitten vieler anderer, und da der Bootsmann und der uns begleitende einheimische Christ in einem anderen Boot schliefen, waren wir allein; wir fürchteten uns aber nicht, obschon das Boot zu beiden Seiten offen war, denn wir wussten, dass das Auge unseres Gottes über uns wachte. Am nächsten Morgen um 5 Uhr gab sich der Bootsmann wieder an die Arbeit; es wurde sehr heiß, doch auf dem Flusse war die Hitze erträglich. Donnerstag den 2. Juli erreichten wir Tschutsuen. Wir mussten einige Stunden warten, bis die Tragstühle endlich kamen; unterdessen waren wir umringt von Männern und Frauen, die uns sehen wollten. Meine Träger trugen mich, um einen kleinen Umweg zu vermeiden, durch den Fluss, dann ging's auf schmalen Pfaden bergauf nach Yünho. Da es sehr heiß war, mussten die Männer oft ausruhen, wozu sie denn auch immer gute Zeit nahmen. Nachdem sie etwa 15 Minuten gegangen, ruhten sie 20 Minuten aus [...] Am Dienstag begaben wir uns in aller Frühe auf den Weg nach Longquan [...] Am Donnerstag Abend verließen wir das Boot und gingen zu Fuß nach unserem neuen Heim, wo wir nach 2 1/2 stündigem Marsche müde und erhitzt [am 09.07.1896, H.R.] ankamen".[33]

In einem handschriftlichen undatierten Lebenslauf von 1893 bis 1951 gibt sie „Mai 1896 – Januar 1897 in Longquan" an, leider ohne jedes weitere Detail ihrer dortigen Arbeit.

In Longquan war wenige Monate vorher ein neues Missionshaus fertig geworden. Bruder Josef Bender, der Leiter der dortigen Station, berichtete am 13.06.1895: „Der Herr hat uns nun ein geräumiges Haus gegeben, wir konnten es für eine einmalige Zahlung von 470 Dollar auf die Dauer von 20 Jahren mieten. Dieser Mietzins wird bei Antritt des Hauses in einer Summe gezahlt und nach Ablauf der Mietzeit voll und ganz zurückerstattet. Das Haus wird im nächsten Herbst geräumt, und wenn der Herr die Mittel darreicht, soll es dann umgebaut werden."[34] Der Herr reichte Mittel dar, denn schon am 10.11.1895 berichtet Bruder H. Klein, ein offenkundig handwerklich beschlagener anderer Missionar: „Das von Br. Bender für 20 Jahre gemietete (oder auf Rückkauf erworbene) Haus ist für das Evangelium sehr gut gelegen. Ich war dort, um es durch Reparatur in einen wohnlichen Zustand zu versetzen, doch als ich es näher besah, fand ich bald, dass es das Beste sei, es abzureißen und wieder neu aufzubauen. Um es einigermaßen wohnbar einzurichten, hätte es oben und unten ganz erneuert und in der Mitte gründlich verändert werden müssen, und dann würden die Räume noch immer unpraktisch und niedrig gewesen sein. In des Herrn Namen haben wir es deshalb ab-

---

[33] Sichelschmidt, L., China Bote, November 1896, S. 27/28
[34] Bender, Josef, China Bote, Oktober 1895, S. 18

gerissen und unter seiner gnädigen Führung ist es uns gelungen, in der kurzen Zeit von nur 5 Wochen ein neues Haus hinzustellen. Es ist 60 Fuß lang und 32 Fuß breit, hat oben 9 schöne große Zimmer und unten ist es als Versammlungssaal, Küche und Wohnräume für die chinesischen Diener eingerichtet. Vielleicht wird es interessieren, wie wir in China bauen. Zunächst wird der Bauplatz abgemessen, dann eingeteilt und überall da, wo ein Pfeiler hingesetzt werden soll, ein Loch gegraben etwa 7 bis 8 Zoll tief; diese Löcher werden mit Steinen ausgemauert und bilden dann das Fundament des ganzen Baues. Die Aufführung des Fundaments ist eine Arbeit von 4 ½ Tagen für einen Mann gewesen. Wir haben 46 solcher Pfeiler angelegt, welche das ganze Haus tragen."[35]

Trotz des neuen Hauses war das Leben von Missionaren in Longquan kein Zuckerschlecken, als Luise Sichelschmidt und ihre Kollegin Hausberg dort zur Ausbildung eintrafen. Schwester Auguste Bender, die Frau des Stationsleiters, hatte im Vorjahr unschöne Erlebnisse. Am 21.03.1895 schrieb sie: "Wir haben jetzt hier viel Verkehr mit den Einwohnern der Stadt. Männer und Frauen kommen, um uns zu besuchen und bei dieser Gelegenheit hören sie das Evangelium. Die Frauen lasse ich in unsere Wohnung heraufkommen, sie dürfen sich alles genau besehen, was sie so gerne tun, dadurch werden sie zutraulich. Unser Hänschen lacht sie freundlich an und macht ihnen große Freude, und so schwindet bei den schüchternen Frauen die Furcht vor den Fremden immer mehr. Vorübergehend war in hiesiger Stadt das Gerücht in Umlauf, wir äßen Kinder, es wurde sogar behauptet, ich habe ganz bestimmt zwei Kinder gegessen und die Frauen frugen einmal, ob ich mein Kind auch gegessen habe."[36] Und 2 Monate später, am 21.05.1895, bekräftigte sie: "Das Gerede wir äßen Kinder wiederholt sich immer hier, [...] Es wurde eines Tages ein Knabe vermisst, das gab den Leute wieder Veranlassung, zu behaupten, dass

---

[35] Klein, H., China Bote, Februar 1896, S. 51
[36] Bender, Auguste, China Bote, Juli 1895, S. 95

er von uns geschlachtet und gegessen worden sei; und wie sehr die Gemüter des abergläubischen Volkes dadurch erregt wurden, konnten wir bald herausfinden; auch hörten wir, dass man uns aus der Stadt vertreiben wolle. [...] Die Kinder liefen, wenn sie meiner von weitem ansichtig wurden, in die Häuser. [...] die Frauen blieben scheu und furchtsam in angemessener Entfernung stehen, die eine hielt sich an der anderen fest, jeden Augenblick bereit, vor mir zu fliehen."[37]

Mit dieser Frau zog Luise Sichelschmidt nun missionierend durch die Umgebung von Longquan.[38] Diese Lehrzeit in praktischer Missionsarbeit währte allerdings unerwartet kurz. Als die erfahrenere Mentorin krankheitshalber auf Heimaturlaub nach Deutschland gehen musste, wurden Luise Sichelschmidt und eine andere Jung-Missionarin nach Lishui versetzt.[39] Vermutlich waren die beiden Neulinge ohne Anleitung noch überfordert: sie waren ja erst ein Jahr in China und hatten nur die erste von insgesamt 6 Sprachprüfungen bestanden. Für den Leiter der Missionsstation Longquan war der krankheitsbedingte Ausfall seiner Frau auch arbeitsmäßig ein großer Verlust. Er klagte: (Chinesische) „Frauen kommen immer in Menge, schade, dass sich niemand ihrer annehmen kann. Meine liebe Frau wird hier sehr vermisst. Eine Missionsstation ohne Frau kann nur halbe Arbeit verrichten."[40]

4.1.3 Lishui

Im Januar 1897 wurde Luise Sichelschmidt auf die Missionsstation Lishui versetzt. Sie blieb dort bis Januar 1900, machte viele Hausbesuche, begann eine Sonntagsschule für Kinder und half beim Aufbau einer Schule für Jungen und Mädchen. Aufsehen erregte insbesondere, dass auch Mädchen in die Schule aufgenommen werden

---

[37] Bender, Auguste, China Bote, August 1895, S. 4
[38] Vgl. China Bote, Januar 1897, S. 44
[39] Vgl. China Bote, April 1898, S. 67/68
[40] Bender, Josef, China Bote, Oktober 1897, S. 21

konnten, was damals dort traditionsgemäß noch nicht üblich war. Lishui war vorher von englischen Missionaren betrieben worden und wurde 1896 von Hudson Taylor persönlich an die Deutsche China Allianz Mission übertragen.[41]

Die Frau des Stationsmissionars O. Schmidt schrieb am 2. März 1897: „Ich bin froh, dass die Schwestern Sichelschmidt und Hausberg jetzt hier sind. Es gibt genug Arbeit für sie unter den Frauen, wenn sie erst mit der Sprache so weit sind, doch auch jetzt sind sie schon eine Hilfe. Schwester Sichelschmidt hat eine Sonntagschule angefangen, und die wenigen Kinder, die bis jetzt kommen, freuen sich von Herzen, dass sie nun jemand haben, der sie unterrichtet."[42] Ein gutes Jahr später schreibt Luise Sichelschmidt: „Meine Sonntagsschüler machen mir viel Freude. Mit Lust und Liebe lernen sie Lieder und Bibelverse."[43] Am 31. März 1899 berichtet sie: „Am 13. dieses Monats ist mit der Schule (in Lishui) begonnen worden. Bis jetzt nehmen 4 Knaben und Mädchen am Unterricht teil. Die Kinder lernen nicht still vor sich hin; sie wenden viel Kraft an und schreien so laut sie können."[44]

Ihre Hausbesuche führten sie weit in die Umgebung von Lishui und bescherten ihr viele interessante und manchmal schockierende Einblicke ins chinesische Alltagsleben. Sie lernte, die Neugier vieler Chinesen zu nutzen, die gerne mal Ausländerinnen und ausländische Kinder aus der Nähe erleben wollten, um mit ihrer Zielgruppe in Kontakt zu kommen. „Am 29. (04.1898) reisten wir [...] nach Huanglien-kan, wo vier Männer wohnen, die Weihnachten bei uns in Lishui waren und uns eingeladen hatten. Als wir am Abend dort ankamen, hätten wir uns gerne zurückgezogen, um etwas Ruhe zu haben, aber die Neugierde der Leute, welche noch nie Ausländerinnen gesehen

---

[41] Vgl. 50 Jahre Allianz China Mission 1889 – 1939, S. 68
[42] Schmidt, China Bote, Juni 1897, S. 83
[43] Sichelschmidt, L., China Bote, Oktober 1898, S. 29
[44] Sichelschmidt, L, China, Bote, Juni 1899, S. 86

hatten, musste erst gestillt werden [...] Am nächsten Morgen fanden sich viele Leute ein, die die Gäste sehen wollten, und wir hatten Geduld genug, uns einige Stunden besehen zu lassen. Am Nachmittage wurden Besuche in den Häusern gemacht und am Abend hatte der Evangelist Versammlung."[45] „Wenn ich mit Schwester Schmidt hier in der Stadt Hausbesuche mache, öffnet der kleine Johannes [Sohn der Missionarin Schmidt, H.R.], welchen wir mitnehmen, immer die Türen. Die Frauen sind leichter zu erreichen, wenn der Kleine bei uns ist."[46]

Manchmal halfen ihr unerwartete Reaktionen von Chinesen, die sehr eigene oder auch gar keine Vorstellungen von christlicher Symbolik hatten. Eine kranke Frau ließ sich taufen und „die Verwandten der kranken Frau erwarteten, dass sie nach der Taufe sterben würde, aber sie mussten erfahren, dass Gott ein mächtiger Gott ist, und sagten: Wenn euer Gott so mächtig ist, dann wollen wir keine Götzen mehr anbeten. Sie kamen am nächsten Tage zu uns und kauften eine Bibel. Diese Leute wohnen 5 Stunden von hier, wir gedenken sie in ihrem Heim zu besuchen wenn die Hitze vorüber ist. Wenn sie mit Ernst suchen, dann wird der Herr es ihnen gelingen lassen."[47] So beglückenden Erfahrungen folgten manchmal sehr frustrierende: Von einer Missionsreise nach Kiulong und Umgebung vom 8. bis 14.11.1898 berichtet sie: „Wir besuchten die Christen, was nicht unterlassen werden darf. In einer Familie, wo die Frau allein zu Hause war, sah es nicht gut aus, denn Mann und Frau hatten sich am Vormittag geschlagen. Das ist ein schlechtes Zeichen für die Ungläubigen, dennoch kann man die Bekehrung dieser Leute nicht in Abrede stellen, da man bedenken muss, aus welcher Finsternis solche armen Chinesen kommen. [...] Am 12. besuchten wir die Orte Tschifuh und Jeko, wo die Leute wie sie sagten noch nie Ausländer gesehen hatten. Die Frauen waren sehr zurückhaltend. Einige sagten, wir kauften

---

[45] Sichelschmidt, L., China Bote, August 1898, S. 6
[46] Sichelschmidt, L., China Bote, Juni 1899, S. 86
[47] Sichelschmidt, L., China Bote, Oktober 1897, S. 20

Kinder und schickten sie ins Ausland, oder nähmen ihnen Herz und Augen aus, um Medizin daraus zu bereiten. Vielen Männern war die Lehre nicht ganz unbekannt."[48] Auf einer sehr erfreulich begonnenen Reise nach Si-hu Kiai vom 1. bis 6. Mai 1899 wollten viele Frauen lieber die Ausländerin angucken als ihre Botschaft hören, und an einem Tempel wurden sie und ihre Begleiter mit Steinen beworfen, als sie dort die christliche Botschaft zu verkünden versuchten. „Vom 1. bis 6. dieses Monats war ich in Si-hu Kiai. Wie bekannt hat der Herr uns dort eine offene Tür gegeben. Der Evangelist Hong und unsere Dienerin waren meine Begleiter. [...] Obschon ich ganz chinesisch gekleidet war, meinten sie doch etwas Besonderes an mir zu sehen und erst nach langer Geduldsprobe durfte ich von ihnen vernehmen, dass ich ein Mensch sei wie sie und dass ich mich nur durch das Haar und die Augen von ihnen unterscheide. Am Dienstag kamen viele Frauen herein, um mich näher zu besehen und kennen zu lernen. Ich verkündigte ihnen das Evangelium und freute mich, dass ich gut verstanden wurde. Leider ist ihnen die Kleidung viel wichtiger als das Evangelium. [...] Wo man uns bei uns bei unseren Besuchen nicht einlud, herein zu kommen, da luden wir uns selbst ein. [...] Wir kamen an einem Tempel vorbei, wo man gerade anbetete [...] Ich konnte leider nur in wenigen Worten ihnen den wahren Gott verkündigen, denn sobald sie verstanden, um was es sich handle, wollten sie nichts mehr hören. Als wir weitergingen, wurden wir von einer lärmenden Menge verfolgt und mit Steinen beworfen, bis ich erklärte, die Namen einiger zu notieren; dann blieben sie zurück und wir konnten unbelästigt unseres Weges gehen. Der Teufel macht sich auf, wenn er merkt, dass sein Reich angegriffen wird. – Wir besuchten auch die reichste Familie dieses Ortes. Wie ich gehört hatte, sollte der Herr dieses Hauses viele Blumen haben. Ich bat natürlich um die Erlaubnis, die Blumen sehen zu dürfen, obschon mir die Blumen nicht die Hauptsache waren. Ein so großes und schönes chinesisches Haus hatte ich noch nie gesehen. Der reiche Mann hat fünf Söhne, sechs

---

[48] Sichelschmidt, L., China Bote, Februar 1899, S. 52/53

Schwiegertöchter und eine Menge Enkel. Auf meine Frage, wie viele Personen hier täglich Reis äßen, sagte man mir 50 bis 60. Möchte in diesem Hause das Evangelium Eingang finden!"[49]

Aus dem chinesischen Alltag in Lishui und Umgebung erzählte Luise Sichelschmidt eine Reihe für ihre Leser in Deutschland ungewöhnliche Dinge: „Wir sahen eines Tages, wie vor der Stadtmauer mehrere Sachen (Papierkoffer, Papiergeld usw) durch Verbrennen ins Jenseits gesandt wurden. Eine Frau ging mit einem Weihrauchstäbchen um das Feuer herum, warf Reis hinein und sagte Worte, die wir nicht verstehen konnten. Ein Priester stand mit zwei Gehilfen dabei und verrichtete die üblichen Zeremonien. Armes Volk, das so irregeleitet wird."[50] Ihre Schlussfolgerung überrascht mich mehr als 110 Jahre später. Wer je mit Nicht-Christen eine katholische Ostermesse besucht hat und deren Fragen zum Symbolgehalt beantworten sollte, weiß, dass katholische Geistliche auch leicht in den Verdacht des Irreleitens der Gläubigen geraten.

Ihre Beobachtung „Wir könnten viele Christen haben, wenn wir ihnen äußere Vorteile (Geld und Reis) gäben, denn dafür tun die Chinesen alles. Die Katholiken arbeiten auf diese Art; ihre Anhänger dürfen in allen Sünden fortleben"[51] wurde von vielen Missionaren bestätigt und es gab sogar den Begriff ‚Reischristen'. Selbst rund 100 Jahre nach Luise Sichelschmidts Äußerung habe ich in einer Kirche in Lishui gehört, dass die Bekehrung zum Christentum materiellen Wohlstand bringe. Als Beweis dienten die damals (im etwas zurückgebliebenen Lishui) als sehr reich geltenden Amerikaner, weil sie auf ihren Dollarnoten behaupten ‚In God we trust'.

Über die Rolle der chinesischen Frauen in Lishui und Umgebung berichtet Luise Sichelschmidt am 31. Januar 1899: „Wir hatten

---

[49] Sichelschmidt, L., China Bote, Oktober 1898, S. 21
[50] Sichelschmidt, L., China Bote, Oktober 1898, S. 22
[51] Sichelschmidt, L., China Bote, Oktober 1898, S. 22

Besuch vom Yamen [= Rathaus, H.R.]; eine Frau und mehrere Schwiegertöchter des Mandarins waren hier. Sie verweilten nur einige Minuten und waren wie es schien sehr furchtsam. Diese Damen hüten stets das Haus und sind gegen die Außenwelt ganz abgeschlossen. Der Mandarin hat 10 Frauen und 7 bis 8 Schwiegertöchter. Jede Frau hat ihre Dienerin. Die ganze Familie soll 50 Personen zählen. Der Mann selbst kann nicht einmal lesen. Bei der Tai-ping-Rebellion hat er sich tapfer erwiesen und dadurch sein Amt als Militär-Mandarin erhalten. Dieser hohe Herr war vor einigen Monaten selbst bei uns; er hatte gehört, dass wir das Portrait des Kaisers von China hätten, welches er gerne sehen wollte. – In Pe-hu wohnt eine Christin, deren Sohn im vorigen Jahr seinem Leben ein Ende machte; die Schwiegertochter wurde wieder an einen anderen Mann verkauft. Es ist schrecklich, zu denken, dass die armen Frauen, ob sie wollen oder nicht, verkauft oder vermietet werden. Unsere Schwester selbst befindet sich unter solchen Verhältnissen. Ihr Mann ist nicht bekehrt; er möchte gerne noch Söhne haben und hat sich deshalb eine zweite Frau auf 20 Jahre gemietet. Nach dieser Zeit geht sie zu ihrem eigentlichen Manne zurück. [...] Unser Koch ist gegenwärtig auch in einer schwierigen Lage; er soll ein Mädchen zur Frau nehmen, das er nicht haben will; als kleines Kind ist es für ihn gekauft worden. [...] Der Sohn ist ein Kind Gottes und darf keine ungläubige Frau heiraten und nach chinesischem Rechtsbegriff darf eine einmal geschehene Verlobung nicht wieder aufgehoben werden."[52]

Schreckliche Familiendramen erlebte sie im Juni 1899 auf einer wegen Regen, Hochwasser und Hitze sehr beschwerlichen Reise, auf der den Missionaren aber viele Menschen zuhörten. „Wir besuchten am folgenden Tage eine Familie hoch auf einem Berg. Der Herr des Hauses ist 90 Jahre alt und seine Frau 73. Sie haben einen Sohn im Alter von 50 Jahren; derselbe war früher leidenschaftlicher Geldspieler und Opiumraucher. Der Vater bemühte sich, seinen Sohn von

---

[52] Sichelschmidt, L., China Bote, Mai 1899, S. 78

seinen Lastern abzubringen; er züchtigte ihn, und als alles nicht half, kratzte er ihm mit seinen langen Fingernägeln die Augen aus und schnitt ihm ein Ohr ab, wobei ihm ein anderer Mann helfen musste. Nun muss der Sohn, der noch ganz rüstig ist, da sitzen, seines Augenlichtes beraubt; er muss sich unten im Hause aufhalten und darf nicht nach oben kommen. Der Vater hat sich noch nicht mit ihm versöhnt. Mutter und Sohn scheinen das Wort Gottes gern zu hören. Die Mutter sagte uns, wenn ihr Mann tot sei, wolle sie auch einmal zu uns herunterkommen." ... An einem anderen Ort „holte man uns zu einer besessenen Frau. Viel Geld haben die Leute den Teufelsaustreibern gegeben, aber ohne Erfolg. Nun baten sie uns, dass wir unseren Gott bitten möchten, den Frieden in ihrem Hause wieder herzustellen. [...] Als wir dem Hause nahe waren, fürchtete sich der junge Mann, der uns begleitete, weiter zu gehen. Das Haus wird überhaupt von den Dorfbewohnern gemieden; aber als wir dort waren, füllte sich der Raum schnell, denn alle waren voller Erwartung. Die Frau lachte und spottete, als sie vernahm, dass wir gekommen waren, um für sie zu beten. Zuerst sangen wir ein Lied, dann verkündigte der Evangelist den Versammelten klar und deutlich das Evangelium. Vom Beten aber wollte die Frau nichts wissen; sie beruhigte sich indes, und nach und nach wurde sie so zutraulich, dass wir gut mit ihr reden konnten. Während wir dort waren, wurde dreimal ein Stein ins Zimmer geworfen. Die Männer wurden bleich vor Schrecken und sie blickten uns an, um zu sehen, ob wir davon laufen würden. Ich glaubte zunächst, die Frau habe die Steine ins Zimmer geworfen, aber sie saß ruhig da mit dem Kind auf dem Schoß. Die Leute erzählten nun, dass der böse Geist nicht mehr wie früher in ihr sei, sondern um sie herum; wenn jemand spöttisch zu ihr spreche betreffs des bösen Geistes, dann kämen die Steine vom Kopf des Spötters heruntergefallen. Es scheint unglaublich, aber der Teufel hat eine große Macht. In derselben Nacht gingen wir nach Lishui zurück, da wir wegen der großen Hitze am Tage nicht reisen konnten."[53]

---

[53] Sichelschmidt, L., China Bote, Sept 1899, S. 12

Im Herbst 1899 erlebte sie, wie man in Lishui böse Geister loszuwerden versuchte: „Hier wurden in den letzten Tagen die bösen Geister in den Fluss gesetzt und somit fortgeschafft. Zehn kleine aus Papier gefertigte Boote wurden durch die Straßen getragen. Priester und Teufelsaustreiber lockten die bösen Geister, die die Leute mit Krankheiten belästigen, in diese Papierboote, welche dann in ein großes Boot entleert wurden. Die Geister wurden dann auf dem Fluss dem nassen Element übergeben. Wer seinen Beitrag zu diesem guten Werk nicht entrichten konnte, dessen Haus wurde nicht von den bösen Geistern befreit."[54] Eine gewisse Ähnlichkeit mit dem Ablass-Handel wird hier deutlich. Und die biblische Geschichte von den bösen Geistern, die in Säue sprangen und dann mit ihnen ersoffen, kommt mir auch in den Sinn. (Matthäus 8, 32)

Lishui liegt ungefähr auf dem 28. Breitengrad, soweit südlich wie Assuan in Oberägypten. Die Hitze ist im Sommer dort für Deutsche schwer erträglich. So zog sich auch Luise Sichelschmidt mit anderen Missionaren in der heißen Zeit mehrfach in kühlere Bergregionen zurück und lernte dort weiter Chinesisch. „Jetzt befinden wir uns auf dem Berge Tschenliao; in der Stadt war die Hitze fast unerträglich. Hier ist es ziemlich kühl und wir können unausgesetzt studieren", schreibt sie im Sommer 1897[55] und am 2. August 1898: „Jetzt sind wir wieder in Tschenliao und freuen uns der Kühle. Die Leute hier sind recht freundlich mit Ausnahme von einigen, die uns aber nicht schaden können. In Lishui muss es sehr heiß sein; man wartet dort auf Regen und betet zu den stummen Götzen [...] Mit Freuden haben wir vernommen, dass der Herr die ersten Mittel für ein Haus in Lishui gegeben hat"[56]. Das erwähnte Haus hat sie selbst nicht mehr bewohnt, es entstand erst ab 1900.

---

[54] Sichelschmidt, L., China Bote, Dezember 1899, S. 35
[55] Sichelschmidt, L., China Bote, Oktober 1897, S. 20
[56] Sichelschmidt, L., China Bote, Oktober 1898, S. 29

In kühleren Jahreszeiten legten sich die Missionare ein erstaunliches Arbeitspensum auf. Im Dezember 1898 schreibt Luise Sichelschmidt aus Lishui: „Am 15. dieses Monats war ich in Ho-Kiai , wo wir wöchentlich eine Frauenversammlung haben. Am 20. besuchten wir 4 bis 5 Dörfer; es war ein gesegneter Tag. In Ho-long-keo hatten wir Eingang in der Familie eines Reichen. Die Frauen verstanden uns gut [...] Wir gingen weiter und fanden überall willige Zuhörer. [...] Am 24. feierten wir hier Weihnachten mit den Chinesen, das gab viel Arbeit für uns. Nur die Christen waren geladen. Wir hatten verschiedene Kleinigkeiten gekauft [...] die zuerst dem Baum als Schmuck dienen mussten und dann verlost wurden. Bei Tee und Zuckerwerk wurden Ansprachen gehalten und Lieder gesungen. Unsere chinesischen Geschwister waren recht glücklich [...] Am 28. war ich mit dem Evangelisten in Hsia-ho. Wir sangen ein Lied und bald füllte sich der Raum mit etwa 30 Männern und 8 Frauen, welche aufmerksam zuhörten. Am 29. waren wir in Ho-kiai, wo nur einige Frauen und Männer die Versammlung besuchten."[57] Dass sie schon einmal von einer wütenden Menge aus einem chinesischen Tempel mit Steinwürfen vertrieben worden waren, schreckte sie offenbar nicht ab, auf ihren Missionswanderungen wieder in Tempeln zu reden, selbst wenn sie die Zuhörer noch gar nicht kannten. Wie sie von den Besitzern dieser fremden Tempel Redeerlaubnis bekamen und warum diese Leute die Missionare nicht einfach hinauswarfen, wird nicht erwähnt. „Am 21. (April 1899) waren wir in Hanken und am 22. in Utsuen. Die Leute dort sind freundlich, aber unsere Lehre war ihnen noch ganz fremd. [...] Am nächsten Tag sprachen wir in einem großen Tempel unweit Utsuen vor vielen neugierigen Chinesen [...] Am Montag gingen wir nach Tschantsuen, wo wir am Abend ebenfalls eine gut besuchte Versammlung hatten."[58]

---

[57] Sichelschmidt, L., China Bote, April 1899, S. 69/69
[58] Sichelschmidt, L., China Bote, Juli 1899, S. 94

Nach 3 Lehrjahren in Lishui bekam Luise Sichelschmidt eine neue Aufgabe. Ende Dezember 1899 schreibt sie: „Wie schon bekannt sein wird, ist mein künftiges Arbeitsfeld Jinyun. Schwester Ida Halbach wird mit mir dorthin ziehen. Ich hätte nicht geglaubt, dass der Herr uns zusammengestellt hätte. Seine Wege sind wunderbar. [...] Zu Weihnachten hatten wir mit unseren Christen ein gemeinsames Festessen, das von ihnen selbst veranstaltet wurde. Es wurden dabei Lieder gesungen und Ansprachen gehalten. Abends hatten die Kinder oben in unserem Wohnzimmer Bescherung.‟[59]

4.1.4 Jinyun

Jinyun liegt ungefähr 37 km nordöstlich von Lishui ebenfalls in der Provinz Zhejiang und ist heute, 2017, mit dem Zug in 40 Minuten zu erreichen. Vor 116 Jahren war die Reise beschwerlicher. Luise Sichelschmidt schreibt: „Am 14. Februar (1900) verließ ich Lishui und am Abend desselben Tages traf ich bei den Geschwistern Manz in Jinyun ein. Einerseits wurde es mir schwer, die lieben Christen in Lishui wieder zu verlassen, da ich mich unter ihnen ganz eingelebt hatte, und doch folgte ich andererseits gerne auf den Wegen, die der Herr für mich gebahnt. Die Leute in Jinyun verstehe ich nur wenig, da sie einen anderen Dialekt haben; doch mit des Herrn Hilfe wird es auch hier bald gut gehen. Mit der Schule ist begonnen worden; es nehmen 8 Knaben und ein Mädchen am Unterricht teil. Wir hoffen, dadurch mehr Eingang unter den Erwachsenen hier in der Stadt zu bekommen. Geschwister Manz gedenken, sobald wie möglich nach Jiangxi abzureisen.‟[60]

Der Missionar Manz hatte die Station Jinjun im Herbst 1897 übernommen, die früher eine von der englischen Station Jonkang bediente Außenstation war, „aber in den letzten Jahren war sie sehr vernachlässigt worden. Die Leute kannten wohl missionierende Aus-

---

[59] Sichelschmidt, L., China Bote, April 1900, S. 66
[60] Sichelschmidt, L., China Bote, Juni 1900, S.84

länder. Da diese aber nie ansässig gewesen waren, hatte man wenig Notiz von ihnen genommen. Das alte, früher gemietete Haus konnte als Missionsstation nicht mehr in Betracht kommen. [...] Jinyun zählt nur 6000 Einwohner. [...] Jinyun war von jeher ein schwieriges Arbeitsfeld. [...] Ein ziemlich großer Landbezirk gehört dieser Station an. Dort scheint die Missionsarbeit besser zu gedeihen."[61] Diese Voraussetzungen und ein ihr kaum verständlicher Dialekt versprachen eine harte Aufgabe für Luise Sichelschmidt und ihre Mitstreiterin – Freundin? – Ida Halbach. Gut 6 Wochen nach ihrer Ankunft verließ das Ehepaar Manz Jinyun. Die beiden Frauen besuchten Orte in der Umgebung. Luise berichtete von einem besonderen Erlebnis – zuerst bedrückend, dann aber hoch erfreulich – das sie bei einer besuchten Familie hatten: „Der Haustür gegenüber an der Wand gewahrten wir einen Streifen Papier mit zwei chinesischen Schriftzeichen. Als ich nach der Bedeutung frug, sagten sie, wenn ein böser Geist zur Tür hereinkäme und sähe diese zwei Zeichen, dann fürchte er sich und kehre sofort um. Ich sagte, dass sie keinen bösen Geist zu fürchten hätten, wenn sie an Gott glaubten. Wie die Frau sagte, hatte ihr Sohn es dort angebracht. Sie war kurz entschlossen, riss das Papier sofort von der Wand herunter und übergab es den Flammen im Ofen".[62] Die von den beiden jungen Missionarinnen befürchteten Probleme mit dem Jinyun-Dialekt scheinen beherrschbar gewesen zu sein. Denn knapp drei Monate nach der Ankunft in Jinyun erzählte Ida Halbach, „ein alter Mann freute sich wie ein Kind, als er Schwester Sichelschmidt in seiner eigenen Sprache reden hörte". Leider hatte sie aber gleichzeitig eine schlimme Botschaft: „Schwester Sichelschmidt hat seit drei Wochen das Fieber; sie ist sehr schwach und kann diesmal keinen Bericht schreiben".[63] ‚Das Fieber' war Malaria, die von Mücken übertragene Tropenkrankheit, die auch die Missionarin Bender außer Gefecht gesetzt hatte, Luise Röhms

---

[61] Skizzen aus der Geschichte der Allianz China Mission, S. 33
[62] Sichelschmidt, L., China Bote, Juli 1900, S. 93
[63] Halbach, Ida, China Bote, August 1900, S. 3

erste Mentorin in Longquan. Am 30. Juni 1900 hatte sich Luise etwas erholt und schon wieder einige Orte besucht: „Ich hatte 4 Wochen das Fieber, aber der Herr hat mich wieder gesund gemacht und neue Kraft kehrt zurück, so dass ich meiner Arbeit wieder nachgehen kann". Dabei hatte sie ein kinderloses Ehepaar kennengelernt, „das dem Evangelium zugetan ist, sich übrigens aber noch in traurigen heidnischen Verhältnissen befindet. Der Mann hat, da er nicht ohne Söhne bleiben will, eine zweite Frau hinzugenommen, d. h. auf 6 Jahre gemietet. Diese hat ihm nun kürzlich eine Enttäuschung gebracht, indem sie ihm ein Töchterchen schenkte. Der Mann sagte dem Evangelisten, ein böser Geist habe das Kind vertauscht, ehe es geboren war."[64]

Wenig später setzte der Boxeraufstand der Missions-Arbeit in Jinyun ein vorläufiges Ende. Der örtliche Mandarin nahm Ida Halbach und Luise Sichelschmidt vom 21. Juli bis 8. August 1900 im Rathaus in eine Art Schutzhaft und rettete damit höchstwahrscheinlich ihr Leben: Hier waren sie vor nationalistischen Mörderbanden sicher.

Im Boxeraufstand rebellierten nationalistische Geheimbünde zunächst im Norden des Landes gegen die starken ausländischen Einflüsse auf China. Die chinesische Regentin Cixi, Witwe eines Kaisers, unterstützte die Rebellen ab Beginn des Jahres 1900 offen. Im Frühjahr 1900 kam es um Peking zu vielen Morden an Ausländern und chinesischen Christen; auch ein deutscher und ein japanischer Diplomat wurden ermordet. Ausländer und chinesische Christen suchten Zuflucht im Pekinger Gesandtschaftsviertel und wurden dort wochenlang von Boxerverbänden und chinesischem Militär belagert. Acht ausländische Mächte sandten darauf Truppen nach China, die am 14. August 1900 Peking eroberten und plünderten. Die Kaiserin-Witwe Cixi floh nach Xi'an. Die siegreichen Mächte legten China hohe Schadensersatzzahlungen auf, die Regierung musste sich ent-

---

[64] Sichelschmidt, L., China Bote, September 1900, S. 11

schuldigen und weitere als entwürdigend empfundene Bedingungen akzeptieren. Im Zusammenhang mit dem Boxeraufstand hielt der deutsche Kaiser Wilhelm II seine berüchtigte ‚Hunnenrede' bei der Verabschiedung von deutschen Soldaten für China. Er gab ihnen mit auf den Weg: „Kommt ihr vor den Feind, so wird er geschlagen. Pardon wird nicht gegeben, Gefangene nicht gemacht. Wer euch in die Hände fällt, sei in eurer Hand. Wie vor tausend Jahren die Hunnen unter ihrem König Etzel sich einen Namen gemacht, der sie noch jetzt in der Überlieferung gewaltig erscheinen lässt, so möge der Name Deutschlands in China in einer solchen Weise bekannt werden, dass niemals wieder ein Chinese es wagt, etwa einen Deutschen auch nur scheel anzusehen!"[65] Als diese Soldaten in China ankamen, war Peking allerdings längst erobert und zwar hauptsächlich von amerikanischen, englischen, japanischen und russischen Truppen.

Aus dem gut 1500 km südlich von Peking gelegenen Jinyun berichtete Luise Sichelschmidt am 31.07.1900 aus ihrer Schutzhaft:

„Sehr wahrscheinlich haben Sie von den Unruhen in China gehört. Es wurde auch hier schon mancherlei geredet. Einige sagten, wir seien barfuß geflohen; andere wollten gesehen haben, wie Ida oben auf dem Berge Kanonenkugeln gemacht habe. Der Mandarin ließ uns zweimal sagen, wir möchten nicht mehr aus dem Hause gehen; im Notfalle sollte uns ein Soldat auf den Ausgängen begleiten. […] Wir blieben dann auch im Hause. Als wir dann Nachricht aus Lishui erhielten, überzeugten wir uns, dass die Sache wirklich ernst sei. Bis die Bewegung mal in unsere entlegene Stadt gelangte, war in vielen anderen Städten schon manches geschehen. Auch hatten schon viele Christen ihr Leben gelassen […] Wir hier im Distrikt von Lishui sind nun eingeschlossen; beide Wege sind unsicher. Doch wir sind geborgen in der Hand unseres

---

[65] Wikipedia, http://de.wikipedia.org/wiki/Boxeraufstand, [Zugriff 26.04.2017]

Heilandes. Er ist unser Schirm und Schild. Er gibt in Zeiten der Unruhe meinem Herzen Ruhe und Sicherheit. Ich wünsche nur, ich könnte noch einmal recht laut singen und meinen Gott mit fröhlichem Munde loben. Während ich dies schreibe, sind wir im Yamen [Rathaus, H.R.]. Hier müssen wir vorsichtig sein, sonst meinen die Beamten, wir seien schlechte Mädchen. Ich will nun auch erzählen, wie wir hier her gekommen sind. Als es anfing, unruhig zu werden, hat sich der Mandarin viel um uns gekümmert. Ich ließ fragen, ob er uns beschützen könne. Er sagte, vor seinen Untertanen könne er uns beschützen, aber nicht wenn die auswärtigen Räuber kämen; denn dann müsse er vielleicht selbst fliehen. Er sah gerne, dass wir nach einer anderen Station gingen oder nach Schanghai, dann war er der Sorge enthoben. So schnell verlässt man aber seine Station nicht. Dann sandte er seinen Stellvertreter und ließ sagen, unser Mandarin (Konsul) in Shanghai könne uns besser beschützen. Ich ließ ihm antworten, der könne uns wohl in Schanghai beschützen, aber nicht im Inlande; dafür hätten wir ja auch den Reisepass, dass sie uns schützen sollten. Das Volk in der Stadt war bis dahin noch ruhig, obschon allerlei üble Gerüchte verbreitet wurden. Die Leute aus den Dörfern wunderten sich immer, dass wir noch da waren. Auch kamen Leute, die sich über unsere Sachen erbarmen wollten. Wir packten alles in Kisten, um die Sachen, wenn wir fort müssten, dem Mandarinen zu übergeben. Am Freitag kam ein Beauftragter des Mandarinen und forderte uns wieder auf zu gehen. Er sprach auch unten in dem Empfangszimmer über unsere Lage in Gegenwart vieler Männer. Das gab der Sache den rechten Stoß. Nun wurden die Leute sehr dreist, und wir hatten keine Ruhe mehr. Freitag Nacht wachten drei Soldaten vor unserem Hause. Der Evangelist hatte gefragt, ob wir im Yamen Aufnahme finden könnten, wenn es schlimmer würde. Das sei nicht sehr angenehm, war die Antwort des Mandarinen, da wir Damen seien. Am

Samstag ließ er uns sagen, er habe keine schönen Zimmer für uns im Yamen, und sein Stellvertreter kam noch einmal, um zu fragen, ob wir nicht abreisen wollten. (Er musste gesehen haben, dass unsere Kisten gepackt waren). Da, nach dem Essen, kam der Mandarin selbst und holte uns nach dem Yamen. Das war aber ein Geschäft! Oben im Hause wimmelte es von Yamenherren und unten standen an hundert Menschen. Die Straße war ebenfalls zu beiden Seiten gedrängt voll. Zuerst wurde Ida, dann ich in dem Stuhl des Mandarinen vor vier Soldaten nach dem Yamen eskortiert. Das Volk legte die größte Ruhe an den Tag; wahrscheinlich weil der Mandarin selbst da war. Außer unserem Evangelisten darf uns hier niemand besuchen. Wir sitzen wie Gefangene hinter Schloss und Riegel; doch sind wir froh und dankbar, dass wir Ruhe haben. Ich war noch sehr müde vom Fieber und durch die Unruhe kam ich erst recht herunter. Samstag ging der Mandarin und versiegelte alle Türen im Hause und die große Haustür von außen. Unsere Leute gehen durchs Gartentor; sie haben nur ihre chinesische Küche und ein kleines Stübchen in Gebrauch. Unser Haus-Herr hatte sich zu früh auf das schöne Haus gefreut; auch hatte er schon das Schild ‚Jesus-Halle' herunternehmen lassen. Dafür musste er auf offener Straße vor dem Mandarin niederknien und dabei wurde er ausgelacht. Der Mandarin hatte ihn gefragt, ob er in sein Amt eingreifen wolle, das Haus stehe jetzt unter amtlicher Verwaltung. Das Volk hatte gesagt, man könne doch sehen, dass die Ausländer gute Menschen seien, denn sonst hätte der Mandarin sie nicht in seinem eigenen Stuhl in den Yamen bringen lassen."[66]

Am 8. August wurden die beiden Missionarinnen dann unter dem Schutz chinesischer Soldaten zur Hafenstadt Wenzhou gebracht, von

---

[66] Sichelschmidt, L., China Bote, Oktober 1900, S. 19/20

wo sie mit dem Schiff nach Schanghai weiterreisten. Aus dem sicheren Schanghai schreibt Luise Sichelschmidt am 17. August 1900:

„Am 7. (August) kam ein Bote von Lishui mit der Bitte, unverzüglich nach dort zu kommen, um weiter nach Schanghai zu reisen. Gleich packten wir unsere notwendigsten Sachen, d. h. Sommer- und Winterkleidung, ein, und am 8. wurden wir von sieben Soldaten nach Lishui eskortiert, wo wir am Abend ankamen. Am nächsten Tage reisten wir in Gemeinschaft mit den Schwestern Schüttenhassel und Brunnschweiler, sowie mit den Brüdern Klein und Fröhlich unter militärischer Bedeckung nach Qingtian. Dort gingen die Soldaten von Lishui wieder ab, und andere von Qingtian brachten uns bis Wenzhou. Dort kamen wir am 11. August an und gingen gleich aufs Schiff, welches am 12. nach Schanghai abfuhr. Dienstag, den 14. kamen wir in Schanghai an. [...] Die Geschwister Bender und Bruder Röhm werden mit dem nächsten Schiff erwartet. [...] Von 20 Geschwistern der China Inland Mission, die ermordet worden sind, sind die Namen bis jetzt festgestellt, und von 50 weiß man noch nicht bestimmt, wo sie sind. Auch die eingeborenen Christen stehen in Gefahr, und viele von ihnen sind schon getötet.“[67]

Dass sie selbst mit dem Leben davongekommen ist, verdankt sie wahrscheinlich einigen chinesischen Beamten. Ihr späterer Ehemann, Rudolf Röhm, berichtete, dass der Distrikts-Mandarin von Lishui Boote für den Transport der Missionare nach Wenzhou besorgt hatte und „die Beamten in den verschiedenen Städten taten wirklich, was in ihrer Macht stand, uns zu schützen und das Volk ruhig zu halten.“ Und der aus Longquan geflüchtete Missionar Josef Bender teilte mit: „Im Yamen hier in Wenzhou lag ein Mordbefehl, und hätte der Taotai [Regierungspräsident H.R.] ihn nicht unterdrückt, so wären

---

[67] Sichelschmidt, L., China Bote, Oktober 1900, S. 20

alle Ausländer hier getötet worden und das wäre unser Todesurteil auch gewesen."[68]

4.1.5 Schanghai

Vom 14. August 1900 bis zum 4. April 1901 lebte Luise Sichelschmidt nun in Schanghai. Es ist unklar, ob sie erst hier ihren späteren Ehemann Rudolf Röhm näher kennenlernte. Jedenfalls gaben die beiden Weihnachten 1900 ihre Verlobung bekannt und heirateten am 15. März 1901.

Rudolf Röhm schreibt am 28.03.1901 über die Hochzeit: „Die Ziviltrauung fand vormittags auf dem deutschen Konsulate statt. Nachmittags begaben wir uns nach der Union-Kirche, wo gewöhnlich die deutschen Gottesdienste stattfinden. Viele Geschwister der China Inland Mission hatten sich dort eingefunden, und der Pastor der deutschen Gemeinde, Lic. Hackmann, traute uns; er sprach über die Worte: Wer unter dem Schirm des Höchsten sitzet und unter dem Schatten des Allmächtigen bleibet, der spricht zu dem Herrn: meine Zuversicht und meine Burg, mein Gott, auf den ich hoffe. Psalm 91,1.2. Seine Rede war ergreifend, und er gedachte auch liebevoll der Arbeit an der wir stehen" [...] wir werden „vorläufig nach Lishui gehen, bis Geschwister Schmidt aus Deutschland eintreffen. Dann siedeln wir nach Jinyun über."[69]

---

[68] Röhm, R. und Bender, J., China Bote, Oktober 1900, S. 21
[69] Röhm, R., China Bote, Juli 1901, S. 90/91

Bild 3: Union Church, Schanghai, Zustand 2013

Die Union-Church, am rechten Ufer des Suzhou Flusses kurz vor dessen Einmündung in den Huang-Pu, gibt es wieder. Sie war unter der frühen kommunistischen Herrschaft jahrelang eine Lampenfabrik in einem herunter gekommenen Viertel. Schließlich brannte sie ab. Inzwischen steht sie wieder in prächtig restaurierter Umgebung und wird 2013 gern als Hintergrund für Hochzeits- und Modefotos benutzt.

4.2 Erster Chinaaufenthalt von Rudolf Röhm (1896 – 1904)

4.2.1 Anqing

Rudolf Röhm kam am 15. März 1896 in Schanghai an. Nach den Formalitäten und dem Einkleiden in landestypische Tracht – einschließlich langem künstlichem sog. Mandschu-Zopf – besuchte er ab 21. März 1896 die Sprachschule der englischen China Inland Mission in Anqing am Jangtse, rund 480 km westlich von Schanghai in der Provinz Anhui. Außer seinem deutschen Namen hatte er nun auch einen chinesischen: Ran Ming Cheng.

Der systematische Sprachunterricht war überraschend schnell vorbei. Nach gut 5 Wochen, „am Montag (27.04.1896) erhielten wir von Mr Cooper einige Zeilen [...], dass wir von Anqing ohne Verzug abreisen möchten [...] Er dachte, es würde für uns das Beste sein, nach unserem Bezirk zu gehen und dort mit dem Studium der Sprache fort zu fahren. [...] ich (solle) zu Bruder Manz nach Xiaomei".[70]) Eine Begründung für diese schwer verständliche Entscheidung habe ich nicht gefunden. Nach 5-wöchigem Sprachunterricht ist eine Missionarstätigkeit kaum vorstellbar.

4.2.2 Xiaomei

Xiaomei liegt im Südwesten der Provinz Zhejiang südlich des 28. Breitengrades in der Nähe der Grenze zur Provinz Fujian. Wie lange er für die rund 1.500 Km lange Reise über Schanghai, Wenzhou, Lishui und Longquan unter den damaligen Verkehrsbedingungen brauchte, schreibt Rudolf Röhm nicht. Vermutlich hatte er Ende Juli 1896 sein Ziel erreicht. Der letzte 150 km lange Abschnitt von Lishui bis Xiaomei setzte ihn manchmal in Begeisterung: „Die Leute in den Orten, die wir passierten, waren sehr freundlich und gaben uns Tee. Ein Kaufmann, in dessen Laden ich mich ein wenig ausruhte, bot mir

---

[70] Röhm, R., China Bote, August 1896, S. 11

53

sogar eine Pfeife an, deren Annahme ich aber selbstverständlich ablehnen musste. Bald hatte sich auch eine Anzahl Menschen vor dem Laden zusammengefunden, um den Ausländer zu sehen. Der Hauptgegenstand ihrer Fragen war mein Name und Alter und das Woher und Wohin. [...] Der Weg führte über hohe Gebirgspässe und an gähnenden Abgründen vorbei, durch welche Flüsse rauschten. Die Gegend war so wunderbar schön, so romantisch, wie ich in der alten Heimat niemals eine gefunden habe.“[71] „Xiaomei liegt von den deutschen Stationen am weitesten von der Meeresküste entfernt, etwa 15 Stunden oberhalb Longquan an demselben Fluss. Am Wege hier herauf liegen mehrere kleine Orte, deren Bewohner freundlich gegen uns gesinnt sind. Xiaomei ist auch verhältnismäßig klein (etwa 2000 Einwohner) es hat aber viel Verkehr, so dass immer viele Auswärtige das Evangelium hören. [...] Das Flusstal ist hier so enge, dass der Ort nur eine lange Straße hat nebst einigen kleinen Seitengässchen. Unser Haus steht etwa in der Mitte der Straße und ist deshalb für Versammlungen günstig gelegen; es kommen jeden Abend 15 bis 20 Chinesen, um das Evangelium zu hören; einige erscheinen regelmäßig und sind sehr aufmerksam.“[72]

---

[71] Röhm, R., China Bote, September 1896, S. 12
[72] Röhm, R., China Bote, Januar 1897, S. 42/43

Bild 4: Rudolf Röhm, Missionsstation Xiaomei, 1896

Rudolf Röhm kam in Xiaomei an, als die Missionsarbeit dort noch in den Anfängen steckte. Der Bruder Fritz Manz, bei dem er lernen sollte, hatte am 27. Februar 1895 geschrieben, dass er in diesem Marktflecken mit einigen tausend Einwohnern in der Mitte von vielen kleinen Dörfern eine Wohnung gemietet habe, denn der Ort sei „nach seiner Lage zu urteilen recht geeignet als Missionssitz. Wir gedenken, dort unsere eigentliche Wohnung aufzuschlagen und King-yang häufig zu besuchen. [...] Es sind ausnahmsweise viele Opiumraucher in Xiaomei [...] Sie selbst haben den Wunsch ausgesprochen, frei zu werden vom Opium."[73] Manz hatte die Wohnung nicht sofort bezogen, sondern war weitergereist und erfuhr in Longquan, „dass die Vermieter uns das Haus nicht übergeben wollten. Sie hatten nämlich die uns in China fast überall begegnenden Vorurteile aufgenom-

---

[73] Manz, Fritz, China Bote, Juli 1895, S. 92

men und gaben für ihre Weigerung folgende Gründe an: wir äßen Kinder, nähmen den Leuten das Herz aus, um Arznei daraus zu bereiten, und die Leute, welche an unsere Lehre glaubten, würden wir mit nach Deutschland nehmen. Wir schickten deshalb unsere chinesischen Brüder sofort nach Xiaomei, um, wenn möglich, bei den Eigentümern die Vorurteile zu beseitigen, und als wir ihnen nach einigen Tagen folgten, waren sie bei unserer Ankunft [am 19. März 1895] soeben in das Haus hineingegangen, um es für uns in Besitz zu nehmen. Als uns die Leute des Ortes kommen sahen, versammelten sich viele vor unserem Hause, doch wagten sich nur wenige hinein; dies war uns ein untrügliches Zeichen des Hasses. Wir hörten aus ihrer Mitte auch manche feindselige Äußerung und sie entfernten sich erst, als wir uns zu Nachtruhe begeben hatten. [...] Am nächsten Morgen kamen wieder viele vor dem Haus zusammen. Wir hörten, dass sie sagten, es seien noch 8 Boote unterwegs mit mehr als 20 Fremden und allerhand Sachen, das dürfe nicht geduldet werden. Wir ließen uns aber nicht abschrecken in dem Bewusstsein, dass wir Boten unseres Herrn Jesu sind. [...] Ein alter Mann, ein Schullehrer, der großen Einfluss im Ort hatte, hasste uns sehr, er hatte den Leuten den Rat gegeben, die Alarmtrommel im Tempel zu schlagen und uns weg zu jagen. Doch der Herr redete und handelte anders für uns. Der Lehrer starb vor drei Tagen plötzlich an einem Blutsturz. Im Laufe der Zeit sind nun manche doch etwas zutraulich geworden.“[74]

Das den Missionaren Manz und Klein so geeignet erscheinende Haus hatten sie deshalb so billig mieten können, weil dort angeblich böse Geister hausten. Als Klein und Manz das Haus fast fertig renoviert hatten, waren die bösen Geister angeblich verschwunden. Deshalb verlangte der Vermieter jetzt eine Mieterhöhung oder sogar die Zurückgabe des Hauses. Da erschien „ungeahnte Hilfe in der Person eines einflussreichen Holzhändlers namens Koh, dessen Familie später eine einflussreiche Rolle in der Geschichte unserer Mission

---

[74] Manz, F., China Bote, Juli 1895, S. 93

spielte. Er war in Wenzhou mit der Mission und deren Zielen bekannt geworden und infolgedessen den Brüdern Manz und Klein wohlgesonnen. So legte er sich ins Mittel und brachte einen Mietvertrag zustande, mit dem die Brüder vollauf zufrieden sein konnten, da er ihnen für viele Jahre das schöne Haus bei erträglicher Miete sicherte."[75] Die Renovierung des Hauses zog sich unerwartet lange hin: Am 24. April 1895 jammerte Manz: „Bei der Instandsetzung des Hauses geht es mit den hiesigen Handwerkern recht langsam voran, sie richten sich nach ihrem Sprichwort: ‚Langsam, langsam, nur nicht beeilen', und mit Ungeduld richtet man bei ihnen nicht viel aus."[76] Im Oktober 1895 war das Haus schließlich fertig. „Wir haben mehr als 200 Dollar (600 Mark) ausgegeben für bauliche Änderungen und für zehnjährige Miete, die im Voraus zu bezahlen war".[77] Die feindselige Stimmung der Einheimischen hatten sich inzwischen gewandelt und schon im Januar 1896 schreibt Manz: „Hier in Xiaomei haben wir noch ein kleines Haus für 52 Dollar gemietet; dasselbe ist mit dem bisherigen Hause zusammengebaut und soll zur Vergrößerung des Versammlungshauses und für eine Wohnung des Evangelisten verwendet werden, welcher hier wohnen wird."[78]

Neben dem Suchen und Finden und der Renovierung des Missionshauses in Xiaomei hatten sich Klein und Manz auch ihrer eigentlichen Aufgabe des Missionierens gewidmet und auch die oben im Zusammenhang mit Luise Sichelschmidt erwähnte Missionarin Auguste Bender auftreten lassen. Das lockte viele Frauen ins Missionshaus, die die Ausländerin sehen wollten und sich wunderten, dass sie auch predige. Als Willkommensgruß schenkten sie ihr „Zuckerzeug und Tee". Im Kampf gegen die Opiumsucht hatte es auch schon einen ersten Erfolg gegeben: „Ein […] Mann entschloss sich vor etwa einem Monat, mit dem Opium zu brechen. Wir beteten

[75] 50 Jahre Allianz China Mission, S. 66/67
[76] Manz, F., China Bote, Juli 1895, S. 93
[77] Klein, H., China Bote, Dezember 1895, S. 36
[78] Manz, F., China Bote, Juli 1896, S. 90

täglich mit ihm und gaben ihm das Essen und der Herr hat Gnade gegeben, dass dieser erste Flüchtling aus dem hiesigen Lager des Opiumlasters ohne Medizin frei geworden ist. [...] Der alte Mann ist jetzt gerade hier. Er sagte, warum Gott den Teufel nicht wegschaffe, sodass er die Menschen nicht mehr verführen könne."[79] Im Oktober 1895 hatte Bruder Manz sogar einem neugeborenen kleinen Mädchen, das weggeworfen worden war, das Leben gerettet: „Vor einigen Tagen sagte mir Kiaisching Jiaxing, dass einer unserer Nachbarn wieder ein kleines Mädchen hinausgetragen habe und niemand da sei, es aufzunehmen. Ich brachte die Sache vor den Herrn und kam zu dem Entschluss, einiges Geld zu bieten dem, der das Kind aufnehmen würde. Die Frauen der Nachbarschaft ratschlagten dann, und schließlich ging eine hin, das Kind zu holen: es lag kläglich winselnd im Aschenhause. Die Frau trug das neugeborene Wesen in ein nahegelegenes Haus und reinigte und kleidete es einigermaßen, aber es nun auch zu pflegen, dazu war sie nicht bereit, ich hatte nicht genug geboten. Die Frauen schickten zu mir und verlangten mehr Geld. Ich dachte, wer A sagt, muss auch B sagen und gab das Doppelte. Nun ist das Kind in guter Pflege und ich habe keine Verpflichtungen mehr für dasselbe. [...] Der Vater des Kindes hörte alle diese Verhandlungen, aber er sagte, er könne sich nicht um das Kind bekümmern, er habe schon zwei kleine Mädchen und kaum etwas zu essen dafür; auch wolle sie noch niemand kaufen. Die Eltern welche Söhne haben, kaufen nämlich kleine Mädchen und erziehen sie ihren Söhnen zu Frauen."[80]

Wie Rudolf Röhm in diesem Umfeld mit minimalen Chinesisch-Kenntnissen nach nicht einmal 6 Wochen Sprachschule nutzbringend arbeiten sollte, ist heute – 2017 – ein ungelöstes Rätsel. Hatte er dringend benötigte aber nicht erwähnte spezielle Kenntnisse und Fertigkeiten? Oder hatte es in der Sprachschule in Anqing Probleme gege-

---

[79] Manz, F., China Bote, Oktober 1895, S. 20
[80] Manz, F., China Bote, Februar 1896, S. 52

ben – Krach mit anderen oder einfach nur Lehrermangel? Auf das Erlernen der Landesprache wirkte sich der Umzug jedenfalls negativ aus, wie Rudolf aus Xiaomei berichtete: „Mit dem Sprachstudium ging es indes ziemlich langsam, da die Hitze das anstrengende Studieren nicht zulässt. Auch ist ein großer Unterschied zwischen den Lehrern; in den Missionshäusern in Anqing und Yangzhou können die Lehrer mit den neuen Schülern besser fertig werden, weil sie mehr Erfahrung haben und wissen, was sie die Ausländer zu lehren haben. Die Lehrer auf den Stationen dagegen haben meist noch nie mit Ausländern verkehrt und sind deshalb ganz unerfahren".[81]

Trotz der Sprachdefizite des Neulings machte die Missionsstation Fortschritte. Zur Weihnachtsfeier 1896 kamen 20 der regelmäßigen Versammlungsbesucher. Die Missionare veranstalteten für sie ein chinesisches Festmahl und boten als Besonderheit zum Nachtisch Gebäck und Nüsse aus Deutschland an. Kurz darauf baten 3 Personen um die Taufe; weil sich bereits vorher ein Taufkandidat gemeldet hatte, standen nun – rund 1½ Jahre nach Eröffnung der Station – vier Taufen an. Gleichzeitig meldete Rudolf Röhm ein persönliches Problem: Fieberanfälle. Er hatte wohl Malaria.[82]

Knapp 3 Monate später ging er mit zwei getauften Chinesen auf eine 4-wöchige Missionsreise, auf der gleich nach der Abfahrt ein Boots-Unfall passierte: „Kaum 4 Li [2 km H.R.] unterhalb Xiaomei rannte das Boot gegen einen Felsen und wurde leck. Wir mussten aussteigen und am Ufer unter strömendem Regen warten, bis in einem anderen Boot für uns Platz gemacht war. Darauf ging die Fahrt ohne weiteren Unfall von statten, und wir kamen gegen Abend in Longquan an."

---

[81] Röhm, R., China Bote, Januar 1897, S. 42/43
[82] Vgl. Röhm, R., China Bote, April 1897, S. 69

Bild 5: Reisen mit dem Flussboot um 1896

Die Reise führte über Lishui, Kiu-long, Jen-teo [ca 30 km von Lishui], Song-yang, Kinan [25 km von Song-yang], Sui-tschang wieder nach Xiaomei und dauerte bis zum 21. April 1897 und war mehr als 450 km lang[83]. Auf einer weiteren Reise Mitte Mai 1897 kamen sie „in eine Opiumhöhle, in der es sehr unheimlich aussah. Einige der Opfer lagen auf ihren Pritschen und frönten dem Laster, während andere [...] sich sonst die Zeit vertrieben. Es war ein wahres Bild des Elends und der Sünde. Als wir uns nach kurzem Aufenthalte wieder entfernen wollten, meinte einer der Raucher, wir möchten noch etwas verweilen, denn sie möchten noch mehr von der ‚Lehre' hören, und wir entsprachen diesem Wunsche natürlich gerne."[84] Opiumhöhlen waren eine Art Gaststätten für Rauschgiftsüchtige, die sich dort mit Opium-

---

[83] Vgl. Röhm, R., China Bote, Juli 1897, S. 93 ff
[84] Röhm, R., China Bote, September 1897, S. 12

Rauchen die Sinne vernebelten und ihr Geld durchbrachten. Die Opiumsucht war ein enormes Problem im China des 19. Jahrhunderts, gegen das die kaiserliche Regierung mit geringem Erfolg ankämpfte. Mit ihrem Versuch, den Import von Opium zu unterbinden, hatte sie zwei so genannte Opium-Kriege gegen England ausgelöst und verloren und war in bis heute berüchtigten Friedensverträgen demütigenden Bedingungen unterworfen worden. Die Missionare der Deutschen China Allianz Mission versuchten, die Opiumsucht zu bekämpfen, indem sie gegen diese ‚Sünde' predigten und auch die Süchtigen in einer Art primitiver Entziehungshäuser zu therapieren versuchten.

Von dieser Missionsreise im Mai 1897 brachte Rudolf Röhm auch die Geschichte vom Selbstmord aus Rache mit: „Nach den chinesischen Gesetzen wird derjenige, welcher einem anderen Anlass zum Selbstmord gibt, dafür verantwortlich gemacht, und es geschieht ungemein häufig, dass sie Selbstmord begehen, lediglich um dadurch einen Verhassten ins Unglück zu stürzen."[85]

In den folgenden drei Jahren machte Rudolf Röhm öfter mehrwöchige Missionsreisen im Süden der Provinz Zhejiang und auch im Norden von Fujian, der südlichen Nachbar-Provinz. Mit seinen chinesischen und / oder deutschen Begleitern predigte er das Evangelium und versuchte, christliche Literatur bis zu ganzen Bibeln zu verkaufen oder auch zu verteilen, wenn die Leute nicht kaufen wollten. Seinen ersten Eindruck auf der Reise nach Xiaomei, dass die Leute freundlich seien, musste er manchmal korrigieren. So besuchte er am 21. Juli 1899 zusammen mit Bruder Bender einen „Ort namens Ti-schü, der etwas abseits vom Wege liegt. Wie es schien, hatte dort noch nie ein Ausländer übernachtet und die Leute zeigten auch wenig Lust, uns aufzunehmen". Schließlich gestatteten sie den Ausländern aber doch, auf der Theaterbühne zu übernachten, und gaben ihnen

---

[85] Röhm, R., China Bote, September 1897, S. 13

auch etwas zu essen. Die beiden Missionare nutzten die Theaterbühne zum Predigen und „viele Chinesen haben das Wort Gottes
vernommen. Möge der Herr den Ort segnen...‟[86]

Böse Gerüchte wurden gestreut, die den Missionaren das Leben
schwer machten: Jemand wollte gesehen haben, wie Rudolf Röhm
mit einem chinesischen Bekannten immer Opium geraucht habe,
wenn dieser zur Kirche kam. Schließlich habe er ihn mit einer Pille
vergiftet und dann seine Seele gestohlen.[87] Über einen anderen Verstorbenen wurde berichtet, dass die Missionare ihm Herz und Augen
ausgeschnitten hätten, um im Ausland Medizin davon machen zu
lassen. Im Juli 1899 hörte Rudolf Röhm, „dass in Kien-ming, Provinz
Fujian, ein Missionsgebäude zerstört, und die Missionare verjagt und
einige eingeborene Christen ermordet worden seien. Man hatte nämlich ein Kind vermisst und dann ermordet aufgefunden. Der Mörder
soll beim Verhör angegeben haben, dass die Ausländern ihn zu der
Tat veranlasst hätte, um aus dem Blute des Kindes Medizin zu be-
reiten‟.[88] In mehreren Orten brauchten die Leute kein Salz mehr, weil
sie glaubten, es sei von Ausländern vergiftet worden. Sie fürchteten
sogar, dass Bücher vergiftet sein könnten.[89]

Am 15. November 1897 übergab Fritz Manz, der bisherige Leiter
der Station Xiaomei, diese an Rudolf Röhm, dem ein Bruder Kampmann zur Seite stehen sollte. Rudolf Röhm war erst 20 Monate in
China und hatte nur das zweite von sechs Sprachexamen hinter sich.
Zur Situation bei der Übergabe schrieb Fritz Manz: Es waren
„3 Männer in Xiaomei, die am Abendmahl teilnahmen. Es waren
außerdem 13 Männer und eine Frau dort, welche seit längerer Zeit
regelmäßig die Versammlungen besuchen und sich zur Gemeinde
hielten. [...] Die Arbeit in Xiaomei ist bis heute fast ausschließlich

---

[86] Röhm, R., China Bote, November 1899, S. 27
[87] Vgl. Röhm, R., China Bote, Januar 1899, S. 50/51
[88] China Bote, November 1899, S. 26/27
[89] Vgl. Röhm, R., China Bote, September 1899, S. 10

unter Männern geschehen, weil wir Männer ja bekanntlich bei den Landesverhältnissen unter den Frauen nicht arbeiten können".[90]

Das Weihnachtsfest 1897 wurde – wie auch das vorjährige schon – gehörig gefeiert. „Zur Feier des Christfestes hatten wir (am 25. Dezember) ein Festmahl bereitet, an welchem über 20 Personen teilnahmen. Nachmittags hatten wir Versammlung, und abends hatten unsere Leute und viele andere zum ersten Mal das Vergnügen, einen Weihnachtsbaum im Lichterschmuck zu sehen, und wir hatten die Freude, vielen von Jesus erzählen zu können. [Am Sonntag, 26. Dezember, waren] die Morgen- und Nachmittag-Versammlungen [...] gut besucht. Abends zündeten wir wiederum den Baum an und hatten sehr viele Zuschauer und Hörer, denn die Neuigkeit war inzwischen bekannt geworden, dass es in der Jesu-tang (Jesus-Halle = Kapelle; H.R.) etwas zu sehen gibt, und viele, die niemals kamen, um die Lehre zu hören, kamen, um die Neugierde zu befriedigen, bekamen aber bei dieser Gelegenheit auch das Evangelium zu hören. Am folgenden Abend kam auch eine große Zahl Frauen und Kinder, die ich bis dahin noch nie innerhalb der Halle gesehen habe. Von Tschiatien war Herr Sieh gekommen, um mit uns Weihnachten zu feiern."[91]

Im folgenden Februar 1898 berichtete Rudolf Röhm voll Freude, dass ein 33-jähriger getauft wurde, der seit 1896 die Versammlungen besucht hatte. Der Neugetaufte „verdiente vorher sein Brot mit Wahrsagerei und Ermittlung günstiger Begräbnisplätze", was bei abergläubischen Chinesen auch 2017 noch wichtige Aufgaben sind. „Vier andere haben jetzt auch um die Taufe und um Zulassung zum Abendmahl gebeten." Und noch weitere erfreuliches Ereignisse hatte es gegeben: „Am 26. (Februar 1998) wurde mir das Nachbarhaus zum Mieten angeboten. Da mir der Preis, 2100 Käsch, außerordentlich billig vorkam und das Haus mit dem unsrigen denselben Hof hat, habe ich es für ein Jahr gemietet. Wir hatten in letzter Zeit oft Gäste

---

[90] Manz, F., China Bote, Juli 1898, S. 90
[91] Röhm, R., China Bote, Mai 1898, S. 77

von auswärts, die bei uns den Sonntag zubringen wollten und wir hatten keinen rechten Platz für sie. Wenn das neu gemietete Haus instand gesetzt ist, haben wir darin eine Küche für Gäste und solche Leute, die hier vom Opiumlaster geheilt zu werden wünschen. Die Versammlungen waren in diesem Monat ziemlich gut besucht und wir verkauften viele Schriften.“[92]

Diese freudigen Begebenheiten markierten keineswegs breite Breschen in den Mauern aus Desinteresse und krasser Ablehnung, vor denen sich die Missionare aus Xiaomei oft sahen. Sie waren gekommen, um die Seelen von China's Millions vor dem ewigen Verderben zu retten, und die meisten Chinesen merkten diese edle Absicht nicht oder wollten sie nicht merken. Selbst eine Nachbarin traute ihnen im Frühjahr 1899 noch zu, eventuell etwas mit dem Tod eines Mannes und der Entnahme von Organen zur Medizinherstellung zu tun zu haben. „Als ich dies hörte, tat es mir wirklich wehe, denn vier Jahre lang wohnen wir nun unter diesen Chinesen und noch sind ihre Vorurteile gegen uns nicht geschwunden“, klagte Rudolf Röhm.[93] Auch einige der frisch Bekehrten betrübten ihn sehr. Einer, der nicht zum Abendmahl erschienen war, erklärte ihm, dass er auch zuhause Gott anbeten könne. Anderen erzählte er aber, „dass er schon drei Jahre an die Lehre glaube, aber noch immer nichts von uns bekommen habe.“ Und Rudolf Röhm kommentierte: „Er ist nicht der einzige, in dessen Gedanken sich die Idee festgesetzt hat, dass sie, sobald sie kommen, die ‚Lehre‘ zu hören, auch von den Ausländern unterstützt würden. Solche Leute kommen eine Zeitlang regelmäßig; wenn jedoch der erhoffte Gewinn ausbleibt, bleiben sie wieder aus.“[94] Es gab für solche Leute den Begriff ‚Reischristen‘, und in meiner Jugend lernte ich, dass diese besonders unter den Katholiken verbreitet gewesen seien, weil katholische Missionare in China besondere Rechte genossen und deshalb ihren Gläubigen besondere materielle Vorteile verschaffen

---

[92] Röhm, R., China Bote, Mai 1898, S. 77
[93] Röhm, R., China Bote, September 1899, S. 10
[94] Röhm, R., China Bote, September 1898, S. 11/12

konnten, die die Missionare der Deutschen China Allianz Mission bewusst nicht gewähren wollten. Unter solchen Voraussetzungen müssen ‚Reischristen' unter seinen Gemeindegliedern für Rudolf Röhm eine besondere Anfechtung gewesen sein.

Beim Kampf gegen die Opiumsucht gab es ebenfalls böse Überraschungen, denn das neu gemietete Haus, in dem die Süchtigen gegen ihr Laster ankämpfen sollten, wurde missbraucht. Schon im April 1898, nur zwei Monate nach Anmietung des Hauses, war klar: „nach den bisherigen Erfahrungen benutzte mancher Arbeitslose die Gelegenheit, für einen Monat umsonst verpflegt zu werden, und griff dann wieder zur Opiumpfeife." Deshalb wurde als Regel eingeführt, „dass jeder der aufgenommen werden will, auf eigene Kosten hier lebt, denn wenigstens sollen sie einen Teil ihres Unterhalts bezahlen."[95] Später zeigte sich auch, dass manche Nutzer das Opium-Asyl nachts heimlich verließen, um Opium zu rauchen.

Am 26. Juni 1898 benutzte Rudolf Röhm in dem Örtchen Tschatien erstmals „Bilder zur Erklärung des Wortes Gottes. Ein Freund der Mission hat nämlich vor einiger Zeit jedem Missionar in China ein Exemplar des Buches ‚Eye Gate' (Pforte der Augen) geschenkt, um dessen Bilder beim Predigen zu benutzen. Die China Inland Mission hat diese Bilder in vergrößertem Maßstab auf Leinwand malen lassen, die man nun einzeln kaufen kann. Auch sind die Bilder aus Eye Gate auf Papier einzeln verkäuflich, und die Chinesen kaufen sie gern, da sie zu dem geringen Preis von 1 Dollar die 100 Stück abgegeben werden. Mancher kauft auch die betreffenden Schriftteile zu den Bildern. Als ich das Bild ‚Die schwere Last' erklärte, sagte einer der Zuhörer, jetzt könne er verstehen, was Sünde sei."[96]

Trotz großen Einsatzes der Missionare blieben ihre Erfolge bescheiden. Im Stationsbericht von Xiaomei steht für das Jahr 1898:

---

[95] Röhm, R., China Bote, August 1898, S. 3 f
[96] Röhm, R., China Bote, Oktober 1898, S. 27

„Wir hatten im verflossenen Jahr jeden Tag Versammlungen in unserem Lokal. Der Besuch derselben wechselte sehr. Oft waren nur drei oder vier Personen anwesend, oft auch 20 und darüber. Die Mehrzahl der Besucher waren Fremde; die Einwohner von Xiaomei halten sich ziemlich ferne, obschon sie recht freundlich gegen uns sind. Frauen kamen hier fast gar nicht. Seit April haben wir eine Predigthalle in Tschatien, die täglich geöffnet ist und weil sie an der Hauptstraße liegt, von den Reisenden oft betreten wird. [...] Die übrigen Dörfer der Umgebung wurden von uns und unseren chinesischen Brüdern besucht, die einen einmal, andere aber auch mehrmals [...] Im Ganzen wurden von hier aus im Laufe des Jahres für 18850 Käsch Bibeln, Bibelteile und andere Schriften an Chinesen verkauft. Im Laufe des Jahres hatten wir nur 4 Opiumraucher im Hause [...] davon sind jetzt zwei regelmäßige Besucher der Versammlungen, während der dritte meint, er müsse wegen Krankheit wieder rauchen. Der vierte [...] ist uns aus den Augen verschwunden." Gegen Jahresende gab es nur 6 bis 8 regelmäßige Versammlungsbesucher und die Zahl der Gemeindemitglieder – 4 Männer und eine Frau – war innerhalb eines Jahres von 4 auf 5 gestiegen. Die Missionare von Xiaomei hatten wieder einige wochenlange Missionsreisen unternommen und Rudolf Röhm hatte zwei weitere Sprachexamen bestanden, so dass ihm nur noch zwei fehlten. Malaria-Anfälle hatten ihn weniger behindert als im Vorjahr.[97]

Im Januar 1899 begab er sich wieder auf eine dreiwöchige Missionsreise in die Nachbarprovinz Fujian, auf der er und seine Begleiter mit vielen Leuten ins Gespräch kamen, sich aber manchmal auch wegen anderer Dialekte nicht verständigen konnten. Dennoch freute er sich über die Ergebnisse dieser Reise sehr: „Der Herr hat uns auf dieser Reise gesegnet und uns die Gunst der Leute zuteil werden lassen. Mehr als 500 Evangelien, 175 Kalender und eine große

---

[97] Vgl. Röhm, R., China Bote, März 1899, S. 61

Anzahl anderer Schriften im Gesamtwerte von 6300 Käsch wurden verkauft und viele Chinesen haben das Wort Gottes gehört".[98]

Im Februar 1899 kamen 5 Leute auf die Station Xiaomei, um von der Opiumsucht befreit zu werden. Rudolf Röhm hatte aus Schanghai Medizin beschafft, wie sie auch andere Missionare gegen die Sucht einsetzten. Er hoffte, die Süchtigen zunächst von ihrem Laster zu befreien und sie dadurch empfänglicher für die christliche Botschaft zu machen und dann, wenn sie „mit des Herrn Hilfe geheilt in ihre Heimat zurückkehren, dass sie dort beitragen zur Verbreitung des Evangeliums."[99] Die Nachricht von der Medizin gegen Opium sprach sich schnell herum und im nächsten Monat kamen schon 20 Männer ins Opiumasyl, von denen aber einige schnell wieder weggeschickt wurden, weil sie nachts heimlich rauchten. Eine opiumsüchtige Frau, die mit ihren verkrüppelten Füßen (damals wurden kleinen Mädchen in großen Teilen Chinas bewusst die Füße gebunden und dadurch verkrüppelt) aus 35 km Entfernung gekommen war, wollte Rudolf Röhm eigentlich nicht aufnehmen, weil er keinen Frauenraum hatte. Aber sie ließ sich nicht abweisen, und ihm blieb nichts anderes übrig, als für sie einen getrennten Raum herzustellen. Sie wurde geheilt.[100] Die Hoffnung, dass von der Sucht Geheilte zu Boten des Evangeliums würden, ging im Oktober 1899 in Erfüllung: Ein umherziehender Kesselflicker zeugte überall, wo er hinkam, „freudig für Jesum und feiert(e) auch den Sonntag".[101]

Im Jahresbericht 1899 der Station Xiaomei heißt es: „auch im vergangenen Jahr (war) den Leuten Gelegenheit geboten, täglich das Evangelium zu hören hier in Xiaomei wie auch in Tschatien. Auch in vielen Orten der Umgebung von Xiaomei war es mir vergönnt, das Evangelium zu verkündigen. In den meisten Orten wurden wir

---

[98] Röhm, R., China Bote, Mai 1899, S. 75/76
[99] Röhm, R., China Bote, Oktober 1898, S. 18/19
[100] Vgl. Röhm, R., China Bote, Juli 1899, S. 91
[101] Röhm, R., China Bote, Februar 1900, S. 53/54

freundlich aufgenommen, und im Allgemeinen zeigten die Leute Interesse für das Evangelium. Dazu hat das Opium Asyl viel beigetragen. Im Ganzen waren 64 Personen hier, die vom Opiumrauchen frei werden wollten. Einige davon musste ich nach 2 bis 3 Tagen wieder wegschicken, weil sie sich entweder heimlich Opium mitgebracht hatten, um es wenn die Sucht zu mächtig werden würde zu essen, oder weil sie in der Nacht heimlich ausgingen, um zu rauchen. Andere hielten ihre Zeit aus; aber nur wenige haben wirklich Stand gehalten bis jetzt." Weiter betont Rudolf Röhm: „Ein wichtiger Faktor für die Ausbreitung des Evangeliums ist die Verbreitung des gedruckten Wortes Gottes unter dem Volke. Der Agentur der `Britischen und Ausländischen Bibelgesellschaft' bin ich zu großem Dank verpflichtet, da sie durch schön hergestellte billige Bibelteile die Verbreitung der heiligen Schrift unter dem Volke fördert. Ich konnte Ende November mit der Gesellschaft verrechnen: 5 Bibeln, 24 neue Testamente und 3500 Bibelteile [...] auch hatte ich 1700 Wandkalender von dieser Gesellschaft bezogen". Trotz aller Mühen hatte die Gemeinde von Xiaomei Ende 1899 nur noch 4 Mitglieder – eins weniger als vor Jahresfrist – und 10 regelmäßige Versammlungsbesucher. Rudolf Röhm hatte im Laufe des Jahres die vorgeschriebenen Sprachstudien abgeschlossen und im April das 5. und im Dezember 1999 das 6. und letzte Examen bestanden.[102] Im Februar 1900 wurde er nach Lishui versetzt, weil der dortige Stationsleiter in Heimaturlaub gegangen war und er ihn in dessen Abwesenheit vertreten sollte.

---

[102] China Bote, März 1900, S. 62/63

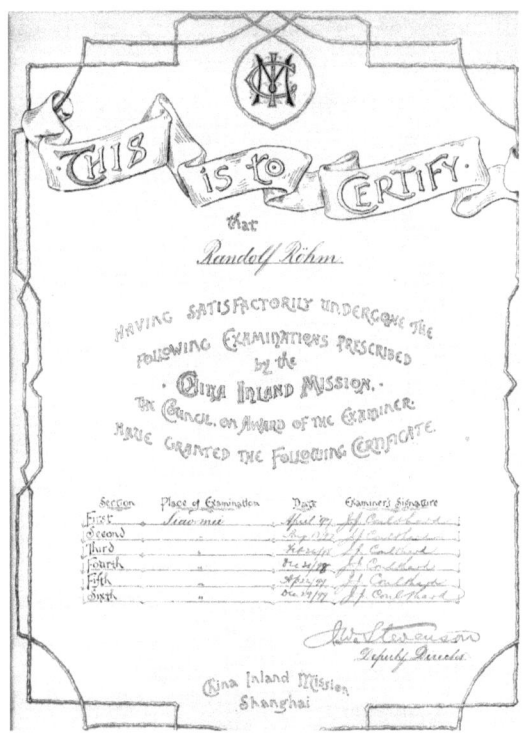

Bild 6: Sechste Sprachprüfung bestanden am 29.12.1899

In den 3 ¾ Jahren, die Rudolf Röhm in Xiaomei stationiert war, hatte er auf vielen Reisen im südlichen Zhejiang und nördlichen Fujian viel über Land und Leute kennengelernt, was ihm neben seinen Berichten über die eigentliche Missionsarbeit erwähnenswert und für seine Unterstützer in der fernen deutschen Heimat interessant erschien. So erzählte er, wie am 6. August 1897 ein Kaufmann Tschen, ein offener Feind des Evangeliums umgekommen war. „Er fiel in eine Dunggrube und war nach einigen Stunden eine Leiche. Als Bruder Manz vor zwei Jahren hier einzog, war er einer der bittersten Gegner und reizte die Leute zu Feindseligkeiten. Er wollte den braven Kiaihsing in eine Dunggrube werfen und sagte, es gäbe kein

69

anderes Mittel, diesen Mann von den verhassten Ausländern fern zu halten. Nun musste er selbst auf solch eine Art sein Leben lassen. Nach seinem Tode wurden die Taoistenpriester gerufen, um ihm in den Himmel zu helfen. Diese und die Klageweiber machten zwei Nächte hintereinander einen so großen Lärm mit Schreien und allerlei Musikinstrumenten, dass es uns nicht möglich war zu schlafen."[103]

Auf einer Missionsreise sah er „auf einer Brücke außerhalb eines Ortes einen Sarg stehen, der amtlich versiegelt war. Derselbe enthielt die Leiche eines Ermordeten, dessen Mörder jedoch nicht bekannt war. Die Chinesen haben die Sitte, dass, wenn die Leiche eines von unbekannter Hand Erschlagenen gefunden wird, der Ortsvorsteher des nächsten Ortes den Distriktsmagistrat davon in Kenntnis zu setzen hat. Dieser kommt dann und untersucht die Leiche, um die Todesursache festzustellen. Können die Personalien des Ermordeten festgestellt werden und hat derselbe Verwandte, die benachrichtigt werden, so können dieselben die Leiche beerdigen lassen. Im andern Falle trägt der Mandarin die Kosten für den Sarg, derselbe bleibt jedoch über der Erde stehen, bis er vermodert ist. Der erwähnte Sarg scheint wohl schon ein Jahr dagestanden zu haben."[104] Anderseits waren die Einheimischen befremdet über christliche Begräbnissitten, als der erste Christ aus Xiaomei begraben und auf dem Weg zum Begräbnisplatz und bei der Beerdigung gesungen wurde: „die Leute waren natürlich verwundert darüber, dass wir sangen, anstatt ein Klagegeschrei anzustimmen."[105]

Nach einer schlechten Reisernte und als Folge davon steigenden Preisen, gab es am 21. Juni 1898 in Xiaomei Ausschreitungen: Einem reichen Mann wurde in der Abendstunde das Haus niedergerissen, um ihn zu zwingen, seine Vorratskammer zu öffnen und den Reis um

---

[103] Röhm, R., China Bote, Dezember 1897, S. 34
[104] Röhm, R., Bericht vom 31.01.1901
[105] Röhm, R., China Bote, August 1899, S. 4/5

den gewöhnlichen Preis zu verkaufen."[106] Eine andere Selbsthilfe-
aktion kostete einen Übeltäter in einem Nachbardorf kurz darauf das
Leben: Er hatte sich „durch Schwindeleien den Hass der Dorfbewohner zugezogen und drohte mit Brandstiftung. Da schleppten
ihn eines Tages einige Männer in den Wald, banden ihn an einen
Baum und stachen ihm beide Augen aus. Er ist seinen Verletzungen
erlegen."[107]

„In den ersten Tagen nach dem chinesischen Neujahr wird
nirgend gearbeitet und viel um Geld gespielt. Das sind immer ver-
suchungsreiche Tage für die Christen." Aber auch Nichtchristen
gerieten gelegentlich in Versuchung und zwar auch lange nach den
chinesischen Neujahrsfeiertagen, [die etwa unseren Weihnachtsfeier-
tagen mit nachfolgenden Ferien vergleichbar sind. H.R.]) „Vom 24.
bis 27. April 1899 hatte ich den Kälker im Hause. Am ersten Tage
ließ ich ihn in seiner Weise arbeiten und er brachte ein Zimmer zur
Hälfte fertig. Ich hatte aber keine Lust, ihn zwei Wochen lang im
Hause zu haben und zog am zweiten Tag das lange Kleid aus und gab
mich selbst ans Arbeiten. Am Nachmittag hatte ich ein Zimmer von
derselben Größe zweimal gestrichen. Da leuchtete dem Meister ein,
dass man auch rascher arbeiten könne. Er strengte sich etwas mehr
an und fand auch einen Gehilfen. So gelang es, die ganze Arbeit
(5 Zimmer und den Vorplatz) in vier Tagen fertig zu bringen".[108] Auf
einer Reise entließ Rudolf Röhm seinen Lastenträger, weil der wieder
Opium rauchte, und musste feststellen: „Seitdem er nun ‚unseren
Reis nicht mehr isst', ist auch sein großes Interesse für die ‚Lehre'
verschwunden."[109]

„An den Abenden hatten wir in den Herbergen gewöhnlich viele
Zuhörer. Die Leute waren freundlich und hörten gerne zu; nur dann

---

[106] Röhm, R., China Bote, Oktober 1898, S. 27
[107] Röhm, R., Sept. 1899 aus Xiaomei, China Bote, Februar 1900, S. 52
[108] Röhm, R., China Bote, August 1899, S 4/5
[109] Röhm, R., China Bote, Mai 1900, S. 75

und wann suchten Studenten ihre Bildung zur Geltung zu bringen und unsere Lehre lächerlich zu machen".[110] Den Ort Pan-pien-jüh in der Umgebung von Xiaomei fand er überraschend von Kantonesen bewohnt – Einwanderern aus der hunderte Kilometer südlich gelegenen chinesischen Provinz Guangdong. „Diese Kolonisten sprechen noch immer, obschon die Einwanderung vor etwa 200 Jahren stattgefunden hat, ihre eigene Sprache. Die Frauen haben auch keine geschnürten Füße".[111]

Gelegentlich erlebten die Missionare beim Reisen unangenehme Überraschungen: In einer einsamen Gebirgsgegend mit Tigern und Wölfen gerieten sie in die Dunkelheit und sahen sich trotz Mondscheins genötigt, mit Laternen zu wandern, um wilde Tiere abzuschrecken.[112] Auf einer Flussreise schlug ihr Boot leck. Sie konnten ihre Sachen ans Ufer bringen und die Bootsleute machten sich auf die Suche nach Ersatzbooten. „Die Überdachung des Bootes hoben wir ab und dient uns jetzt zum Schutz gegen den Regen. So sitzen wir, Bruder Bender & ich schon einige Stunden hier und werden auch hier über Nacht bleiben müssen, denn bis die Boote ankommen wird es vollends dunkel sein. [...] abends bei Einbruch der Dunkelheit kamen die Boote an. Doch ging das Einladen nicht so rasch vor sich. Die Bootsleute glaubten nun sie hätten uns in ihrer Gewalt und wollten für den ausgemachten Preis nicht fahren, sondern glaubten uns schrauben zu können. Darin hatten sie sich jedoch geirrt. Nach langem Hin- und Her-Reden waren die Sachen endlich wieder an Bord; ans Weiterfahren war jedoch nicht zu denken. Gestern Abend kamen wir dann erst in Longquan an und fuhren heute Morgen wieder von dort ab."[113]

[110] Röhm, R., China Bote, Januar 1899, S. 43/44
[111] Röhm, R., China Bote, November 1899, S. 26/27
[112] Röhm, R., Bericht vom 31.01.1900
[113] Röhm, R., Bericht vom 28.02.1900 aus Xiaomei

4.2.3 Lishui

Am 12. Februar 1900 reiste Rudolf Röhm von Xiaomei ab und kam wohlbehalten am 17. Februar in seiner neuen Wirkungsstätte Lishui an. Für die damals sehr beschwerliche Reise von rund 150 km braucht man im Jahre 2015 knapp 3 Stunden.

Zu der ersten Versammlung, die er in Lishui hielt, kamen mehr Besucher, als untergebracht werden konnten. Er fand: „Das hiesige Haus ist den Verhältnissen nicht mehr entsprechend. Der Raum genügt nicht mehr für die Sonntagsversammlungen, und wenn auswärtige Gäste über Sonntag hier bleiben, fehlt es an Schlafräumen. Diese Übelstände müssen durch kleine Anbauten und Änderungen beseitigt werden, und dabei dürfen wir nicht außer Acht lassen, dass ein größeres Haus gekauft oder gebaut werden muss, sobald Geld dafür vorhanden ist. Zum gedeihlichen Fortgang der Arbeit ist ein besseres Haus sehr notwendig." Ein Teil eigentlich für den Kauf zusätzlicher Häuser in Xiaomei bereit gestellter Mittel wurde für die Erweiterung der Station Lishui umgewidmet und Rudolf Röhms Lehrer aus Xiaomei wurde mit ihm nach Lishui versetzt, um an der dortigen Schule der Missionsstation zu arbeiten.[114] Der Grund für diese Neugewichtung lag möglicherweise in der geringen Einwohnerzahl von Xiaomei, denn: „Im Februar 1899 wurde Xiaomei, da der Ort nur 2000 Einwohner hat, Außenstation von Longquan."[115] Wenn es auch in den mir zur Verfügung stehenden Unterlagen nicht ausdrücklich erwähnt ist, so macht es ja durchaus Sinn, die begrenzten Mittel für den mühevollen Einsatz auf dichter bevölkerte Gegenden zu konzentrieren. Die Missions-Gemeinde Lishui hatte Ende Juni 1900 immerhin 30 Mitglieder – 17 Männer und 13 Frauen - und ihre Schule wurde von 15 Jungen und Mädchen besucht.[116]

---

[114] Vgl. China Bote, Juni 1900, S. 83/84
[115] 50 Jahre Allianz China Mission 1889 – 1939, S. 67
[116] China Bote, März April 1901, S. 68/69

Sechs Wochen nach Rudolf Röhms Ankunft in Lishui spülten ihm im April 1900 zwei Ereignisse viele unerwartete Besucher auf die Station. „Am 2. April war ein großes Fest zu Ehren des Götzen Taipao, der die Chinesen vor Krankheit beschützen soll. Viele Festteilnehmer besuchten auch uns, doch waren ihre Herzen zu voll von dem Götzendienst, als dass sie hätten aufmerksam zuhören können" und „Anfangs dieses Monats begannen hier die Examen für den ganzen Kreis, und haben wir infolgedessen jetzt immer viele Studenten hier in der Halle. Manche von ihnen betragen sich höflich und hören zu oder lesen die Bücher, die wir hier liegen haben. Andere scheinen es jedoch für überflüssig zu halten, eine der 3000 Anstandsregeln, die die chinesischen Studenten kennen sollten, dem Ausländer gegenüber zu beachten."[117] Für den Mai 1900 berichtete Rudolf von ziemlich vielen Besuchern der Versammlung, die über Mittag blieben und vor Ort ihren Reis kochten, um den Weg nach Hause zu sparen. In der Außenstation Kiulong hatte er Verständigungsprobleme wegen eines anderen Dialektes.[118]

Einer furchtbaren Überschwemmung in Lishui und Umgebung fielen am 28. Juni 1900 ungefähr zwei Drittel von Lishui und auch die Häuser mehrerer Gemeindemitglieder zum Opfer, aber die Missionsstation blieb weitgehend erhalten und es gab keine Personenschäden unter den Gemeindemitgliedern. Viele Häuser hatten ein Fundament aus Steinen von ½ bis 1 Meter Höhe, auf dem Holzpfosten und Lehmmauern standen. Die Lehmmauern wurden durch die steigenden Fluten zunächst aufgeweicht und schließlich weggespült. Dadurch brachen viele Häuser völlig zusammen und viele wurden unbrauchbar. In einem Nachbarhaus des etwas höher stehenden Missionshauses hatten sich 13 Leute ins Obergeschoss geflüchtet. Als die Missionare erkannten, dass die Flut die Lehmmauern aufweichte, liefen sie mit Leitern zu dem Haus und forderten die Menschen auf,

---

[117] Röhm, R., China Bote, Juli 1900, S. 90/91
[118] Vgl. Röhm, R., China Bote, September 1903, S. 10

in die noch trockene Kapelle zu flüchten. Die weigerten sich, weil sie es für eine zu große Schmach hielten, Zuflucht in der christlichen Kapelle zu suchen. Das Wasser stieg weiter und bei Dunkelheit brach das Haus zusammen und die Missionare hörten die Hilfeschreie der nicht mehr sichtbaren Bewohner.[119]

Im Juni 1900 kam es auch zu Unruhen in der Bevölkerung, weil durch Korruption die Reispreise trotz guter Ernte stiegen, bis ein überörtlicher Verwaltungschef Reis aus kommunalen Vorräten billig abgeben ließ. Eigentlich musste der lokal erzeugte Reis zu einem lokal festgesetzten Preis verkauft werden. Großgrundbesitzer exportierten aber lieber in andere Gegenden, wo sie höhere Preise erzielen konnten. Dazu bestachen sie Beamte. Der örtliche Verwaltungschef ließ den Transport von Reis zur Hafenstadt Wenzhou verbieten, betrieb ihn aber selbst über einen Mittelsmann in großem Stil. Als das ruchbar wurde, rottete sich die Bevölkerung zusammen und schlug das Haus des Mittelsmannes kurz und klein. Der überörtliche Verwaltungschef verurteilte ihn zu 1.000 Stockschlägen und 1.000 Dollar Strafe. Er übernahm auch die Geschäfte des zeitweise geflohenen örtlichen Verwaltungschefs. Dieser war schon früher wegen Misswirtschaft nach Peking zitiert worden hatte jedoch „mit einer großen Summe Geldes zuwege gebracht, seines Amtes nicht entsetzt zu werden. Jenes Geld aus dem Volke wieder zu erpressen schien seit der Zeit sein Hauptgedanke zu sein. Ob er jetzt seiner Degradation entgeht, hängt vielleicht wieder nur von der Summe Geldes ab, die er im Stande ist zu zahlen, wenn seine Handlungen in der "Himmels-Gleichförmigkeit" (Waagschale) der Justiz gewogen werden, um das Gewicht zu seinen Gunsten zu stimmen. ‚Der Gesetzlose nimmt ein Geschenk aus dem Busen um die Pfade der Richter zu beruhigen".[120]

Am 18. Juni 1900 sah Rudolf Röhm auf einer Missionstour außerhalb der Stadtmauer von Fu-ni-Hsien ein Plakat ‚Innerhalb des

---

[119] Vgl. Röhm, R., Bericht vom 02.07.1900
[120] Röhm, R., Bericht vom 02.07.1900

Südtores predigen ausländische Teufel die Teufel-Lehre, die dem Himmel und den Menschen gleich verhasst ist; deshalb soll am 26. des V. Monats [22. Juni] abends die fremden Teufel-Kapelle mit Feuer verbrannt werden'. Bis Anfang Juli erfuhr er nicht, ob dieses Vorhaben verwirklicht worden war, denn die Nachrichtenverbindungen waren schlecht. Er hatte aber gehört, dass es im Norden des Landes zu Ausschreitungen gegen Ausländer gekommen war.[121] Am 13. Juli 1900 schrieb er beruhigend: „Da ihr gewiss über die Unruhen in Nordchina gehört habt, so will ich euch eben mitteilen, dass wir hier auf unseren verschiedenen Stationen alle wohlauf sind".[122] Noch am selben Tag bekam er eine Nachricht aus der Hafenstadt Wenzhou, dass alle Ausländer sich dort im Gebäude des englischen Konsulats auf einer kleinen Insel befänden und möglicherweise fliehen wollten. Zwei Tage später gab es eine Proklamation des Provinzialgouverneurs, „worin die Leute ermahnt wurden, sich nicht an den Ausländern noch an deren Eigentum zu vergreifen. Drei Vizekönige, darunter auch Li Hong-tschang ermahnten das Volk zur Ruhe und die Behörden zum Einschreiten gegen Ruhestörer und solche die böse Gerüchte aussprengen. Leider kehren sich viele Mandarine nicht daran." Am 17 Juli 1900 kamen dann christliche Flüchtlinge aus Wenzhou nach Lishui mit der Nachricht, dass alle Ausländer Wenzhou in Richtung Schanghai verlassen hätten und dass die Christen in dieser Stadt und in P'ing-iang und Shui-an verfolgt würden und viele von ihnen geflohen seien. Eine Kapelle und Außenstationen seien zerstört worden. Der Präfekt und der Brigade-General galten als ausgesprochene Ausländerfeinde und sollten hinter der Christenverfolgung und der Zerstörung der Predigtlokale stehen. Dagegen galt der Intendant der Gerichtsbarkeit von Wenzhou, zu der auch Lishui gehörte, als Ausländerfreund, der versprochen habe, die Ausländer zu beschützen. Am nächsten Tag kamen weitere chinesische Flüchtlinge von Wenzhou ins Missionshaus von Lishui, darunter eine

---

[121] Röhm, R., Bericht vom 02.07.1900
[122] Röhm, R., China Bote, September 1900, S. 13

hoch Schwangere, die in der folgenden Nacht einen gesunden Jungen gebar. Rudolf Röhms Kommentar: „Auch darin hat der Herr wunderbar gewaltet, denn wäre die Geburt etwas früher erfolgt, da die Leute kein Heim hatten, so lässt sich kaum ermessen, was aus Mutter und Kind geworden wäre, da die Chinesen einer fremden Frau unter solchen Umständen kein Obdach gewähren; so sind beide gesund und wohl. Im Ganzen sind im Missionshause nun 9 Erwachsene und 5 Kinder von Wenzhou." Während es in Lishui noch relativ ruhig war, fühlten sich die Missionare in den Nachbarstationen Longquan, Songjang und Jinyun unsicher. Rudolf Röhm riet den beiden Missionarinnen in Jinyün, sich auf eine Flucht über Land nach Norden über Yongkang und Hangzhou nach Schanghai vorzubereiten. Doch dann kamen Nachrichten, dass Zwischenstationen auf diesem Weg angegriffen worden waren und die dortigen Missionare ihre Stationen verlassen hätten. In den folgenden Tagen gab es gute und schlechte Nachrichten aus der weiteren Umgebung. Die gute war, dass schon Ausländer nach Wenzhou zurückgekommen waren und dass dort ein anderer Präfekt und ein anderer Brigade-General mit Truppen angekommen waren, die die aufständischen Fremden- und Christenfeinde vertrieben. Zwei Flüchtlingsfamilien aus Wenzhou verließen das Missionshaus in Lishui daraufhin wieder. Die Witterung war zum Fliehen nicht sehr geeignet: 38 bis 40 Grad Celsius im Schatten.[123]

Anfang August 1900 verschlechterte sich die Lage. Am 1.8. notierte Rudolf Röhm: „Die Nachrichten von der Küste lauten günstig, dagegen werden die Zustände auf unsern Stationen immer unhaltbarer; über Songyang kommt die traurige Kunde, dass die China-Inland-Missions-Geschwister in Kü-cheo Fu ermordet wurden, ebenfalls ein Mandarin und seine Familie. In jener Gegend, nur einige Tagereisen von Songyang entfernt, soll eine starke Räuberbande ihr Wesen treiben; die Leute fliehen mit ihren Sachen in die Berge." Und am 3. August schrieb er „Von Longquan kam heute durch einen Bo-

---

[123] Vgl. Röhm, R., Bericht vom 30. Juli 1900

77

ten die Nachricht, dass die ganze Stadt in Aufregung sei und viele schon geflohen sind, auch hier sind schon eine große Anzahl Familien ins Gebirge geflohen. Einige der Christen redeten mir zu ebenfalls zu gehen, es sei zu gefährlich; auch die Mandarine ließen fragen, wann wir gehen wollten. Es ist z. Zt. hier eine unheimliche Stille, eine Stille vor dem Sturm. Unter den Beamten zirkuliert die Mitteilung aus Peking, dass 18.000 Mann der vereinigten Mächte getötet und 13 Kriegsschiffe in den Grund gebohrt wurden von den chinesischen Truppen (?). Zu welchem Zwecke diese Lüge dienen soll, ist klar. In solchen Zeiten ist es jedoch köstlich zu wissen, dass wir einen lebendigen Gott haben, der über seine Kinder wacht, wenn auch die Feinde wüten; sie können nicht mehr tun, als was der Herr zulässt. Möge Er uns allen Weisheit geben, was zu tun sei in diesen Tagen und uns führen und leiten und Gnade geben, wenn es sein muss auch für Ihn zu leiden und für Seine Sache. Möge der Herr mir helfen die zwei Worte: ‚Opfer und Dienst' in Phil. 2. 17 recht zu verstehen!"

Einen Tag später brachte ein Bote gegen Mitternacht die Nachricht, dass die Missionare in der Nachbarstation Songyang „nicht mehr länger bleiben können, ohne ihr Leben und das des dortigen Mandarins aufs Spiel zu setzen." Andere Stationen wurden gleich auch per Boten informiert, denn „sobald eine Station aufgegeben wurde, mussten die anderen auch verlassen werden." In den folgenden 3 Tagen bis zum 8. August kamen die alarmierten 2 Missionare und 5 Missionarinnen mit militärischer Begleitung in Lishui an. Die örtlichen Mandarine hatten ihnen aus Sorge um ihre Sicherheit Soldaten mitgegeben. Am 9. August reiste diese 7-Personen-Gruppe wieder unter militärischer Bedeckung nach Wenzhou weiter. Rudolf Röhm blieb noch, um ein weiteres Missionarspaar abzuwarten. Nach dessen Ankunft reiste diese kleine Gruppe, ebenfalls unter Militärschutz, am 11. August nach Wenzhou ab und kam dort zwei Tage später an. Sie verpasste den Dampfer nach Schanghai und verbrachte einige Tage im leer stehenden englischen Konsulatsgebäude auf einer Insel. Einige Zollbeamte kümmerten sich freundlich um sie. Rudolf Röhm notierte:

„Wie es nun wird, wissen wir noch nicht, nur das weiß ich, dass es nur des Herrn Gnade ist, dass wir noch am Leben sind. Der Befehl alle Ausländer zu ermorden, war hier von Peking seiner Zeit angekommen, nur wagte es damals der erste Mandarin nicht, den Befehl auszuführen und widersetzte sich auch dem Drängen zweier höherer, fremdenfeindlicher Beamten, bis weitere Nachrichten kamen über den Erfolg oder Misserfolg der vereinigten Mächte. Inzwischen sind nun die beiden fremdenfeindlichen Mandarine abgesetzt worden." Am 19. August erreichte die Missionare in Wenzhou die für sie erfreuliche Nachricht, dass eine europäisch-japanisch-amerikanische Streitmacht Peking erobert habe. Für die Missionare bedeutete das mehr Sicherheit. Am 23. konnten sie mit einem Dampfer Wenzhou auf dem Seeweg verlassen und erreichten am 25. August 1900 Schanghai, das weitgehend unter ausländischer Verwaltung stand und Sicherheit bot. Sie kamen mit vielen anderen geflohenen Missionaren im Missionshaus der China Inland Mission und in extra für die Geflüchteten gemieteten Häusern unter.[124] Dankbar schrieb Rudolf Röhm über die Fluchthelfer nach Deutschland: „Die Beamten in den verschiedenen Städten taten wirklich, was in ihrer Macht stand, uns zu schützen und das Volk ruhig zu halten. Möge der Herr sie dafür segnen!"[125]

4.2.4 Schanghai

Drei Wochen nach der gelungenen Flucht schrieb Rudolf am 14. September 1900 aus Schanghai „Hier gibt es verhältnismäßig wenig zu tun, dagegen mehr Gelegenheit mit anderen Kindern Gottes zusammen zu kommen zum Gebet und zur Betrachtung des Wortes Gottes. Zur Zeit haben wir täglich zwei Gebetsstunden speziell für China, eine vormittags in der Unionskirche und eine abends im Saale der China Inland Mission. Seit dieser Woche haben wir in dem Hause, in welchem wir wohnen, ein Predigtlokal, in dem täglich Chinesen-

---

124 Röhm, R., Bericht vom [31.? H.R.] 08.1900
125 Röhm, R., China Bote, Oktober 1900, S. 21

Versammlungen stattfinden. Ebenfalls haben wir Versammlungen für die deutsch redenden Geschwister, und es ist nun ein Anfang gemacht mit Evangelisationsversammlungen für deutsche Seeleute und Soldaten. Ein Bataillon deutscher Infanterie ist zur Zeit hier stationiert. [...] Soeben erhielt ich einen Brief vom Evangelisten Hong aus Lishui, worin er mitteilt, dass dort alles in Ordnung sei. Möge der Herr Gnade geben, dass es so bleibt und wir bald zurückkehren können nach unseren Stationen."[126] Dieser Wunsch ging nicht bald in Erfüllung, obwohl eine militärische Intervention 8 ausländischer Mächte mit der Eroberung Pekings am 14. August 1900 das Ende des Boxeraufstandes eingeläutet hatte. Ein Mr. J. J. Coulthard von der China Inland Mission befand am 09.11.1900 aus Schanghai `Die Mitglieder der deutschen China Allianz Mission werden vorläufig noch hier bleiben müssen, denn [...] in Wenzhou ist kein Raum für sie, und überdies ist auch die Sprache dort zu sehr verschieden von dem Dialekt, der in den deutschen Arbeitsfeldern gesprochen wird. Deshalb werden sie am besten hier in Shanghai bleiben, bis ihr Weg nach Lishui wieder offen ist."[127]

---

[126] Röhm, R., China Bote, Dezember 1900, S. 36
[127] China Bote, Dezember 1900, S. 39

Bild 7: Rudolf Röhm (im rechten Bogen) mit deutschen Soldaten in Schanghai

In der Zwangspause gab Rudolf Röhm deutschen Soldaten freitagabends Englisch-Unterricht. Im November hatte er 22 Schüler und im Dezember 88.[128] Auch Weihnachten 1900 waren die Missionare der Deutschen China Allianz Mission noch in Schanghai und auf einer „herrlichen deutschen Weihnachtsfeier mit allen hier versammelten deutschen Missionsgeschwistern" gaben Rudolf Röhm und Luise Sichelschmidt ihre Verlobung bekannt. „Welch ein Unterschied zwischen diesem Abend und dem vorjährigen, den ich allein in Xiaomei verbrachte!"[129]

---

[128] Vgl. China Bote, April 1901, S. 67ff
[129] Röhm, R., China Bote, März 1901, S. 60

81

BEKANNTMACHUNG.

Es wird hiermit bekannt gemacht, dass der Missionar Gustav Rudolf Roehm, geboren zu Koenigsbach, 32 Jahre alt, wohnhaft in Chu Chow fu (Provinz Chekiang), Sohn des Kirchendieners Johann Georg Roehm und dessen Ehefrau Katharina geborenen Kurdel, Beide wohnhaft in Karlsruhe

und

die Missionarin Auguste Louise Sichelschmidt, geboren zu Haspe, 28 Jahre alt, wohnhaft in Tsin Yin (Provinz Chekiang), Tochter des verstorbenen Aufsehers Ferdinand Sichelschmidt und dessen Ehefrau Lisette, geborenen Kampmann, wohnhaft in Hagen,

beabsichtigen, sich mit einander zu verheirathen und diese Ehe in Gemaessheit des Reichsgesetzes vom 4. Mai 1870 abzuschliessen.

Shanghai, den 4. Maerz 1901.

Der Kaiserlich Deutches General-Konsulat.

DR. W. KNAPPE,

o 1764

Bild 8: Aufgebot vom 4. März 1901

Nachdem Rudolf Röhm von einem chinesischen Evangelisten aus Lishui erfahren hatte, dass dort manches zu ordnen sei und dass auch die Miete für das Haus in Jinyun (von wo Luise Sichelschmidt und Ida Halbach nach Schanghai geflohen waren) fällig sei, drängte er beim deutschen Generalkonsul mehrfach auf die Genehmigung einer Erkundungsreise.[130] Am 16. Januar 1901 fuhr er mit einem Dampfer übers Meer nach Wenzhou, wo er am 19. Januar morgens eintraf – gut 5 Monate nach der Flucht. Er konnte Erfreuliches berichten: „Hier sind die Verhandlungen wegen Entschädigung der erlittenen Verluste im Gange und mit den Lokalbehörden teilweise schon

[130] Vgl. Röhm, R., China Bote, März 1901, S. 60

geordnet. Diese waren willig, selbst für das Geld aufzukommen. Der britische Konsul hatte versprochen, die Sachen nicht zur Anzeige zu bringen, wenn alles erstattet würde. Hier in Wenzhou scheint nun ein ganzer anderer Geist unter den Leuten zu herrschen [...] Von unserem Konsul hatte ich ein Schreiben an den Taotai von Wenzhou, und der letztere besorgte nun zwei Boote, eins für mich und eins für die Begleitung, die aus 4 Soldaten und einem Läufer besteht. Diese sind mir weniger zum Schutze mitgegeben, als zum Beweis dafür, dass ich mit Erlaubnis der Obrigkeit reise. Ich hoffe heute Abend hier abzufahren nach Lishui und je nach Lage der Sache auch unseren anderen Stationen. So der Herr Gnade gibt, werde ich am 12. Februar wieder in Wenzhou sein und den am folgenden Tage fahrenden Dampfer zur Rückfahrt benutzen. Nach dieser Reise werde ich beurteilen können, ob es möglich ist, nach dem chinesischen Neujahr am 19. Februar definitiv nach unseren Stationen abzureisen."[131]

Im weiteren Verlauf der Erkundungsreise sah und erfuhr Rudolf Röhm auch überwiegend Positives. Als er am 24. Januar 1901 in Lishui eintraf, freuten sich die Leute über seine Rückkehr. „Am Sonntag hatten wir eine gesegnete Gebetsstunde und eine gut besuchte Versammlung. Der Major von Lishui stattete mir einen Besuch ab. [...] Am 28. begab ich mich nach Jinyun. Das Haus dort fand ich gut verwahrt. Den dortigen Mandarin besuchte ich folgenden Tages; er ist ein freundlicher, verständiger Mann; die Kisten der Schwestern [Halbach und Sichelschmidt; H.R.] fand ich wohl verwahrt in seinem Yamen. Später besuchte dieser Herr mich in der Halle. Zu der Abendversammlung hatten sich einige Bekannte eingefunden. Ich bezahlte die fällige Miete für ein halbes Jahr und gab auch dem im Hause lebenden Torhüter seinen Lohn". [...] Am 30. Januar „ging ich nach Kiulong. Auch die dortigen Geschwister waren sehr erfreut und dankten dem Herrn, dass wir einander wiedersehen durften." [...] Am 1. Februar „begab ich mich nach Songyang. In dem Marktflecken

---

[131] Röhm, R., China Bote, März 1901, S. 60

Pihu, der an der Strecke liegt, mietete ich die Predigthalle wieder auf ein Jahr. Ich fand unterwegs die Leute ruhig wie früher und in den Herbergen waren sie zuvorkommend. Der Mandarin von Lishui gab mir zum Schutze (?) zwei Soldaten mit, die sich jedoch, um nicht zu schwer mit Gepäck beladen zu sein, mit einem einzigen Schwerte begnügten. Am Samstag kam ich in Songjang an. Der Mandarin sandte mir seine Karte und schickte zwei Wächter, die in der Halle saßen und somit wenigstens das Evangelium hörten. [...] Von den Außenstationen erfuhr ich, dass sich die Leute dort seit einiger Zeit wieder zum Gottesdienst versammeln können. Nur in dem Orte Kin-an wurden die Christen von den Bewohnern dort mit Einwilligung des Ortsvorstehers daran verhindert. Ein den Brüdern befreundeter Herr schrieb deshalb für mich einen Brief an den Mandarin von Suitschang, welcher hoffentlich Abhilfe schaffen wird. Am Montag trat ich die Reise nach Yünho an, wo ich am Dienstag nachmittags ankam und das Missionshaus in unversehrtem Zustand fand. Am 6. Februar reiste ich von Yünho weiter [...] am folgenden Tage abends kam ich wieder in Lishui an, wo inzwischen der Helfer aus Longquan und [...] aus Xiaomei eingetroffen waren. Sie brachten gute Nachrichten von beiden Stationen. [...] Was die äußeren Verhältnisse in unserem Distrikt anbetrifft, so sind sie nicht günstig. Die vorjährige Reisernte war schlecht und die Reispreise sind um 1/3 gestiegen. Das Haus in Lishui fand ich in bedenklichem Zustande. An einigen Stellen war die Decke abgestürzt, und die Ostmauer muss gestützt werden, sonst fällt sie eines Tages zusammen. Am Sonntag den 10. Februar hatten wir in Lishui eine gut besuchte Versammlung. Die Brüder von Kiulong, Hongü und Küping waren gekommen und wir feierten das Mahl des Herrn zusammen. [...] Alle hoffen, dass wir bald zurückkehren werden".[132] Mit diesen recht guten Ergebnissen traf der Kundschafter am 16. Februar 1901 wieder in Schanghai ein.

---

[132] Röhm, R., China Bote, April 1901, S. 68f

Knapp 3 Monate nach ihrer Weihnachten 1900 bekanntgegebenen Verlobung heirateten Luise Sichelschmidt und Rudolf Röhm am 15. März 1901 in Schanghai. Nach der Ziviltrauung auf dem deutschen Konsulat und der kirchlichen Trauung in Union Church feierten sie in ihrer Wohnung, „wo sich eine Anzahl Gäste, Missionsgeschwister sowie Pastor Hackmann und Frau einfanden. Geschwister Bender waren die Gastgeber; sie und die z. Zt. noch hier anwesenden Geschwister taten ihr Mögliches, um das Fest zu einem schönen zu gestalten und hatten das Haus prächtig geschmückt mit Blumen. Mr. Hayward hielt als Vertreter der C.I.M. eine Ansprache, in der er der Freude Ausdruck gab, einmal einer deutschen Hochzeit der China Inland Missionare beizuwohnen." Seiner Schilderung der Feier fügt Rudolf Röhm die Zukunftspläne an: Rückkehr nach Lishui, bis die auf Deutschlandurlaub befindliche Missionarsfamilie Schmidt diese Station wieder übernehme, und dann Übersiedlung nach Jinyun, von wo seine ihm eben angetraute Ehefrau vor dreiviertel Jahr geflohen war.[133]

4.3 Ehepaar Röhm

4.3.1 Lishui

Das frisch vermählte Ehepaar Röhm begab sich am 3. April in Schanghai – vermutlich mit Schwester Halbach – auf die Schiffsreise nach Wenzhou und benachrichtigte den dortigen Taotai (= Regierungspräsidenten) von der Ankunft. Der Präfekt, „ein alter, liebenswürdiger Herr" besuchte die Reisenden, und sie erhielten Boote und eine Eskorte von 6 Mann für die Weiterreise, die am Abend des 8. April bei einsetzender Flut begann und am 12. April in Lishui endete. Die Beschwernisse dieser Flussreise kann man erahnen, wenn man noch einmal eins der alten kleinen Flussboote mit gewölbtem

---

[133] Vgl. Röhm, R., Bericht vom 28.03.1900 und China Bote, Juli 1901, S. 90/91

Dach aus Bambusgeflecht zu Gesicht bekommt, die früher gang und gäbe waren. Im Jahre 2015 kommt der Reisende in bequemen Zügen in gut 8 Stunden von Schanghai nach Lishui oder kann in großen Fernbussen reisen. Er braucht auch nicht zur Vorsicht Zivil- und Militärbehörden benachrichtigen, wie es Luise und Rudolf Röhm damals taten. (Möglicherweise wissen diese Behörden heute aber sowieso Bescheid, da zumindest die Bahntickets nur mit Ausweis zu kaufen sind.)

Am Morgen nach der Ankunft besuchte ein Militär-Mandarin im Range eines Majors die Ankömmlinge. Und zu ihrem ersten Sonntagsgottesdienst kamen trotz heftigen Regens ziemlich viele Männer. Als die Schule der Missionsstation wieder eröffnet wurde, kamen 18 Kinder anstatt der 15, die sie vor der Schließung wegen der Flucht nach Schanghai besucht hatten.[134]

Nach knapp 14 Tagen in Lishui reisten Ehepaar Röhm und Schwester Halbach am 25. April 1901 ins rund 40 km entfernte Jinyun, um auch dort nach dem Rechten zu sehen. In Jinyun war ja die Station der beiden Frauen, aus der sie vor gut 10 Monaten mit Hilfe lokaler Behörden geflohen waren. Inzwischen hatte sich die Lage völlig geändert: „Die Leute am Wege waren sehr freundlich und in vielen Fällen auch recht erstaunt, dass sie wieder ausländische Frauen sahen. [...] In Jinyun angekommen, benachrichtigte ich den Mandarin sofort von unserer Ankunft, worauf er mir seine Karte schickte. Am folgenden Tage besuchte ich ihn im Rathause; er freute sich, dass die Schwestern im vorigen Jahre wohlbehalten Schanghai erreicht hatten und nun schon wieder zurück waren. Er ließ auch die Kisten, die er im vorigen Jahr der Sicherheit wegen in Verwahr genommen, wieder ins Missionshaus besorgen. Am nächsten Tage, als wir das Haus wieder einigermaßen in Ordnung hatten, besuchte uns der Mandarin. [...] Die Leute von Jinyun waren ebenfalls freundlich,

---

[134] Röhm, R., China Bote, Juli 1901, S. 91

und fanden sich manche in unserer Halle ein. Am 3. Mai kehrte ich nach Lishui zurück, während meine Frau und Schwester Halbach noch einige Tage in Jinyun blieben" schrieb Rudolf Röhm, der danach vom 7. bis 18. Mai weitere Außenstationen inspizierte – immer mit Benachrichtigung der lokalen Behörden – um dort die Lage zu erkunden und nach dem Rechten zu sehen.[135] Auf seinen Reisen traf er im Allgemeinen auf ziemlich freundliche Leute, hörte aber dennoch oft den Ruf „Ausländischer Teufel".[136] Diese Bezeichnung für Ausländer wird auch 2017 in China und von Auslandschinesen noch benutzt. Meine Frau wurde bei der Tischbestellung in einem chinesischen Restaurant in Köln im Jahre 2014 gefragt, ob die zu erwartenden Gäste Chinesen oder Teufel seien.

Kurz danach traf Rudolf Röhm ein schwerer Schlag: Seine Frau erkrankte, was er wohl mit dem verhältnismäßig kühlen und regnerischen Sommer in Verbindung brachte, durch den sich nach seiner Meinung viele Krankheiten einstellten. Sie wurde immer schwächer und konnte Ende Juni 14 Tage lang das Bett nicht mehr verlassen. „Ich glaubte schon, dass der Herr sie heimholen würde. Das waren trübe Stunden für mich. Aber es gefiel dem Herrn, sie wieder gesund zu machen, und sie fühlt sich jetzt gesunder als früher", schrieb er am 23. August 1901. Er selbst war offenbar in guter körperlicher Verfassung, denn er war zur Fuß in Jinyun gewesen – knappe 40 km von Lishui entfernt – und hatte die Miete bezahlt. Die Leute dort kamen ihm „freundlich aber gleichgültig" vor, am Sonntag waren nur wenige zur Versammlung erschienen."[137] Auf Außenstationen und in Lishui fand er mehr Interesse für die christliche Botschaft. In einem Dorf wünschten sich die Leute jeden Sonntag einen Gottesdienst und die Versammlungen in Lishui waren immer gut besucht.[138] So erklärt sich auch ein Brief des dortigen Evangelisten Hong an den in Urlaub

---

[135] Röhm, R., China Bote, September 1901, S. 10
[136] Röhm, R., Bericht vom 18.06.1901
[137] Röhm, R., China Bote, November 1901, S. 26
[138] Röhm, R., China Bote, Dezember 1901, S. 31

befindlichen Missionar Schmidt, der von Rudolf Röhm vertreten wurde und bald nach Lishui zurückkommen sollte: „Wir erwarten, dass Sie 2000 Dollar mitbringen, und wir eine große Kapelle und auch eine große Schule bauen können. Dieses alte Haus ist so schlecht, dass es bald umfallen kann."[139]

Eine sichere Prognose über die weitere Entwicklung Chinas traute sich Rudolf Röhm im August 1901 nicht zu: „Über die jetzigen Zustände in China lässt sich nicht viel sagen. Die Leute hier sind freundlich und die Mandarine ebenfalls. Ob es anhält? Hier sind die Katholiken daran Wind zu säen und ich fürchte der Sturm wird nicht ausbleiben. Die katholische Kapelle hier ist z. Zt. die Zufluchtsstätte aller solcher, die mit der Obrigkeit auf gespanntem Fuße leben. Der eingeborene Priester, nebenbei ein Opiumraucher, lässt sich Geld geben von solchen, die gerichtlich bestraft werden sollen und nimmt sie in die Kirche auf. Die Mandarine wagen dann nicht gegen solche ‚Christen' vorzugehen, die somit der gerechten Strafe entgehen. Wie lange dieses gut geht, weiß ich nicht."[140]

Bei einem erneuten Besuch von Jinyun gewann Rudolf Röhm die Überzeugung, „dass die Leute dort nicht glauben können, dass die Ausländer wieder im Innern des Landes sind. [...] Es wird deshalb gut sein, einmal längere Zeit dort zu verweilen, und da Ende des Monats dort ein großes Götzenfest ist, gedenken wir, so der Herr will, in drei Wochen wieder hinzureisen". Große Furcht vor Aufenthalten in der Höhle des Löwen lässt sich aus diesem Vorhaben kaum ablesen. Am 23. November 1901 reiste er mit seiner offenbar wieder genesenen, aber inzwischen schwangeren Luise zum Fest zu Ehren des Stadtgötzen von Jinyun dorthin und hielt fest: „Hunderte von Menschen kamen in jenen Tagen in die Jesus-Halle, sie betrugen sich anständig,

---

[139] China Bote, Dezember 1901, S. 37
[140] Röhm, R., Bericht aus Lishui vom 23.08.1901

und manche hörten recht aufmerksam zu, auch wurden viele Schriften verkauft.“[141]

Wenig später siedelte Ehepaar Röhm nach Jinyun über, nachdem das Missionarsehepaar Schmidt aus dem Urlaub auf ihre alte Station Lishui zurückgekehrt war.

4.3.2 Jinyun

„Am 10 Januar 1902 nahmen wir Abschied von Lishui, um nach unserem neuen Arbeitsgebiet überzusiedeln. Unsere Sachen wurden teils von Kulis getragen, und teils auf Bambusflößen nach Jinyun gebracht, und es ist alles unversehrt hier angekommen. In der ersten Versammlung hatten wir nur 6 Zuhörer. Welch ein Unterschied zwischen hier und Lishui!“ Es gab aber auch Erfreuliches zu melden: Guter Kontakt zum Mandarin, der um Rat in einer staatsrechtlichen Frage bat.[142] Der Mandarin besuchte das Missionshaus und erkundigte sich nach Büchern über abendländische Wissenschaften, weil die chinesischen Studenten diese jetzt auch studieren sollten. Rudolf Röhm empfahl ihm solche Bücher in chinesischer Sprache aus der Missionsbuchhandlung der amerikanischen Presbyterianer. Bei seinem Gegenbesuch befragte der Mandarin ihn zum Inhalt des neuen Testaments.

Nachdem Luise Röhm am 25. April 1902 in Jinyun ihr erstes Kind, einen Sohn namens Georg Theophil, geboren hatte, kam der Mandarin persönlich ins Missionshaus, um Glück zu wünschen, und schickte dann ein Geburtstagsgeschenk für den Kleinen und ein Geschenk für die Mutter. Der Polizeimeister und der Militär-Mandarin sandten ihre Karten, und nachmittags kamen die beiden Sekretäre des Mandarins, welche 3 Bibeln und 2 neue Testamente in der klassischen Sprache kauften. Die Einheimischen von Jinyun hiel-

---

[141] Röhm, R., China Bote, Februar 1902, S. 53
[142] Röhm, R., China Bote, Mai 1902, S. 76

89

ten die Geburt eines kleinen Ausländers in ihrer Stadt für ein denkwürdiges Ereignis. Zu seiner Mutter Pflege reiste die Missionarin Schwester Dürr an. Und noch etwas Positives gab es zu berichten: Jinyun sollte eine Telegrafenstation bekommen.[143]

Bild 9: Luise und Rudolf Röhm mit Baby Theophil, 1902

---

[143] Vgl. Röhm, R., China Bote, September 1902, S. 11

Das Baby machte nicht nur seine Eltern stolz und froh, sondern auch die Chinesen neugierig. Und das wusste Rudolf Röhm natürlich zu nutzen – erst zuhören, dann angucken. „Unser Theophil entwickelt sich prächtig und bringt natürlich viel Leben ins Haus. Ringsum in den Ortschaften ist es schon bekannt, dass wir einen Sohn haben; wenn nun die Frauen in die Stadt kommen, wollen sie auch den kleinen Ausländer sehen, ebenso kommen auch viele Frauen aus der Stadt, aber alle müssen erst das Evangelium hören, bevor ihr Wunsch erfüllt wird. Am 17. Mai (1902) wurde hier das Telegrafen Büro eröffnet [...] Schwester Dürr bleibt einstweilen hier und ist mit dem Erlernen der Sprache beschäftigt".[144]

Erneute Sprachstudien wurden auch für Röhms nötig und ein Sprachlehrer wurde eingestellt, weil der Jinyun Dialekt von der klassischen Sprache so verschieden war, dass man diese kaum gebrauchen konnte.[145] Das war auch 100 Jahre später noch so, als sich meine aus Schanghai mitgebrachte Dolmetscherin mit vielen Einheimischen nur schriftlich verständigen konnte. Die Schrift ist in ganz China etwa gleich, aber die Aussprache variiert sehr stark. Und noch etwas anderes hatte sich seit den Zeiten meines Großvaters wenig geändert: Er hatte von verbrecherischen und prassenden Beamten gehört, und ich hörte 100 Jahre nach ihm auch davon.

Während sich Rudolf Röhm am 8. Juni 1902 über je 15 Männer freute, die vormittags und nachmittags den Gottesdienst besuchten, und über 15 Frauen in der gesonderten Frauenversammlung[146], hatte er in der Erntezeit nur noch wenig Versammlungsbesucher. „Die Männer schneiden den Reis und schlagen ihn auf dem Felde in Tonnen aus, während die Frauen und Kinder zu Hause die Reiskörner auf großen Bambusmatten in der Sonne trocknen."[147] Auch

---

[144] Röhm, R., China Bote, September 1902, S. 12
[145] Vgl. Röhm, R., China Bote, November 1902, S. 28/29
[146] Vgl. Röhm, R., China Bote, November 1902, S. 28/29
[147] Röhm, R., China Bote, Januar 1903, S. 34

dieses sehr arbeitsaufwendige und kraftzehrende Verfahren konnte man 100 Jahre später in abgelegenen Gegenden noch oft sehen. Kein Wunder, dass die Menschen dann wenig Zeit und Energie für Gottesdienste haben.

Etwas befremdlich erschien den ausländische Missionaren im November 1902 wohl die Sitte, dass jeder, der mit ihm im Verkehr stand, dem örtlichen Mandarin zum 40. Geburtstag ‚die Hand füllen‘, das heißt ein Geschenk geben sollte.[148] Auch diese alte Tradition wird im modernen China noch oder wieder geschätzt, nachdem sie angeblich in den frühen Tagen der kommunistischen Herrschaft verpönt war. Unter der immer noch kommunistischen Herrschaft wird die Korruption offiziell zwar seit mindestens 2 Jahrzehnten energisch bekämpft, steht aber dennoch in praller Blüte. Im November 1902 erlebte Rudolf Röhm auch, wie Leute aus den umliegenden Orten nach Jinyun kamen, „um ihre Gelübde zu erfüllen, welche sie dem Drachenkönig gelobten, damit er zur rechten Zeit Regen sende. Ihm zu Ehren fanden große Prozessionen statt, ähnlich den Fastnachtsaufzügen in der Heimat".[149] Ob er sich bei dieser Gelegenheit wieder mit eigenen Aktivitäten an die einheimischen Sitten anhängte, erwähnt er nicht. Möglicherweise mangelte es ihm an Energie, denn in einem Bericht aus Lishui vom 23. Oktober 1902 war zu lesen: „Auch der Zustand der Geschwister Röhm (besonders Schwester Röhm) ist ein solcher, dass eine baldige Rückkehr in die Heimat notwendig wird, und es wäre gut, wenn dies Anfang nächsten Jahres geschehen könnte."[150]

Laut Jahresbericht der Station Jinyun 1902 besuchten durchschnittlich 15 Personen die Sonntagsveranstaltungen. 25 Personen, unter ihnen 5 Frauen, kamen mehr oder weniger regelmäßig und zwar außer aus Jinyun selbst aus 10 Ortschaften, die bis zu 26 km entfernt waren. Es gab nur 2 getaufte chinesische Christen in Jinyun. Im

---

[148] Röhm, R., China Bote, März 1903, S. 59
[149] Röhm, R., China Bote, März 1903, S. 59
[150] China Bote, Februar 1903, S. 50

ganzen gebirgigen und schwach bevölkerten Amtsbezirk Jinyun lebten 60.000 Menschen in insgesamt 155 Ortschaften und Weilern.[151] Es gab also noch viel zu tun für die Missionare.

Das Jahr 1903 begann gut Jinyun: „Am Sonntag, den 1. März, hatten wir in den Versammlungen mehr Zuhörer als je zuvor. Wir hatten alle verfügbaren Stühle und Bänke herbeigeschafft, dennoch genügten die Sitzplätze nicht. Die meisten Leute waren aus den Ortschaften gekommen, die wir kürzlich besucht hatten" Sie kauften Schriften, um auch zu Hause lesen zu können. „Am Sonntag, den 8. März hatten wir trotz sehr regnerischen Wetters 30 Männer in der Versammlung." In Hutsen kamen viele Leute zu einem auf dem Markt gemieteten Stand. „Ein Wahrsager meinte: wir sollten doch lieber schweigen mit unserer Lehre, denn wir betrögen doch nur die Leute, gerade wie er auch." „Meine Frau fühlt sich wieder bedeutend wohler. Unser Theophil gedeiht prächtig und macht uns viel Freude".[152] Auch in Xiaomei, seiner alten Wirkungsstätte, die er vom 12. bis 24. Juli noch einmal besuchte, freute sich Rudolf Röhm über große Fortschritte.[153]

Am 26.07.1903 gebar Luise Röhm ihren zweiten Sohn, Viktor, der gut gedieh und recht gesund war. Aber der kleine Theophil machte den Eltern im August große Sorgen und sie scheinen zeitweilig um sein Leben gefürchtet zu haben. Und auch Luise Röhm war wieder ziemlich schwach. „Der schnelle Temperaturwechsel brachte nicht nur den Chinesen, sondern auch uns viel Krankheit." „Schwester Dürr war uns in diesen Tagen eine große Hilfe." Die missionarische Arbeit war frustrierend, man ist „versucht zu sagen: Umsonst habe ich mich bemüht, vergeblich und um nichts meine Kraft verzehrt." Der am Jinyun-Fluss gelegene Teil des Amtsbezirks wurde am 1. August von Hochwasser getroffen, die Reisfelder haben schwer gelitten, Brücken wurden zer-

---

[151] Röhm, R., China Bote, Mai 1903, S. 78
[152] Röhm, R., China Bote, Juli 1903, S. 93
[153] Röhm, R., China Bote, Oktober 1903, S. 39/40

stört und Häuser weggeschwemmt. Eine gute Nachricht gab es aber doch: Jinyun hatte ein Postamt bekommen. Rudolf Röhms nächster Bericht, einen Monat später, klang schon wieder etwas lebensfroher. Im September hatte er einige Dörfer besucht; am 20. September wurde der 60 Jahre alte Torhüter des Missionshauses in Jinyun getauft und nachmittags baten einige weitere Männer um die Taufe. Und es hatte einen chinesischen Feiertag gegeben, den Rudolf Röhm für seine Zwecke nutzen konnte: „Am 6. September war das Fest der verwaisten Geister, wo den hungrigen Seelen der Ertrunkenen und solchen, die ohne männliche Nachkommenschaft aus dem Leben geschieden sind, Speis- und Trankopfer dargebracht werden, um dieselben wieder für eine weiteres Jahr zu besänftigen und unschädlich zu machen. Dieses Fest wurde 733 eingeführt und verschlingt alljährlich Millionen Mark. Am 19. hatte der Erdkaiser Geburtstag. [...] An diesem Tage zogen die Leute [...] nach dem Tempel des Stadtgottes, um zu räuchern. Wir benutzten die Gelegenheit, um im Tempel Bücher zu verkaufen."[154] Rudolf Röhm war recht gut vertraut mit religiösen Vorstellungen von Chinesen. Im Jahr 1903 gab er einen großformatigen Bildband in Auftrag ‚Die drei Religionen Chinas, Confuzianismus, Buddhismus, Taoismus, Götter und Ahnenverehrung. In Bildern dargestellt von einem gläubigen chinesischen Maler in Tsinyun (China) 1903 im Auftrag von Rudolf Röhm‘.

Ein Erholungsaufenthalt vom 24. September bis 22. Oktober 1903 in dem ziemlich frei gelegenen Haus des Missionsehepaars Schmidt in Lishui tat der geschwächten Luise Röhm sehr gut. In Jinyun hatte der Mangel an frischer Luft und Licht ihr zu schaffen gemacht. Denn „Jinyun liegt in einem Talkessel und ist dicht zusammen gebaut. Nun hat gerade unser Nachbar zur Rechten die Stelle, wo er seinen Reis kocht, ziemlich dicht an unserem Schlafzimmerfenster. Unsere Nachbarin zur Linken erwirbt sich ihren Unterhalt durch Gewinnung von Salz, aber nicht etwa durch Betrieb einer Saline, sondern durch Ver-

---

[154] Röhm, R., China Bote, Dezember 1903, S. 71 -73

brennen von alten Salzkörben, aus Bambus und Stroh geflochten, in denen das Salz hierher transportiert wird. Wenn nun nicht gerade der Wind von der Seite weht, wo die beiden Nachbarn ihrer Beschäftigung nachgehen, dann geht es ja noch; aber wenn das Gegenteil der Fall ist, dann nützt auch das Schließen von Türen und Fenstern nicht viel. [...] Unsere Kuh erkrankte und wir waren ohne frische Milch gerade zu der Zeit, wo wir dieselbe für unseren Theophil und meine Frau so nötig hatten. In Lishui, wo wir bei besserer Luft auch frische Milch hatten, röteten sich bald die bleichen Wangen unseres Lieblings wieder, der ja kurz vorher schwer erkrankt war".[155]

Im November besuchte Rudolf Röhm viele Orte in der Nachbarschaft von Jinyun und in den ersten Dezembertagen kamen von früh bis spät viele Gäste im Missionshaus, als tausende von Landleuten wegen des Geburtstages des Stadtgottes nach Jinyun geströmt waren. Die meisten der Missionshausbesucher waren aber leider zu aufgeregt, um der christlichen Botschaft ruhig zuhören zu können.[156]

Der Jahresbericht 1903 zeigt deutliche Fortschritte gegenüber dem Vorjahr, in dem von 15 regelmäßigen Gottesdienstbesuchern die Rede gewesen war. Diese Zahl war auf 50 gestiegen: „40 Männer und 10 Frauen kommen jetzt regelmäßig in die Versammlungen hier oder in den drei Filialen: Sien-li, Hu-tsuen und Lu-tang." Die drei Filialen waren im April eröffnet worden, um den Besuchern weite Wege zu ersparen. In ihnen wurden einmal monatlich Versammlungen abgehalten. Die Besucher des Missionshauses kamen aus unterschiedlichen Gründen. „Einige wollen vom Opium frei werden, und so nahmen wir 15 Männer ins Opium-Asyl auf; drei davon sind hoffnunggebende Hörer. Andere suchen unseren Beistand in Gerichtssachen oder versprechen sich sonst Vorteile vom Verkehr im Missionshause." Von 10 Taufbewerbern wurden 1903 vier Männer getauft und die Gemeinde wuchs auf 7 Mitglieder. Die von Schwester Dürr geleitete Sonntagschule wurde von

---

[155] Röhm, R., China Bote, Januar 1904, S. 103/104
[156] Vgl. Röhm, R., China Bote, März 1904, S. 124

4 Kindern besucht. „1200 Bibelteile, 55 neue Testamente und 25 Bibeln nebst 400 Wandkalendern wurden letztes Jahr von hier aus verbreitet".[157]

Am 8. Februar 1904 brach der russisch-japanische Krieg mit einem japanischen Angriff auf Port Arthur aus. Port Arthur, heute ein Teil der chinesischen Stadt Dalian, und den umliegenden Teil der Guandong Halbinsel hatte Russland 1898 auf 25 Jahre von China gepachtet. Japan und Russland stritten um Einfluss in China und die seit dem ersten Opiumkrieg 1842 von ausländischen Mächten schon reichlich gebeutelten Chinesen fürchteten erneut Schlimmes. In Jinyun erlebte Rudolf Röhm eine stark anti-russische Stimmung und es zirkulierte wieder „das Gerücht von einer Teilung Chinas, was sicherlich nicht dazu dient, die Gemüter zu beruhigen. Es bilden sich Gesellschaften, die denselben Zweck verfolgen, wie die Boxer im Jahre 1900. Das Treiben solcher Gesellschaften ist den Beamten nicht verborgen." Der Mandarin von Jinyun besuchte die Röhms zum chinesischen Neujahrsfest (ein flexibles Fest, das 1904 auf den 16.02. fiel) und erzählte, dass die chinesischen Beamten streng auf die Wahrung der chinesischen Neutralität verpflichtet worden seien. Nach den Erfahrungen beim Boxeraufstand im Jahre 1900 – Flucht nach Schanghai – dürfte Familie Röhm froh gewesen sein, dass sie kurz vor ihrem Deutschlandurlaub stand. Am 12. März 1904 gab der Mandarin ein Abschiedsessen im Amtsgebäude, am nächsten Tag verabschiedete sich Major Huang aus dem 160 km entfernten Longquan und am Morgen der Abreise sagten eine Reihe Versammlungsbesucher im Missionshaus Lebewohl. „Die Anhänglichkeit der Leute in Jinyun rührte uns", notierte Rudolf Röhm, „ Dem Herrn sei Dank für die Zeit, die er uns in Jinyun zum Zeugnis gab".[158] Nach 8 Jahren in China ging es über Schanghai erstmals wieder nach Hause. Am 2. Juni 1904 kam die vierköpfige Familie in (Wuppertal-) Barmen an.

---

[157] Röhm, R., China Bote, März 1904, S. 120
[158] Röhm, R., China Bote, Juni 1904, S. 171/172

5 Erster Heimaturlaub 1904/1905

Im März 1904 reisten Luise und Rudolf Röhm mit ihren einund zweijährigen Söhnen in den ersten Heimaturlaub nach Deutschland. Luise hatte 8 Jahre und 2 Monate Chinaaufenthalt hinter sich, Rudolf 8 Jahre. (Als ich 100 Jahre später in China arbeitete, hatte ich jedes Jahr Anspruch auf einen Heimaturlaub.) Am 2. Juni 1904 kamen sie in (Wuppertal-) Barmen an. 100 Jahre später hätten sie mit Eisenbahn und Flugzeug höchstens 2 Tage für diese Reise gebraucht.

Zu den spärlichen Informationen über diesen Heimaturlaub gehört, dass Luise und Rudolf – besonders aber Luise – gesundheitlich recht angeschlagen in der Heimat ankamen. Im China Boten vom Oktober 1904 (S. 239) wird noch Monate später berichtet „die beiden Schwestern Bender und Röhm erfahren weitere Stärkung vom treuen Herrn". Die Erholung brauchte offenbar lange. Bei den Männern ging es wohl schneller, denn an gleicher Stelle ist zu lesen „unsere beiden Missionare, die Brüder Bender und Röhm, arbeiteten in den letzten Wochen im Osten und Norden unseres Vaterlandes. Bruder Röhm wird im Osten wohl noch länger verweilen". Im März 1905 wird von seiner Arbeit im Ravensberger Land berichtet[159], einer Gegend zwischen Bielefeld und Herford.

Am 26.03.1905 gebar Luise Röhm in Wuppertal ihr drittes Kind, Walter. Die Familie wohnte wohl im Missionshaus in der Seifenstraße 3 in Wuppertal-Barmen. Am 10. September 1905 fand dort eine Abschiedsversammlung „der Geschwister Röhm und Zantopp" statt, „Karten zu 60 Pfg berechtigen zum Eintritt"[160] Vermutlich dienten die Eintrittsgelder der Finanzierung der Missionare. Am 11. Oktober 1905 verließ die nun fünfköpfige Familie Röhm mit dem Reichspost-

---

[159] China Bote, März 1905, S. 47
[160] China Bote, August 1905, S. 128

97

dampfer Prinz-Regent Luitpold Genua und kam am 13. November in Schanghai an. 7 Tage später erreichten sie Wenzhou mit einem anderen Schiff. Von dort reisten sie vermutlich mit einem Flussboot rund 180 km weiter flussaufwärts nach Jinyun, ihrer Station für die nächsten Jahre. Die Fahrt auf einem schmalen Boot ohne Motor und mit sehr niedrigem Dach dürfte mit einem Baby und zwei Kleinkindern kein Vergnügen für die Eltern gewesen sein. Wie lange sie gedauert hat, ist nicht überliefert.

Bild 10: Dampfer 'Prinz Regent Leopold'

6 Zweiter Chinaaufenthalt 1905 – 1919

Der zweite Chinaaufenthalt von Rudolf und Luise Röhm dauerte 13 ½ Jahre, vom 13.11.1905 bis zum 13.03.1919. In diese Zeit fielen das Ende der Kaiserherrschaft, die Gründung der Republik China, politische Unruhen im Lande und der erste Weltkrieg. Die Röhms arbeiteten – wie schon bei ihrem ersten Aufenthalt – in der ostchinesischen Provinz Zhejiang südlich von Schanghai. Ihre erste Missionsstation war Jinyun. Von dort zogen sie nach knapp 4 Jahren nach Lishui um, wo sie 9 Jahre und 2 Monate später auf Betreiben der englischen Regierung ausgewiesen wurden.

6.1 Jinyun

Als Familie Röhm mit inzwischen 3 Kindern Ende November/ Anfang Dezember 1905 wieder in Jinyun ankam, „holten uns viele unserer Freunde, Männer, Frauen und Kinder ab. Die Halle war festlich geschmückt. Der Empfang war wirklich rührend" berichtete Rudolf Röhm nach Deutschland und er fand, „dass der Versammlungsbesuch zugenommen hat. Es sind etwa 60 Personen, die die Versammlungen regelmäßig besuchen. Aus 30 Dörfern kommen etwa 50 Personen regelmäßig nach Jinyun oder den Außenstationen. Weihnachten konnten 2 Frauen und 4 Männer getauft werden. Die Gemeinde hat 12 Mitglieder."[161]

Von Jinyun unternahmen Rudolf Röhm und Schwester Stucki und einheimische Evangelisten in der Folgezeit sehr viele Missions-Reisen in die Umgebung. Das war oft gefährlich. Das Dorf Tanning, wo 5 Präfekturen zusammenstießen, „hat den traurigen Ruhm, dass die Hälfte der Bewohner mehr vom Raub als von ehrlicher Arbeit lebt. Wenn der Mandarin die Häscher schickt, sie zu fangen, sind sie längst

---

[161] Röhm, R., China Bote, April 1906, S. 60

über die Grenze. Wir blieben 2 Tage da, hatten aufmerksame Zuhörer und verkauften unseren ganzen Büchervorrat."[162]

Über seinen Besuch des Jahrmarktes in Hutzen, 35 km nordöstlich von Jinyun, ab 17. Juli 1906 erzählte Rudolf Röhm, dass dieser Markt tausende von Besuchern habe – unter ihnen viele Diebe und Gauner. Aber „dieses Jahr war der Jahrmarkt nicht so gut besucht wie in den Vorjahren. Wegen der allgemeinen Unsicherheit in jener Gegend in den letzten Wochen wagten viele auswärtige Händler nicht, ihre Waren auf den Markt zu bringen. Hatte doch erst die Woche zuvor ein blutiger Zusammenstoß zwischen einer 400 Mann starken Abteilung Soldaten und einer noch stärkeren und wohlbewaffneten Räuberbande stattgefunden, wobei es auf beiden Seiten Tote und Verwundete gab. [...] Die meisten Räuber, die nur durch die bitterste Not gezwungen zu den Waffen griffen, um ihr Leben zu fristen, werden ihre Flinten [...] wieder in die Ecke stellen und zur friedlichen Erntesichel greifen, wenn in kurzem der Reis geerntet wird. [...] Tausende mussten sich mit einer Mahlzeit des Tage begnügen, die sonst drei gewohnt waren, während die ärmeren Leute in den Bergen ihr Leben mit Baumrinde und Blättern fristen mussten, wenn sie nicht vom Raub leben wollten. Innerhalb 10 Tagen wurden zwei Säuglinge vor unsere Türe gelegt. Es gelang uns, die Mütter derselben ausfindig zu machen [...] Es ist nicht zu verwundern, dass infolge der mangelhaften Ernährung in unserem Distrikt die Ruhr grassiert."[163]

Im Sommer 1906 empörte sich Rudolf Röhm über Vorhaltungen aus der Heimat, dass die Missionare in China im Überfluss und verschwenderisch lebten. Leider sind diese Vorhaltungen nicht im Wortlaut überliefert, während Röhms Erwiderung in einem langen Schreiben an den Mitbegründer der Deutschen China Allianz Mission, Carl Polnick, erhalten ist. Er bestätigt, erfahren zu haben, dass die Kassenverhältnisse der Mission ungünstig seien,

---

[162] Röhm, R., China Bote, September 1906, S. 136
[163] Röhm, R., China Bote, Dezember 1906, S. 184/185

„was wir umso mehr empfinden, da hier die Preise für Lebensmittel sehr in die Höhe gegangen sind. ‚Billig-Leben' gehört in China auch der Vergangenheit an, der Begriff von ‚hohen Summen' ist ebenfalls illusorisch. Wohl wissen wir, dass nicht mehr geschickt werden kann, als was der Herr gibt und sind dankbar für Seine Gaben.

Aber es tut uns leid, dass man zu Hause noch immer der Idee huldigt, dass die Mittel für Nahrung und Kleidung für die Missionsarbeiter das einzig Notwendige ist um Mission zu treiben; sind die Mittel dafür vorhanden, dann ist alles in Ordnung und alles ist genug; ja man spricht noch von Überfluss. Ich will nicht polemisieren, aber zu dem so oft zitierten Ausspruch des geliebten Herrn Hudson Taylor gestatte mir doch einige Bemerkungen.

Elias hat zu seinem Wasser und Brot auch Fleisch bekommen am Bache Krith; in Sarepta erhielt er in Öl gebackene Kuchen als Speise. Zur Zeit des Herrn lebten die Juden nicht allein von Wasser und Brot und die ausgesandten Jünger wurden gewiss nicht extra damit reguliert. Ebenfalls hat der Apostel Paulus als Teppichwirker mehr verdient, als was er für Wasser und Brot bedurfte.

Auch die Andeutung, dass wir hier verschwenderisch leben, muss ich unbedingt abweisen. Wir leben so, dass unser Körper die Anforderung des Klimas ertragen kann und wir im Stande sind, die Arbeit zu tun, für die wir nach China gekommen sind. Es wird wohl niemand ernstlich von uns verlangen, dass wir uns mit der Nahrung begnügen sollen womit sich die ärmeren Klassen begnügen müssen, obgleich wir es oft genug tun und auch gerne tun. Ich habe mich noch niemals zurückschrecken lassen eine Gegend zu bereisen, von der die Chinesen vorher sagten, dass man kaum etwas zu essen bekommen konnte und war froh, wenn ich mit kalten chinesischen Kartoffeln oder einem Stück Bohnenkäse, die

Nahrung der allerärmsten Leute, den Hunger stillen konnte. Wohl bin ich auch ganz gut zufrieden, wenn ich auf Reisen eine Tasse Kakao brauen kann, denn der trockene Reis ohne Zutaten will doch in einer vom Marschieren ausgetrockneten Kehle schlecht rutschen. Bruder Bender wird gewiss schon erzählt haben, dass die Leute draußen, d. h. wenn man auf Reisen ist, erwarten dass man herrengemäß bezahlt, wenn man sich auch mit Kulikost begnügt.

Es wird gewiss auch interessant sein zu wissen, dass in dem ‚billigen' Lande wir z. B. für das Liter frische Milch nach deutschem Gelde 35 Pf. zahlen müssen. Wenn wir frische Milch haben können, was nicht immer der Fall ist, dann sind wir froh, dass, anstatt der unzuträglichen Büchsenmilch, unsere Kinder einmal etwas anderes bekommen. Ein Pfund Butter kostet in Shanghai etwa 1.50 Mark, Porto extra; solche Preise verbieten uns den täglichen Gebrauch dieses Artikels; dass wir uns dann und wann ein Pfund leisten, als etwas Außergewöhnliches, ist nicht ausgeschlossen. Auch das Reisen ist so sehr billig nicht. Als wir im April zur Konferenz nach Lishui gingen, dieselbe Entfernung von hier wie Elberfeld – Köln, da kostete uns die Reise hin und zurück $ 909, (rund 18.50 Mark); ich hatte dazu noch das Vergnügen neben den Tragstühlen herzugehen. Geht Schwester Stucki oder meine Frau nach Hsienli zu Tsaipao (Entfernung Barmen – Hagen) so kostet diese Reise hin und zurück 2000 Kasch (= 4.50 Mark) für Tragstuhl und Lastträger; gehe ich selbst, so komme ich für 1.20 Mark für Lastträger nach dort, da ich meistens zu Fuß gehe. Nach den andern Predigtplätzen ist dasselbe Verhältnis. Wie aus beiliegender Quartals-Abrechnung ersichtlich, erscheinen solche Reiseausgaben im Missionsinteresse aber nur zum kleinsten Teil in den Abrechnungen, sondern werden von dem ‚Überfluss ' bestritten. [...] Im letzten China-Boten wird über die Eröffnung einer Schule in Jinyun mitgeteilt, und über den Lehrer berichtet. Natürlich muss der Lehrer auch bezahlt werden, sein Jahresgehalt beträgt dieses Jahr 75 Mark; im kommenden Jahre wird er aber 100 Mark haben müssen pro anno. Für den Lehrer habe ich von Hause etwas Geld mitgebracht, das für Jinyun gegeben wurde und für dieses Jahr und das nächste Semester reicht. Wir haben aber Kostkinder; nach denen sieht eine ältere Frau, kocht, wäscht und flickt ihre Kleider, natürlich nicht umsonst. Zur Einrichtung einer Schule sind auch Bänke, Tische, Koch- und Essgeschirre, Herd, Holz, Bücher, Wandtafeln und dergleichen Dinge notwendig. Wo eine große Gemeine ist, kommt dieselbe wohl teilweise für die Kosten auf; in einer im Entstehen begriffenen Gemeine muss eben der Missionar in die Tasche greifen. Diese Posten erscheinen ebenfalls nicht in der Abrechnung. Schwester Stucki hilft wacker mit diese Kosten zu decken, aber der Löwenanteil fällt dem Missionary-in-charge zu. Die Kostkinder zahlen jeder $ 100 pro Monat; diese Summe reicht jetzt, wo der Reis ein wenig billiger geworden ist, beinahe für den Reis; Gemüse, Salz, Fett ist Zugabe unsererseits.

Im März brachte uns ein junger Christ sein etwa 4 jähriges Töchterchen. Er hat vor 3 Jahren nach kaum einjähriger Ehe seine Frau verloren und gab damals den Säugling in Pflege. Die Pflegemutter brachte anfangs des Jahres das Kind wieder zurück. Was machen? Geld, eine zweite Frau zu kaufen hat er nicht; als Kuli ist er sehr viel von Hause fort, seine Eltern sind tot. Er bringt das Kind zu uns. Entweder wir nehmen es auf oder er muss das arme Wesen als Schwiegertochter in ein heidnisches Haus geben. Wenn wir auch keine Christen heranziehen wollen, so muss es doch unser Bestreben sein dafür zu sorgen, dass die Kinder der Gläubigen in den Lehren der Bibel unterrichtet werden und nicht in heidnische Familien gegeben werden. Sonst kann wohl kaum davon die Rede sein, dass praktisch und rationell Mission getrieben wird. Stände uns für solche Fälle ein Fond zur Verfügung, dann könnten wir auch zwei Kinder des im Januar verstorbenen Yüshi von Lutang aufnehmen, in dessen Hause wir früher immer Versammlung hatten. Jetzt wachsen die Kinder im Heidentum auf, aus dessen Fesseln der Vater erst im hohen Alter frei wurde.

Als wir letztes Jahr zurückkamen, hatte der Helfer Liu die Absicht zu heiraten. Wir konnten nichts dagegen haben, im Gegenteil, denn die Versuchungen sind für einen unverheirateten Chinesen zu groß. Aber er hatte das nötige Geld zum Heiraten noch nicht alles erspart, da er von seinem Gehalt auch seiner alten Mutter noch etwas zukommen lässt. Wir streckten ihm etwas Geld vor, das er nach und nach wieder zurück erstattet; aber drei Jahre werden wohl darüber hingehen.

Dann wieviel Geld wird gebraucht für Medizin für die Chinesen und wieviel Geld steckt in Büchern und christlichen Schriften, die wir vorrätig auf der Station haben. Ich habe für ca $ 5000 Bibeln, Gesangbücher, Traktate, andere christliche Bücher und Schulbücher hier liegen, die alle bezahlt sind. Die seiner Zeit gesandten $ 1800 für den Bücherfond sind somit nur ein Drittel des Geldes, das in den Büchern steckt.

Man könnte noch mehr aufzählen, doch glauben wir, dass dieses genügt um zu zeigen, dass für etwaige überflüssige Gelder von den monatlichen Zusendungen Verwendung vorhanden ist.

Lieber Br. Polnick, Du schriebst in Deinem letzten Schreiben von Überfluss. Dazu möchte ich bemerken, dass es doch gut wäre, den Missionsgeschwistern in der Heimat einmal die Bedürfnisse der Mission den Tatsachen entsprechend vorzulegen, wie die China Inland Mission es dann und wann auch tut. Die Missionsgeschwister haben dann etwas Bestimmtes, um was sie bitten dürfen. Wir können in China nicht von Überfluss reden, wo tatsächlich Mangel vorhanden ist. Ich will nicht von den Wohnungsverhältnissen hier reden, die sind zur Genüge bekannt unter den Geschwistern in China. Letzte Quartal-Abrechnung schloss mit $ 918 Defizit ab. Ende Juli mussten $ 1500 bezahlt werden für Löhne der Helfer und jetzt ist Miete fällig im Betrage von $ 3230, Summe $ 5648. Unter dem 14. Juli wurden uns zum Begleich dieser Summe von Shanghai aus $ 3000 avisiert. Das Geld kann vielleicht Ende August in unsern Händen sein. Um den Verpflichtungen nachzukommen, musste ich dieses Geld aus dem von den Chinesen für den Kapellenbau gesammelten Baufond entleihen.

Wir selbst haben zur Zeit nichts über; im Gegenteil; wir mussten das Geld, das für die Schule bestimmt (ist), sowie die 37 Mark, die ich seiner Zeit für ein Harmonium für uns erhielt, vorläufig verwenden, um Lebensmittel zu kaufen. Denn wie Bruder Zantopp bereits mitgeteilt, haben wir gegen die andern Geschwister die (abgerundete) Summe von $ 12000 = taels 8900 weniger erhalten. Die Ausgaben dagegen überstiegen während der ersten Zeit in China die gewöhnlichen Ausgaben bei weitem, das Leben in Shanghai ist ja viel teurer als im Inlande; ein Teil der Reisekosten nach hier haben wir selbst bestritten; neue Kleider mussten angeschafft werden und dergleichen mehr. Wir hatten Bruder Zantopp gebeten, uns diesen Betrag wenn möglich aus seinem Fond zukommen zu lassen; leider stand ihm aber nicht so viel mehr zur Verfügung, so dass wir jetzt in Verlegenheit sind wegen Geldes. Doch hoffen wir, dass der Betrag uns inzwischen zugewiesen wurde von Barmen aus."[164]

Die Reaktion der Missionsleitung in Barmen auf dieses Schreiben liegt mir nicht vor.

---

[164] Röhm, R., Brief an Carl Polnick vom 26.07./02.08.1906

Das folgende Schreiben von Rudolf Röhm an einen Missionsfreund in Deutschland lässt vermuten, dass die Missionare aus dem fernen China auch persönlich versuchten, bei Personen in Deutschland Mittel für ihre Arbeit einzuwerben.

Geehrter Herr Fink! Gestatten Sie mir einige Mitteilungen zu machen über die Verhältnisse in der Lishui Präfektur [...] im Südwesten der Provinz Zhejiang [...]

Wie in andern Teilen Chinas herrscht auch hier in den letzten Wochen große Not. Die Reisernte des letzten Jahres war in diesem Gebiet sehr schlecht ausgefallen. Die Bataten (süßen Kartoffeln) waren ebenfalls nicht geraten. Süße Kartoffel, sowie Mais, werden in dieser gebirgigen Gegend sehr viel (an)gebaut; dieselben werden in Streifen geschnitten und getrocknet und bilden mit Reis zusammengekocht die Nahrung der ärmeren Klassen, besonders nach geringen Reisernten. Infolge anhaltender Regengüsse im April und Mai ist ein großer Teil des Weizens zugrunde gegangen. Der Preis des Reises ist für den geringen Mann ein nahezu unerschwinglich hoher und die Not und das Elend ist groß. In abgelegenen Gebirgsgegenden nähren sich die Leute von Baumrinden und Blättern.

In den Nachbarkreisen waren zwar günstigere Ernten; Scharen von Lastträgern holen dort ihren Bedarf; manche müssen jedoch 4 bis 5 Tage unterwegs sein, wodurch die Preise sehr gesteigert werden. Zwar wurde auf Veranlassung des Wenzhou [...] Tao-t'ai über Wenzhou Reis von auswärts eingeführt; doch kam diese Einfuhr nur den Bewohnern des am Fluss gelegenen Gebietes zugute wegen des Trägerlohns nach andern Orten.

Wegen der mangelhaften Ernährung grassiert zur Zeit die Ruhr, besonders in unserer Stadt, die unter Erwachsenen und Kindern ihre Opfer fordert. Täglich werden Prozessionen veranstaltet; der Geist der Krankheit wird zum Stadttor hinausbegleitet; im Tempel des Stadtgottes (Hwang-ti Miao) werden jede Nacht die Götter angerufen. Aber die Prozessionen werden abgelöst von den Trauerzügen und in die Litaneien der Taoisten- und Buddhistenpriester mischt sich das Klagegeschrei derer, die ihre Toten beklagen. Dazwischen erschallen die schrillen Töne eines Widderhorns, sowie die dumpfen Töne der Gong, die der Geisterbeschwörer zur Ausübung seines betrügerischen Gewerbes gebraucht.

Trotz dieser widrigen Verhältnisse verhielt sich das Volk im Allgemeinen ruhig; zu Ausschreitungen ist es kaum gekommen in diesem Kreise. An einem Orte, wo Unruhen unter dem Volk auszubrechen drohten, gelang es den nach dort gesandten Soldaten die Ruhe zu wahren.

Die Witterung lässt für den Landmann nichts zu wünschen übrig und die Ernteaussichten sind die denkbar günstigsten. Schon wird mit dem Ernten des frühen Reises begonnen und die Preise sinken etwas, während die Hoffnung der Leute, sich wieder satt essen zu können, steigt. Gott gebe, dass die Hoffnung nicht durch Gewitterschaden zunichte werde, damit das Volk sich wieder satt essen kann – ‚Lachen mit reisgefülltem Munde und auf wohlgenährtem Leibe zum Singen den Takt schlagen!‘ Die Baumwolle verspricht dieses Jahr ebenfalls einen reichen Ertrag in dieser Gegend.

Zu Anfang dieses Monats herrschte im Osten des Jinyun [...] Distrikts große Aufregung. Das zwischen den beiden Präfekturen Lishui und Taizhou [...] gelegene Tsang-ling [...] Gebirge bietet viele natürliche Schlupfwinkel für die Räuber und sonstiges lichtscheues Gesindel. Mancher Reisende ist in jener Gegend seiner Habseligkeiten schon beraubt worden; ebenso wurde schon manches Dorf oder einsam stehendes Gehöft gebrandschatzt. Da die Leute auf Hilfe von Seiten der Beamten kaum hoffen können, so sind sie auf Selbsthilfe angewiesen. Wohl in jedem Hause in jenen Gebirgsdörfern sind Gewehre vorhanden. Durch das energische Einschreiten des hiesigen Mandarins waren die Räuber in den letzten Jahren mehr auf das Nachbargebiet verdrängt, wo sie ungehinderter ihrem Gewerbe nachgehen konnten.

Infolge der Not haben sich nun in den letzten Monaten manche der sonst friedlichen Bergbewohner den Räubern angeschlossen, die nun auf beiden Gebieten ihr Unwesen trieben. Wurde ihnen der Boden auf dieser Seite des Gebirges zu heiß, dann zogen sie sich auf das jenseitige Gebiet zurück, wo sie von den Soldaten nicht belästigt wurden. Der hiesige Beamte hatte seinem Nachbarkollegen einige Male Mitteilungen gemacht über diese Zustände; denn nur durch ein Zusammengehen beider konnten die misslichen Zustände beseitigt werden. Aber in dessen Gebiet waren keine t'u-fei […] (Räuber)! Auf wiederholtes Drängen gab jener Herr doch zu, dass nicht alles in Ordnung sei und ließ 300 Soldaten aus der Präfektur kommen, die nach der Grenze gingen. Auch von Lishui […] wurde ein Detachement nach dort abgesandt. Einige Tage vorher war der Kopf eines Anführers, auf den ein Preis gesetzt war, hierher gebracht worden.

Die gutbewaffneten Räuber besetzten auf die Nachricht vom Eintreffen der Soldaten zwei Engpässe, die zur Verteidigung sehr geeignet waren. Durch Frontangriff hätten sie aus ihren Stellungen kaum verdrängt werden können. Es gelang den Angreifern jedoch dieselben zu umgehen; die Räuber wurden geschlagen, eine Anzahl getötet und verwundet, die andern zersprengt. Daraufhin zogen die Truppen wieder ab. Der Führer der Taizhou Truppen ging jedoch nicht zurück, sondern besuchte mit seinen Tapferen diesen Distrikt, um den Dank der Bewohner in Empfang zu nehmen, die er vor einem geplanten Einfall der Räuber geschützt hatte. Der hiesige Beamte, der seine Pappenheimer kannte, wollte denselben den Weg hierher ersparen und brachte dem Führer ein Geschenk entgegen. Dieser musste nun, wohl oder übel, umkehren, da ihm ja "Vater und Mutter des Volkes" persönlich gedankt hatte und die hiesigen Bewohner waren einem doppelten Schicksal entgangen.

In einer Nachbarstadt zu Jinhua [...] gehörig, gab es kürzlich Unruhen in Verbindung mit dem Einrichten der Schulen. Einige der damit beauftragten Personen glaubten dadurch ein Mittel gefunden zu haben ihre Taschen zu füllen durch Erheben von neuen Abgaben.

Achtungsvoll zeichnet Jinyun, den 25. Juli 1906

Rudolf Röhm, Deutsche China Allianz Mission[165]

Eine Reaktion auf dieses Schreiben habe ich in meinen Unterlagen auch nicht gefunden. Aber ein weiteres Schreiben an einen anderen Missionsfreund in Deutschland lässt vermuten, dass der persönliche Kontakt zwischen Missionaren und Gebern fruchtbar war und durch Schreiben einheimischer Christen in chinesischer Sprache noch in seiner Wirkung gesteigert wurde.

Jinjun, den 26. Juli 1907
Herrn Johann Wiehler,
in Pr. Königsdorf b/Grunau

Teurer Bruder im Herrn!

Vor Kurzem erhielten wir von unserm Missions-Komitee in Barmen die Mitteilung, dass Sie sich bereit erklärt haben, noch mehr, als Sie es bis jetzt taten, sich an der Evangelisation des "Reiches der Mitte" zu beteiligen. Diese Nachricht hat uns sehr erfreut und danken wir Ihnen herzlich für Ihre

---

[165] Röhm, R., Brief an Herrn Fink vom 25.07.1906

Bereitwilligkeit. Der Herr segne Sie und die mitverbundenen Geschwister reichlich!

,Auf, lasst uns Zion bauen
mit freudigem Vertrauen
die schöne Gottesstadt!
Wenn wir ans Werk erst gehen,
wird sie bald fertig stehen.
Wohl dem, der mitgebauet hat!'

Beiliegend senden wir Ihnen eine Photographie der Familie des Evangelisten Tang Ke-tschü, nebst einem Brief von ihm.

Tang wurde im Jahre 1868 in einem Dorfe in der Nähe von Lishui als der älteste Sohn eines Schuhmachers geboren. In der Jugend hütete er Kühe, half auf dem Felde mit oder vertrieb sich die Zeit mit fischen im nahen Flusse. Eine Schule besuchte er nicht. Gab es auf dem Felde nichts mehr zu tun, dann arbeitete er später als Maurer.

Als er etwa zwanzig Jahre alt war, hörte sein Vater das Evangelium und wurde gläubig. Seit etwa 15 Jahren hilft der Vater bei der Verkündigung des Wortes. Von ihm hörte der Sohn zuerst die Lehre. Jetzt wohnt derselbe auf einer zu Songyang gehörenden Außenstation.

Im Jahre 1894 trat Ke-tschü als Koch in den Dienst der Ausländer, und folgte dann Bruder Manz nach Xiaomei. Dort lernte ihn Schreiber dieses im Sommer 1896 kennen. Damals hatte er sich bereits für den Herrn entschieden und wurde 1897 getauft. (Im Laufe der Zeit wurden seine Mutter, seine Frau, sowie zwei Brüder für den Herrn gewonnen; Ke-tschüs ältester Sohn wurde vor Kurzem in die Gemeinde zu Lishui aufgenommen.)

Ende 1897 begleitete er Bruder Manz nach hierher, um hier eine Missionsstation zu gründen. Er sollte hier neben der

Hausarbeit auch beim Verkündigen des Wortes behilflich sein. Er hatte in der Zwischenzeit auch lesen gelernt. Einige Zeit darauf wurde er von Bruder Manz als Helfer angestellt. Während des Boxer-Aufstandes im Jahr 1900 stand er den beiden Schwestern, die damals der Arbeit hier vorstanden, treu zur Seite. Es war für ihn keine leichte Sache, denn die Leute in Jinyun waren sehr aufgeregt. Die Missionarinnen mussten im Rathause Zuflucht suchen bis der Weg zur Küste frei war. Tang war der einzige, der sie in ihrem Zufluchtsorte sehen durfte; als der Weg nach der Küste frei wurde, begleitete er die Schwestern nach Lishui auf dem Wege nach Shanghai.

Vom August 1900 bis anfangs 1902 war kein Ausländer hier stationiert. Im Januar 1902 übernahm Schreiber dieser Zeilen die Leitung der Station; eine jener beiden Schwestern kehrte als seine Frau nach Jinyun zurück.

Die Arbeit hier geht langsam voran; der Erstling dieser Station wurde im Spätjahr 1903 getauft. Über den jetzigen Stand der Arbeit berichtet Ihnen der Evangelist in beiliegendem Briefe.

Von hier aus werden noch drei Außenstationen bedient, wo einige Christen und Hörer wohnen. Die Hauptarbeit besteht hier noch in der Reisepredigt und Verbreiten von Schriften christlichen Inhaltes. Für die Kinder der Christen und Hörer haben wir eine Schule, an der ein Glied unserer Gemeinde unterrichtet. In einem Asyl für Opium-Raucher finden Leute Aufnahme, die mit dem Laster brechen wollen. Bis vor kurzem hatten wir diese Leute in unserm Hause. Da jedoch durch Kaiserliche Edikte dem Genuss des Opiums gesteuert und die Opiumkneipen geschlossen werden sollen, stellte uns der hiesige Mandarin mit Zustimmung der Stadtältesten einen Teil des geräumigen Stadtgott-Tempels zur Verfügung, um mehr Leute aufnehmen zu können. Gedenken Sie, bitte, der

Arbeit an den Opiumrauchern, damit diese Leute nicht nur vom Opium, sondern auch von der Macht des Götzendienstes frei werden.

Beiliegender Brief des Evangelisten ist auf rotes Briefpapier geschrieben, ein Zeichen der Hochachtung. Die Schriftzeichen sind von rechts nach links und von oben nach unten zu lesen.

In Jesu Liebe grüßt Sie und Ihre mitverbundenen Geschwister Ihr Bruder (Rudolf Röhm)[166]

Der in obigem Schreiben als Anlage erwähnte Brief des Evangelisten Tang Ke-Tschü lautet in Rudolf Röhms Übersetzung und mit seinen erklärenden Anmerkungen in Klammern wie folgt:

„Friede sei mit allen Brüdern der Gemeinen im großen ‚Tugend-Reich'! (chinesische Bezeichnung für Deutschland)

Zur Zeit als Ihr Diener nach Jinyun kam um mitzuhelfen das Evangelium zu verkündigen, da war die Zahl der Hörer noch gering, etwa 4 – 5 Personen. Im ‚Keng-tz' Jahr (1900) hatte Ihr geringer Bruder auch eine unruhige Zeit in Jinyun.

Nachher (nach 1900) vermehrten sich die Hörer, so dass ihre Zahl etwa 70 beträgt. In die Gemeinde eingetreten (d. h. durch die Taufe aufgenommen) sind jetzt 19 Seelen, die der großen Gnade Gottes teilhaftig geworden sind. Gott hat sich zur Arbeit bekannt und diese gnädig angesehen.

Ihr Bruder ist sich dessen eingedenk, dass es leicht ist, über die Lehre zu reden; dieselbe aber zu befolgen ist schwer.

Ich hörte und lernte zuerst von meinem Vater die Lehre; dann wirkte der Heilige Geist an meinem Herzen, dass ich auch über die Lehre vom Kreuz unseres Herrn Jesu Christi

---

[166] Röhm, R., Brief an Johann Wiehler vom 26.07.1907

Zeugnis ablegen darf. In der Gemeinde in Jinyun habe ich während 10 Jahre den Beistand und Frieden Gottes erfahren.

Auch in der Familie gab der Herr uns Friede. Wir haben jetzt drei Söhne und eine Tochter. Unser ältester Sohn, namens Lu-te, ist ebenfalls gläubig. Für diese Gnade danken wir dem Herrn.

Die erwählten Brüder aus Deutschland, die im ‚Reich der Mitte' die Lehre verkündigen und Gemeinden errichten, haben es wahrlich nicht leicht, die Leute zu ermahnen. Sie wünschen, dass die Leute des ‚Reiches der Mitte' erlöst werden. Wie auch der Herr will, dass alle Menschen glauben und nicht verloren gehen und erkennen, dass das erbarmende Herz Gottes wahrlich voll unbegrenzter und bodenloser Liebe ist.

Friede sei mit Ihnen auf allen Wegen!

Abgesandt im 33. Jahre des Kaisers Kwang-sü im ersten Drittel des ‚Lotusblumen' Monats (Juli 1907) von Ihrem ehrfurchtsvollen Sklaven Tang Ke-tschü.[167]

In einer Art Jahresbericht über 1906 heißt es „Vielen Seelen wurde im Laufe des Jahres (1906) das Heil in Christo durch Wort und Schrift angeboten. Im Missionshaus war täglich Gelegenheit, in Versammlungen sowohl als im Einzelgespräch zu hören. Die Versammlungen im Missionshause wurden an Sonntagen von 30 - 75, an Wochenabenden von 15 - 25 Personen besucht. Jeden Dienstagabend hatten wir Bibelstunde in den Häusern von Christen in der Stadt. [...] Die drei Orte Sienli, Hutsuen und Peyen wurden jeden Monat besucht. [...] Außerdem besuchten wir im Laufe dieses Jahres wohl an hundertfünfzig Dörfer. Den größeren Teil derselben mehrere Male [...] Im Februar eröffneten wir eine Schule für Kinder der Christen und Hörer. Die-

---

[167] Brief des Evangelisten Tang Ke-Tschü an die Brüder der Gemeinen im Großen Tugendreich vom Juli 1907

selbe wurde am Ende des Jahres von sieben Knaben und sechs Mädchen besucht. Vier Kinder von auswärts wohnen bei uns im Hause. [...] In folgenden Fächern wird unterrichtet: Katechismus, Lesen, Schreiben, Rechnen, Heimatkunde, Turnen, Gesang. Außer im Lesen mussten wir den Lehrer erst selbst unterrichten. [...] Im Opiumasyl fanden im Laufe des Jahres nur vier Männer Aufnahme, alle vier sind regelmäßige Besucher der Versammlungen. In etwa 20 Fällen von Selbstmordversuchen durch Vergiften wurde unsere Hilfe in Anspruch genommen; nur in drei Fällen waren die verabreichten Gegenmittel erfolglos. Als im Sommer die Ruhr unter Erwachsenen und Kindern viele Opfer forderte, war unsere Hilfe sehr begehrt. [...] Die hiesige Gemeinde [zählt] 14 Männer und 3 Frauen. [...] Im Taufunterricht sind 8 Personen, neben diesen haben wir in der Liste ungefähr 60 Personen [...], die über 6 Monate lang regelmäßig die Versammlungen besuchen. [...] Trotz der allgemeinen großen Not beliefen sich die Beiträge der Gemeindemitglieder auf 30 Dollar und 22 Cents. [...] Das bis jetzt gesammelte Geld soll zum Bau einer Kapelle verwandt werden. Es sind jetzt 100 Dollar gesammelt. Zum Erwerb des Grundstücks ist die Gemeinde noch zu schwach, da nur die Beiträge der Christen in Betracht kommen. Der Bauplatz der Kapelle wird wohl 200 Dollar und der Bau derselben 300 Dollar kosten. Um mehr Raum für die Versammlungen zu bekommen, sahen wir uns genötigt, eine Ahnenhalle zu mieten, die aber anfangs 1909 wieder geräumt werden muss. Gleichzeitig möchten wir erwähnen, dass wir selbst in einem gemieteten Hause wohnen, das aber den Bedürfnissen nicht mehr entspricht, dazu auch sehr ungesund ist. Ungefähr weitere 2000 Dollar sind erforderlich für Bauplatz, Wohnhaus für uns, Wohnung für Helfer, Schule und Schlafräume für die Gäste. Außer meiner Frau und mir ist in Jinyun noch Schwester Stucki tätig"[168]

Für das Jahr 1907 gab es zunächst Gutes zu berichten. Ein von Rudolf Röhm gegründeter Bibellese-Bund hatte bereits 27 Mitglieder,

---

[168] Röhm, R., China Bote, Mai 1907, S. 73/74

die jeden Tag den vorgeschriebenen Abschnitt zu lesen und für einander zu beten versprochen hatten.[169] Und am 07.02.1907 wurde Arthur Johannes geboren, das vierte Kind der Familie. Dann brach eine Pockenepidemie aus und alle vier Kinder erkrankten. Als sie auf dem Weg der Besserung waren, reiste der Vater zu einer Missionskonferenz nach Schanghai und erhielt unterwegs die Nachricht vom Tod seines Babys. Der kleine Arthur war am 11.04.1907 gestorben. Er wurde begraben auf einem kleinen Grundstück außerhalb der Stadt, das der Bürgermeister der trauernden Luise als persönliches Eigentum gegeben hat. „Vielleicht das einzige Stückchen Land, das persönliches Eigentum eines Ausländers in China geworden ist. Außer Missionsgesellschaften konnte kein Ausländer Grund und Boden erwerben. Später fand hier noch ein Töchterchen von Missionar Maag die letzte Ruhestätte. Diese war von einer Mauer umgeben, die aber bei einem Hochwasser des nahegelegenen Flusses eingestürzt ist, so dass die Lage der Gräber nicht mehr festzustellen ist."[170]

Zur Trauer um den kleinen Sohn kamen bald Sorgen wegen der Sicherheitslage. „In unseren beiden Nachbarstädten waren bedeutende Unruhen ausgebrochen. Räuberbanden trieben ihr Wesen und machten die Gegend zwischen hier und Yongkang, sowie in U-i unsicher. Allgemeine Not sowie erhöhte Steuern machten die Leute unruhig. Dazu kommt noch die Unbotmäßigkeit der modernen Studenten, in deren Köpfen revolutionäre und antidynastische Ideen spuken. […] Der Gouverneur dieser Provinz sandte Truppen in die bedrohten Gebiete; der Führer dieser Truppen […] soll kurzen Prozess gemacht haben; viele wurden ohne weiteres Verhör hingerichtet. Ob alle so kurzer Hand Enthaupteten Räuber waren, muss dahin gestellt bleiben. Die Hauptschuldigen waren jedenfalls nicht darunter. […] Bis heute wurde hier die Ruhe bewahrt, wofür wir dem Herrn dankbar

---

[169] Röhm, R., China Bote, Juni 1907, S. 92
[170] Röhm, W., Wie Gott in drei Erdteilen führte, S. 12

sind."[171] Und dann brach im Sommer 1907 wieder die Ruhr aus und forderte in den Dörfern westlich von Jinyun über 1000 Tote.[172]

Die Missionsstation in Jinyun bemühte sich in einem eigenen Asyl für Opium-Raucher, diese von der Sucht zu heilen und natürlich auch zum Christentum zu bekehren. Diese Arbeit erhielt 1907 Auftrieb, nachdem durch kaiserliche Edikte der Genuss von Opium gesteuert und Opiumkneipen geschlossen werden sollten. Deshalb „stellte uns der hiesige Mandarin [...] einen Teil des geräumigen Stadtgott-Tempels zur Verfügung, um mehr Leute aufnehmen zu können"[173] Gegen Jahresende gab es schon eine Erfolgsmeldung: „Nun sind seit Oktober über 20 Männer, teils aus Sienkien selbst, teils aus der Umgegend im Opiumasyl gewesen. Sie luden uns ein, sie zu besuchen. Wir nahmen die Einladung mit Freuden an. [...] Das Opiumasyl ist gut besetzt. Einer unserer Christen hat die Arbeit und Aufsicht übernommen und hilft dadurch mit am Reiche Gottes".[174] Neben dem Asyl boten die Missionare gelegentlich auch ambulante Anti-Opium-Betreuung: „Ein hiesiger Bürger bat uns im Januar doch seinem Sohn zu helfen, vom Laster frei zu werden. Ins Asyl wollte er ihn nicht schicken, weil er fürchtete, derselbe würde lange Finger machen und dann ausreißen. Zu Hause wolle er dafür sorgen, dass der Sohn nicht weglaufen könne. Als ich dem jungen Manne Medizin brachte, da lag er auf der Erde auf Stroh, beide Beine zwischen zwei Hölzern festgeklemmt – er lag tatsächlich im Stock. Am Morgen des dritten Tages war jedoch die Sucht nach Opium so stark, dass er mit einem Beile die Hölzer auseinander schlug und das Weite suchte. Wohin er ging wusste niemand. ‚Er will nicht frei werden', sagten die Leute; wir haben nun eine neue Illustration zu Markus 5. 1 - 4."[175] In Markus 5.1-4 steht: „Und sie kamen jenseits des Meeres in die Gegend der

[171] Röhm, R., China Bote, November 1907, S. 184/185
[172] Vgl. Röhm, R., China Bote, Dezember 1907, S. 201
[173] Röhm, R., China Bote, November 1907, S. 184/185
[174] Röhm, R., China Bote, März 1908, S. 43
[175] Röhm, R.&L., Monatsbericht Januar/Februar 1908

Gadaremer. Und als er aus dem Schiff trat, lief ihm alsbald entgegen aus den Gräbern ein besessener Mensch mit einem unsauberen Geist, der seine Wohnung in den Gräbern hatte; und niemand konnte ihn binden, auch nicht mit Ketten. Denn er war oft mit Fesseln und Ketten gebunden gewesen, und hatte die Ketten abgerissen und die Fesseln zerrieben; und niemand konnte ihn zähmen."

Nach dem chinesischen Neujahr am 2. Februar 1908 lockten die Missionare an den Abenden viele Leute mit Lichtbildern an und verkündeten ihnen das Evangelium.[176] Es ist nicht genau beschrieben, ob sie den Zuschauern Fotos oder Dias zeigten. Jedenfalls hatten sie ein Gespür dafür, mit außergewöhnlichen Dingen Menschen anzulocken.

Als Anfang des Jahres 1908 im nördlichen Teil der Provinz Zhejiang nicht näher beschriebene Unruhen ausbrachen, erließ der Gouverneur eine Proklamation zum Schutz der Christen: „Christen verehren den Himmel und lieben den Nächsten; sie ermahnen zum Guten und wenden sich vom Bösen ab. Da ihre Lehre die Teilnahme an Prozessionen und Theaterspiel zu Ehren der Götzen verbietet, so darf von ihnen auch kein Geld gefordert werden für solche Zwecke".[177]

1908 wurde endlich mit dem Bau eines neuen Missionshauses an der Hauptstraße von Jinyun begonnen. Aber davor waren große Probleme zu überwinden:

„Die Geschwister hatten einen Platz gekauft von einem Herrn Jang. Derselbe ist inzwischen gestorben und nun machte ein Holzhändler, der den Platz bisher inne gehabt, ihnen große Schwierigkeiten. Sie mussten sich, um weiteren Unannehmlichkeiten vorzubeugen, entschließen, den gekauften Platz gegen einen anderen zu vertauschen, und auch hier

---

[176] Röhm, R.&L., Monatsbericht März/April 1908
[177] Röhm, R., China Bote, Juni 1908, S. 92/93

hörte die Sache noch nicht auf. Die Nachbarn waren hier wiederum sehr unfreundlich und ungerecht, so dass man gezwungen war, um des Friedens willen einen etwas größeren Platz zu kaufen als geplant war".[178]

„Beim Bauen gab der Herr Gnade, dass die Arbeit voranging. Man musste jedoch von morgens bis zum Abend stets auf dem Bauplatz sein und überall nachsehen, wenn die Arbeit vorangehen und gut werden sollte. Doch wenn Jehova nicht das Haus baut, so arbeiten vergebens daran die Bauleute! ER hat Gnade gegeben, dass der Neubau unter Dach kam, ehe die Regenzeit eintrat. Diese trat dieses Jahr 14 Tage später ein wie gewöhnlich. Wäre der oft 14 Tage bis 3 Wochen anhaltende Regen zur gewöhnlichen Zeit eingetreten, so hätten nicht nur die Handwerker die Arbeit einstellen müssen, auch die Erdmauern hätten gelitten. Als dann der Regen kam, waren die Mauern aber genügend geschützt und die Maurer konnten innen die Wände verputzen und die Zimmerdecken machen. Ende Juli waren einige Zimmer so weit fertig, dass wir sie bewohnen konnten. Welch ein Unterschied jedoch zwischen dem alten Hause mit seinen engen, dumpfen Kammern und den geräumigen, luftigen Zimmern des neuen Hauses mit der Front nach Süden, woher im Sommer die kühlen Lüfte wehen! Fertig ist das Haus aber noch lange nicht. Es fehlen jetzt noch einige Türen und Fenster; das Dach ist nur notdürftig gedeckt. Um nach den oberen Zimmern zu kommen, mussten wir für 3 Wochen eine Leiter benutzen, da es uns erst jetzt möglich war, die Treppe machen zu lassen. Wir waren dankbar als die letzte monatliche Geldsendung letzte Woche in unsere Hände gelangte und wir wieder einige Zimmerleute arbeiten lassen konnten. Außer den am Hause selbst noch notwendigen Zimmermanns- und Maurer-Arbeiten müssen an zwei Seiten des Grundstückes

---

[178] China Bote, Juli 1908, S. 106

noch Mauern aufgeführt werden. Weiter fehlt es noch an Räumen für unsere Leute und für die fremden Gäste."[179]

Und dazu fehlte das Geld. Auch Weihnachten war das Haus noch nicht fertig und die Baumaßnahmen waren aus Geldmangel eingestellt.[180]

Die anfängliche Freude über den Baufortschritt wurde leider getrübt durch den Verlust eines Evangelisten, dessen eigene Frau die unglaubwürdige Geschichte verbreitete, er habe ein Verhältnis mit seiner zukünftigen Schwiegertochter. Das ruinierte den Ruf des Mannes und er musste seinen Beruf wechseln, obwohl die Missionare aus guten Gründen die Anwürfe nicht glaubten.[181] Ich habe 90 Jahre später auch derartige Rufmordattacken gegen meine Mitarbeiter erlebt und nur durch das das sture Bestehen auf eindeutigen Beweisen abwehren können. Zum Glück waren die Betroffenen nicht so exponiert wie ein Evangelist. Betrüblich war auch die Entwicklung einiger Versammlungsteilnehmer, „die sich wieder ganz der Welt ergeben haben. Besonders schlimm ist die Spielsucht in diesem Distrikt. Auch das Opiumlaster steht nach wie vor in voller Blüte."[182] „Im Ganzen fanden im Laufe des Jahres (1908) 230 Männer und 4 Frauen im (Opium-)Asyl Aufnahme. Das Asyl steht unter der Aufsicht eines unserer Christen und befindet sich noch im Tempel des Stadtgottes. Dort haben wir Versammlung, so oft es der Zustand der Patienten erlaubt, oder wir weisen die Leute im Einzelgespräch auf den Erlöser hin. [...] Am Schlusse des Jahres (1908) hatten wir 18 Abendmahlteilnehmer; 8 Männer und 3 Frauen erhalten Taufunterricht; sonstige

---

[179] Röhm, R.&L., Monatsbericht Mai/Juli 1908
[180] Röhm, R.&L., Monatsbericht September-Dezember 1908
[181] Röhm, R.&L., Monatsbericht Mai/Juli 1908
[182] China Bote, Februar 1909, S. 27

Versammlungsbesucher 30 bis 40. Die Schule wird von 8 Knaben und 5 Mädchen besucht".[183]

Nachdem im November 1908 der unter Hausarrest stehende Kaiser Guang Xu und bald danach die mächtige Kaiserin-Witwe Cixi gestorben waren, kam ein Dreijähriger auf den Kaiserthron, der im Westen als Pu Yi und ‚letzter Kaiser' bekannt gewordene Kaiser Xuantong. Sein Vater Chun wurde Regent. „Mit dem ersten Tage des neuen Jahres fing auch die neue Bezeichnung der Regierungsperiode an. Denn China hat immer noch das alte Rechnungssystem beibehalten und bestimmt die Zeitrechnung vom Regierungsantritt des betreffenden Kaisers. Dieses Jahr ist somit das ‚Erste Jahr der Regierungsperiode Xuan Tong'. Die Bezeichnung Xuan Tong wird als gutes Omen angesehen, da sie zum Ausdruck bringen soll, dass die Politik des verstorbenen Kaisers in Bezug auf die Reformen fortgesetzt werden soll. Einige Erlasse des Prinz-Regenten bezeugen, dass er für das Wohl des Volkes besorgt ist. Eines der ersten Edikte ordnete eine Einschränkung der Ausgaben des kaiserlichen Haushaltes an. Ein anderes befiehlt dem Bestechungs- und Erpressungs-Unwesen zu Leibe zu gehen. Dass es dem Regenten mit diesen Erlassen Ernst ist, hat bereits der Präsident des Verkehrsministeriums erfahren. Von einem Zensoren der Günstlingswirtschaft bezichtigt, wurde er zur Verantwortung gezogen. Nun ist er seines Amtes entsetzt und sieht der weiteren Strafe entgegen. Ob jedoch die Verbannung und Amtsentsetzung des Großsekretärs Yuan Shikai weise war, wird die Zukunft lehren. Eins ist sicher, China und seine Regenten bedürfen jetzt in dieser Sturm- und Drangperiode mehr als je zuvor der Fürbitte des Volkes Gottes. 1. Tim. 2. 1–4."[184] Diese besorgte Einschätzung war richtig. 3 Jahre später war die Jahrtausende alte chinesische Kaiserzeit am Ende.

---

[183] China und das Evangelium 1909, S. 36/37, und Jahresbericht 1908, China Bote, März 1909. S. 37/38
[184] Röhm, L.&R., Monatsbericht September-Dezember 1908

Die reisemissionarische Arbeit der Röhms wurde zu Beginn des Jahres 1909 zunächst durch die Vorbereitungen der Chinesen auf ihr Neujahrfest am 22. Januar beeinträchtig: Kaum jemand hatte Zeit und Lust zum Zuhören. Danach gab es heftige Schneefälle, die das Reisen erschwerten und auch den Besuch von Veranstaltungen der Missionsstation in Jinyun beeinträchtigten.[185]

Am 06.04.1909 wurde der 5. Sohn der Familie geboren. Er bekam den Namen Arthur Johannes, den sein zwei Jahre früher im Alter von nur 2 Monaten an Pocken gestorbener Bruder auch schon getragen hatte. Mutter und Kind waren wohlauf und die Missionarin Rosa Maag kam zu ihrer Pflege nach Jinyun.[186] Rudolf Röhm besuchte viele Orte in der Umgebung und verkaufte viele Schriften. „Am Pfingstsonntag gab uns der Herr die Freude, einige neue Gemeindeglieder durch die Taufe aufzunehmen. Wir vollzogen den Taufakt im Flusse und zwar spät abends, hatten aber dennoch viele Zuschauer".[187] Aber bald gab es schon wieder Sorgen, als sich die Familie in der heißen Sommerzeit in das höher gelegene und kühlere Chen liao zurückgezogen hatte. Wegen einer Toten wollten die Verwandten – letztlich vergeblich – Geld erpressen, weil der Mann sie angeblich furchtbar geschlagen und die Missionare der Leiche Organe entnommen hätten. -- Auf dem Jahrmarkt in Huzhen gab es am 10. Juli einen Volksaufstand, weil der Mandarin, das Geldspielen eindämmen wollte. „Leider kam es dieses Jahr zu groben Ausschreitungen. Auf Befehl der Vorgesetzten hatte unser Mandarin das Glücksspiel verboten. Er hatte jedoch nicht zeitig genug die nötigen Schritte getan, auch stand ihm nicht die nötige Macht zu Gebote, um den zu Hunderten zählenden Geldspielern gegenüber seinem Befehle Nachdruck zu verleihen. Aus all den Nachbarstädten und Orten waren die Berufsspieler zusammengeströmt. Ihnen gegenüber waren die 50 – 60 Soldaten und

[185] Röhm, L.&R., Monatsbericht Januar/Februar 1909
[186] Vgl. China Bote, Juni 1909, S. 93
[187] Röhm, R., China Bote, Juli 1909, S. 106

Gerichtsdiener machtlos, die der Mandarin mit nach Huzhen nahm. Gleich am ersten Markttage kam es zum Zusammenstoß. Die Soldaten nahmen einen Mann fest; ob es ein Spieler war, konnte nicht erwiesen werden; er hatte nur eine größere Summe Geldes in seinem Besitz. Sogleich rotteten sich die Spieler und anderes Gesindel zusammen, zogen nach dem Quartier des Mandarins, insultierten ihn und zertrümmerten seine Sänfte. Der Beamte kehrte am nächsten Morgen unverrichteter Sache nach Jinyun zurück; die Geldspieler hatten gewonnenes Spiel."[188] Selbst Mao Tse Dong und seine brutale Kommunistenherrschaft konnte den Chinesen das Glückspiel nicht nachhaltig austreiben. In den 1990er Jahren florierte es wieder auf Straßen und Plätzen und es gab ein Sprichwort ‚Von 1000 Chinesen spielen 900 Mahjong und die restlichen 100 tanzen'. Dem berühmten englischen Seefahrer James Cook war (meiner Erinnerung nach) um 1770 im Chinesen-Viertel von Batavia (heute Jakarta) schon die Spielsucht der Chinesen aufgefallen. Sie scheint eine tief verwurzelte Tradition zu sein, gegen die auch autoritäre Regime langfristig wenig ausrichten. Ein Chinese aus einsamer Gegend in der Provinz Shanxi erklärte mir das um 2006 so: Es gibt Gebräuche des Volkes und es gibt Gesetze. Aber die Gebräuche des Volkes gehen vor. Das hatte in seinem kleinen Gebirgsdorf gerade zu einer Auseinandersetzung mit der Polizei geführt, die mit einer kleinen Streitmacht mit Autos angerückt war, um Gesetze durchzudrücken. Nachdem einige der Polizei-Autos brannten, zog sich die Streitmacht mit den noch intakten Fahrzeugen schnellstens zurück und ließ die wütenden Dorfbewohner lieber bei ihren Volksgebräuchen. Auch den lange tradierten Brauch der Prostitution konnten die Kommunisten in China nicht nachhaltig unterdrücken. Er steht heute wieder in hoher Blüte, obwohl er offiziell verboten ist, und hohe Bonzen und Militärs stehen im Verdacht, nicht nur zu sehr eifrigen Kunden, sondern auch zu den Betreibern einschlägiger Etablissement zu gehören.

---

[188] Röhm, L.&R., Monatsbericht Juni/Juli 1909

Rudolf Röhm und seine Begleiter blieben auf dem Jahrmarkt in Huzhen vom Zorn der Glücksspieler verschont. Sie hatten wie in den Vorjahren eine Bude, wo sie Schriften anboten und predigten, und fanden die Kundschaft „wie immer, sehr höflich und freundlich". Sie fanden sogar ihre Gebete erhört, als ihnen die erste Familie in Huzhen ein neugebautes Haus mit 6 Räumen vermietete, das sich vorzüglich für Missionszwecke eignete.[189] Als Familie Röhm mit allen vier Kindern – Säugling bis Siebenjährigem – später wieder nach Huzhen kam, waren die Gottesdienste gedrängt voll, weil jeder die kleinen Ausländer sehen wollte.[190] Marketing à la Rudolf Röhm.

Im Oktober 1909 zog Familie Röhm nach Lishui um, ungefähr 40 km nordwestlich von Jinyun und auch in der Provinz Zhejiang.

6.2 Lishui

In Lishui bezog Familie Röhm am 25. Oktober 1909 ein noch nicht ganz fertiges Haus. Sohn Walter erinnerte sich „Papa vollendete den Bau eines Hauses, den Onkel Maag angefangen hatte. Ein Teil wurde unser Wohnhaus, der andere Teil wurde Schulhaus für eine chinesische Volksschule. Dafür hatte die Deutsche Allianz China Mission eine deutsche Lehrerin, Fräulein Emilie Forrler, 1906 ausgesandt. Aufgrund eines neuen Gesetzes durften Mädchen nur von Lehrerinnen unterrichtet werden. Papa gab nebenbei den Knaben Unterricht. Ein Klassenzimmer wurde für die wenigen Missionarskinder eingerichtet."[191] Der erwähnte Onkel Maag war ein anderer Missionar, der gleichzeitig nach Jinyun verzogen war und dort das auch noch nicht ganz fertige Missionshaus vollenden musste, dessen Bau Rudolf Röhm begonnen aber aus Geldmangel nicht fertiggestellt

---

[189] Röhm, L.&R., Monatsbericht Juni/Juli 1909
[190] Vgl. China Bote, Dezember 1909, S. 186
[191] Röhm, W., Wie Gott in drei Erdteilen führte, S. 12

hatte. Die Lehrerin Emilie Forrler unterrichtete auch die beiden ältesten Söhne der Röhms zusammen mit zwei anderen Missionarskindern. Die beiden Röhm-Jungen lernten in deren Gesellschaft bei Emilie Forrler eifriger als ehemals in Jinyun unter elterlicher Betreuung. Mutter Luise veranstaltete für 6 ausländische Kinder Sonntagschule.[192]

Die Schule der Missionsstation Lishui hatte 1910 40 Schüler und 45 Schülerinnen. Der Leiter der Missionsstation Lishui hatte Schwierigkeiten geeignetes Lehrpersonal zu bekommen.[193] Dazu die aus Deutschland entsandte Lehrerin Emilie Forrler: „Wir haben Mädchen von 7 bis 20 Jahren. [...] Die Schule macht viel Arbeit. Zur Zeit haben wir nur einen chinesischen Lehrer [...], der nur Einzelunterricht erteilen kann. Eine ältere Schülerin, die als Lehrerin ausgebildet werden soll, muss einstweilen tüchtig mithelfen." Für die Jungen-Abteilung ergänzt Rudolf Röhm, dass dort ein Lehrer Ki, Sohn eines Evangelisten tätig sei, aber auch einer der älteren Schüler als Lehrer mithelfe. Drei erwachsenen Söhnen eines chinesischen Brigade-Generals gab Rudolf Röhm Deutsch- und Englisch-Unterricht und las mit ihnen zwei Stunden in der Woche die englische Bibel.[194] Nebenbei kümmerte er sich um den Ausbau der Schwesterwohnung in Lishui, nachdem das dafür notwendige Geld zur Verfügung stand und ließ 12 bis 15 Maurer und Zimmerleute daran arbeiten.[195]

---

[192] Vgl. Röhm, L.&R., Monatsbericht November-Dezember 1909
[193] China und das Evangelium 1911, S. 10
[194] China Bote, Juni 1910, S. 88/89
[195] Vgl. China Bote, September 1910, S. 139

Bild 11: Ehemalige Missionsschule in Lishui -- diente 2003 als Wohnhaus

Die Missionsschule richtete sich nach dem Lehrplan chinesischer Regierungsschulen, „soweit es sich mit unseren Prinzipien vereinbaren lässt. An Stelle der vorgeschriebenen Moral-Lehre haben wir biblischen Unterricht".[196] Rudolf Röhm unterrichtete in den oberen Klassen Religion, Englisch, Romanisieren (Schreiben der chinesischen Schriftzeichen mit lateinischer Schrift), Rechnen, Gesang, Zeichnen und Turnen. Er berichtet von Schulpflicht, die aber vorläufig nur auf dem Papier stehe und von säumigen Schülern, die zu Hause besucht wurden. In vielen Familien mussten die Jungen zum Erwerb des Lebensunterhaltes beitragen und konnten deswegen nicht regelmäßig zur Schule gehen. Er hielt es für „nahezu ausgeschlossen, dass Eltern, die außerhalb wohnen, ihre Kinder hierher in die Kostschule schicken, zumal auch viele den Nutzen einer solchen Schul-

---

[196] Röhm, R., China Bote, Oktober 1911, S. 153

ausbildung nicht einsehen."[197] Am Ende der chinesischen Kaiserherrschaft kam es auch in Lishui im Jahre 1911 zu Unruhen und sämtliche Schulen stellten zeitweilig die Arbeit ein; auch die Missionsschule wurde für etwa 2 Wochen geschlossen, weil es insbesondere für Mädchen auf den Straßen zu unsicher war. Die Schülerzahl ging 1911 auf 25 zurück (gegen 40 im Vorjahr), während die Zahl der Schülerinnen um 10 auf 55 stieg.[198]

Mit dem Niedergang der Monarchie schien in China eine neue Zeit anzubrechen. Der Leiter der Missionsstation Lishui, Br. Schmidt, berichtet verwundert über den Besuch eines neuen Bürgermeisters am 15. Februar 1912: „Mit nur einem Mann als Begleitung kam er zu Fuß. Welch ein Unterschied zu früher, da die Herren Beamten als kleine Könige aufzogen. Der sprach mit mir über sein Programm: ‚Bei uns Chinesen ist alles schmutzig. Von nun an müssen die Straßen gekehrt werden; jedermann muss seine Schweine daheim halten. Die vielen kahlen Berge müssen aufgeforstet und dann vor der Verwüstung geschützt werden. Vor Gericht werden alle Klagen unentgeltlich angenommen; das Knien vor den Beamten wird abgeschafft. Es scheint also bei den neuen Beamten viel guter Wille vorhanden zu sein."[199]

Trotz des guten Willens der neuen Beamten berichtet Rudolf Röhm wenig später: „Überallher kommen Nachrichten von zunehmender Unsicherheit. Im Norden des Reiches scheint sich eine Gegenrevolution vorzubereiten. [...] Das Volk kommt allmählich zur Einsicht, dass das erwartete goldene Zeitalter auch unter dem neuen Regime nicht einkehrt". In der Umgebung von Lishui gab es Unruhen wegen hoher Reispreise. Aber dennoch: „Etwas Gutes hat die neue Regierung gebracht [...] nämlich Religionsfreiheit und Anerkennung der Missionsschulen von Seiten der Regierung. Es sollen jetzt junge Leute, die die Missionsschulen absolviert haben, auch Christen,

---

[197] China und das Evangelium 1912, S. 12 ff
[198] ebenda
[199] Schmidt, Oskar, China Bote, April 1912, S. 57/58

zu Staatsämtern zugelassen werden. [...] Im Schulwesen ist insofern eine Änderung eingetreten, als jetzt in den gewöhnlichen Schulen die chinesischen Klassiker nicht mehr gelesen werden sollen. [...] Der gregorianische Kalender ist amtlich eingeführt, aber noch nicht im Volksgebrauch".[200]

Einen Monat später heißt es über die chinesischen Truppen in Lishui: Soldaten „drohen mit ihren neuen Gewehren etwaigen Übertretern des Gesetzes; aber sie selbst übertreten frech das Gesetz." und „Man befürchtet Ausschreitungen der Soldaten, falls deren Sold ausbleiben sollte. Sogar der Bürgermeister glaubt kaum, dass die Ruhe erhalten werden kann".[201]

Auch in dem kleineren Erholungsort in den Bergen Zenliao, in den sich Missionare im Sommer gern zurückzogen, war die Stimmung mies: „Mit verhaltenem Groll blicken die Leute auf die Menge der Soldaten, deren kostspieliger Unterhalt die Lebensmittel noch verteuern hilft. Diese Söldner tragen im Bewusstsein ihrer Macht den Kopf hoch. [...] Der Bürgermeister und der Richter beklagten sich neulich, dass ihnen an Macht fehle, ihren Anordnungen Gehorsam zu verschaffen und ihre Urteile zu vollstrecken. [...] Die Herren der neuen Regierung sehen allmählich ein, dass es leichter ist, das Alte zu stürzen, als etwas besseres Neues aufzurichten. [...] Wir freuen uns auf die Zeit, da auch die ärmeren Leute sich wieder satt essen können."[202]

Als die Missionare am 30. August 1912 aus den kühleren Bergen nach Lishui zurückkamen, erlebten sie eine böse Überraschung. Eine große Überschwemmung hatte den Ort zu zwei Dritteln zerstört. Von der Missionsanlage war zum Glück nur die Umfassungsmauer weggespült worden. Aber die Straßen waren unpassierbar. Deswegen wurde der Unterrichtsbeginn um eine Woche verschoben und die

---

[200] Röhm, R., China Bote, Juni 1912, S. 89/90
[201] Schmidt, O. und Röhm, R., China Bote, Juli 1912, S. 107 ff
[202] Röhm, R., China Bote, September 1912, S. 137/138

Lehrerin Emilie Forrler machte sich Sorgen, dass viele verarmte Schüler nun nicht mehr kommen könnten.[203]

Der Leiter der Missionsstation Lishui ging im Sommer 1912 auf Heimaturlaub und Rudolf Röhm übernahm seine Aufgaben und zog mit der Familie in das eigentliche Missionshaus um. Dieses hatte der Vorgänger, Missionar Schmidt, 1902 gebaut, nachdem ein großes unbebautes Grundstück günstig erworben werden konnte. Der gute Preis erklärte sich so: „In einem Teich war jemand ertrunken. Es musste dort also ein böser Dämon sein, den man sich wie eine Glucke vorstellte. Für Chinesen war (deshalb) das Grundstück ziemlich wertlos. Es enthielt außerdem Platz für eine große Kapelle, Häuser für einheimische Mitarbeiter, die spätere Missionsschule und Gärten. Der Teich wurde später mit Steinmauern eingefasst und diente für Taufen, zum Baden und in der Trockenzeit für Brauchwasser." In dem zweistöckigen Missionshaus waren oben die Schlafzimmer und Gästezimmer, unten Rudolf Röhms Büro, Wohn- und Esszimmer und Vorrats und Lagerräume. „Die auf etwa 60 cm hohen Sockeln aus Kieselsteinen, mit Lehm als Mörtel, stehenden dicken Mauern aus gestampfter Erde hielten Hitze und Kälte aus den Räumen. Auf drei Seiten des Hauses waren breite Veranden. Die unteren waren von langen schmalen Steinplatten umrahmt. Der Boden bestand aus einer Mischung aus Erde und Kalk, die durch Schlagen mit einem Holzschlägel verdichtet und hart wie Beton wurde. Die Pfosten standen auf großen runden Steinsockeln. Zwischen Haus und Küche lag der so wertvolle Brunnen. Im Esszimmer sorgte ein Filter für einwandfreies Trinkwasser."[204] In diesem Haus gebar Luise Röhm am 22.12.1912 ihren letzten Sohn, Johannes Wilhelm.

Die große Überschwemmung hatte auch die Ernte in Mitleidenschaft gezogen und Nahrungsmittel wurden knapp. Eine aus Ausländern gebildete Hilfsorganisation griff ein. „Am 12. November

---

[203] Vgl. Forrler, E., China Bote, Oktober 1912, S. 175
[204] Röhm, W., Wie Gott in drei Erdteilen führte, S. 12/13

[1912] kamen einige Herren vom Hilfsausschuss für Hungernde hier an, ein englischer Missionar, ein französischer Priester und ein Mohammedaner, um Mehl und Geld an die Wasser-Beschädigten zu verteilen. Zwischen Wenzhou und hier wurden 35000 Säckchen Mehl von je 10 Pfund und 17000 Dollar Geld unter die Notleidenden verteilt, in Lishui selbst 9000 Säckchen und 1800 Dollar. Hier halfen der katholische Priester und ich beim Verteilen. Inzwischen haben wir von dem Ausschuss einen Scheck über weitere 5000 Dollar erhalten für die Beschädigten oberhalb Lishui. Anfang April wird jedenfalls die Not am größten werden, weil dann die meisten Reisvorräte aufgezehrt sein werden."[205] Tatsächlich berichtet Rudolf Röhm später: „Am 1. April [1913] fuhr ich mit dem Evangelisten Hong den Fluss hinauf, um die von dem Hilfskomitee zur Verfügung gestellten Gelder an die Notleidenden zu verteilen. Der katholische Priester und ich wurden eins, dass er das linke Flussufer übernehmen sollte bis nach Songyang und ich das rechte bis nach Jünho. Für die ganz Armen waren noch 600 Säckchen Mehl zur Verfügung gestellt. In den Ortschaften liegen noch viele Häuser in Trümmer. Die Not ist sehr groß. Die Gaben sind wie ein Tropfen auf den heißen Stein. [...] In Lishui und den Außenstationen sind die Versammlungen außerordentlich gut besucht. Freilich besteht jetzt die Gefahr, dass viele um der äußeren Notlage willen kommen."[206] Für um der äußeren Notlage willen Kommende gab es einen speziellen Ausdruck: Reischristen. Einen Monat später wird noch einmal von einer Reise zur Verteilung von Hilfsgütern berichtet und Bilanz gezogen: „Die allgemeine Verteilung von Unterstützungsgeldern ist nun beendigt. Im Ganzen habe ich mit den Helfern in 123 Orten an rund 5400 Empfänger, deren Namen wir aufgeschrieben haben, verteilt: Zehnzentstücke 18483, Käsch 474300, Reis 65 Zentner, Mehl 300 Säckchen zu je 8 Pfund. [...] Der Zudrang zu unseren Versammlungshallen ist groß [...] Die Dörfer, in denen wir Gelder verteilt haben, sollten jetzt öfters besucht

---

[205] Röhm, R., China Bote, März 1913, S. 39/40
[206] Röhm, R., China Bote, Juni 1913, S. 89

werden und, wo verlangende Seelen sich zeigen, denselben nachgegangen werden."[207]

Fünf Monate nach der schweren Überschwemmung traf eine weitere Katastrophe Lishui. Am 30. Januar 1913 vernichtete ein Großfeuer 50 Häuser in der Nachbarschaft der Missionsstation. Weil viele Kinder aus diesen Häusern die Missionsschule besuchten, fürchtete Schwester Forrler Probleme mit der Bezahlung des Schulbesuchs.[208] Ob diese Befürchtungen berechtigt waren, ist mangels Zahlenangaben unklar. Jedenfalls unternahm die Lehrerin Hanna Suter im selben Jahr am Himmelfahrtstag einen Schulspaziergang mit fast 100 Mädchen.[209]

Im Sommer 1913 floh Familie Röhm vor der schrecklichen Hitze im Tal wieder auf einen kühleren Berg. „Seit dem 12. Juli (1913) weilen wir in Ai-tou, einem Dorfe auf der Höhe des Pfirsich-Blüten-Passes, 60 li [30 km H.R.] von Lishui und 30 Li [15 km H.R.] von Jinyun entfernt. [...] Das Haus ist recht geräumig, aber ziemlich unruhig, weil oft viele Kulis im Vorderhaus herbergen. Sonst ist es angenehm hier; die Höhen sind noch gut bewachsen mit Nadelholz und Bambus; auch die Wege sind gut. Wir sind dankbar, der Hitze des Tales entronnen zu sein. Die verhältnismäßige Ruhe tut uns gut, denn wir sind beide recht müde und abgespannt."

[207] Röhm, R., China Bote, Juli 1913, S. 106/107
[208] Vgl. Forler, E., China Bote, April 1913, S. 57
[209] Vgl. Suter, Hanna, China Bote, Juli 1913, S. 107

Bild 12: Luise Röhm mit vlnr Arthur, Johannes, Viktor, Theo, Walter in Aitou, 1913

Wegen der politisch unsicheren Situation in den ersten Jahren der jungen Republik China und Auseinandersetzungen zwischen den Nordprovinzen und aufständischen Südprovinzen machte Rudolf Röhm aber von Aitou am 31. Juli 1913 eine Erkundungsreise nach Lishui, „um zu hören, wie die Dinge dort liegen. Die Stimmung der maßgebenden Kreise und der Kaufleute ist nicht für die Aufständischen."[210] In Ai-tou stand 2003 noch ein deutsch wirkendes Haus mit Holzschlagläden vor den Fenstern, dessen zahlreiche Bewohner wussten, dass hier vor vielen Jahren Ausländer gelebt hatten. Auch einen nicht weit entfernten buddhistischen Tempel gab es noch, von dem mein Vater erzählt hat. Ich war überrascht zu hören, dass der jetzige Mönch dieses Tempels ein pensionierter ehemaliger Funktionär – und damit zwangsläufig Mitglied der kommunistischen Partei –

---

[210] Röhm, R., China Bote, September 1913, S. 135/136

sei. Eigentlich ist Religion den Kommunisten ja Opium fürs Volk. Aber vielleicht gibt es nicht nur Reis-Christen sondern auch Reis-Kommunisten, die um des äußeren Vorteils willen zeitweilig Parteimitglieder werden. Kulis habe ich auf dem Berg nicht mehr gesehen. Es war ziemlich einsam dort oben und ruhig mit einem wunderbaren Blick über Wälder weit ins Land. Die wenigen Einwohner waren stolz auf eine schmale Straße aus Betonplatten, die von Bewohnern mangels Straße auf Waldwegen heraufgeschleppt worden waren. Der Aufstieg zu Fuß von Jinyun aus war selbst im Frühjahr schweißtreibend auf den oft steilen Waldwegen.

Im Spätsommer 1913 besuchte der Mitbegründer der Deutschen Allianz China Mission, der Barmer Kaufmann Polnick, mit seiner Frau China und auch Lishui. Rudolf Röhm begleitete ihn weit durchs Land und war wochenlang unterwegs. Er kam nach Schanghai, das er schon kannte, aber auch nach Qingdao, das damals deutsche Kolonie war, nach Qufu, der Heimat von Konfuzius, auf den Taishan, einen der Heiligen Berge der chinesischen Buddhisten, nach Tianjin, der Hauptstadt Beijing und nach Bukou am Yangtse gegenüber von Nanjing.[211]

Die Gemeinde in Lishui hatte am Jahresende 2013 170 Mitglieder. Unter den Versammlungsbesuchern gab es etwa 80 Taufbewerber.[212] Auf einer Schulfeier am 24.12.1912, zu der auch Vertreter der Behörden und Regierungsschulen geladen waren, erhielten 5 Schülerinnen, die das Lehrerinnen-Examen bestanden hatten, ihr Abschlusszeugnis. Weniger erfreulich war das Ergebnis einer Schulprüfung in Tschangtswen, die Rudolf Röhm mit einem Lehrer am 3. Januar 1914 vornahm. Dort waren von anfänglich 36 Schülern nur 15 geblieben.[213]

---

[211] China Bote, November 1913, S. 169
[212] China und das Evangelium 1914, S. 74 ff
[213] Röhm, R., China Bote, März 1914, S. 40

1914 unternahmen die Missionare von Lishui aus viele Missionsreisen. Dabei konnten sie manchmal vor großem Publikum predigen.
Im März sprachen sie in einem 40 km von Lishui entfernten Gebirgsdorf mit 300 Familien von einer Theaterbühne zu 200 Leuten.[214]
Für das ganze Jahr schreibt Rudolf Röhm: „Mit Hilfe von 5 Evangelisten konnten die Außenplätze regelmäßig besucht und bearbeitet
werden. [...] Im vergangen Jahr wurden mehr Bibeln, Neue Testamente, Bibelteile und Gesangbücher verkauft als je zuvor. [...] In manchen
Fällen konnten wir Kranken Hilfe und Linderung verschaffen; aber
sehr oft mussten die Leute auch abgewiesen werden. Schwester Suter
hat vollauf mit der Schule zu tun. [...] Dem Wunsche der Christen in
Pihu entsprechend wurde in der dortigen Halle eine Schule mit
40 Schülern, Knaben und Mädchen eröffnet. Zwei Lehrer unterrichten dort. [...] Im Ganzen besuchten 220 Schüler die Schulen, die von
7 Lehrern und 2 angehenden Lehrerinnen unterrichtet wurden."[215] In
Lishui wurden 39 Personen getauft und in Jinyun 1.[216]

Die Sicherheit der Bevölkerung in Lishui und Umgebung war
1914 mehrfach bedroht durch Räuberbanden und es gab Unruhen
wegen der Aufstellung von Schullisten.[217] Durch den Ausbruch des
1. Weltkrieges Ende Juli 1914 gab es für die deutschen Missionare in
China zeitweilig Geldprobleme.[218] Denn das Land stand unter starkem
englischem Einfluss. Aber noch konnten die deutschen Missionare
ziemlich ungestört weiter arbeiten. Rudolf Röhm und sein ältester
Sohn Theophil (etwas über 12 Jahre alt!) konnten einem deutschen
Gestellungsbefehl nicht folgen, wie Theophil in einem Lebenslauf
erklärt: „mangels telegraphischer Verbindung erreichte meinen Vater

---

[214] Röhm, R., China Bote, Juni 1914, S. 105/106
[215] Röhm, R., China Bote, August 1915, S. 75/76
[216] Vgl. Röhm, R., China Bote, Juli 1914, S. 122 und China Bote, Februar 1915,
S. 12
[217] Vgl. Röhm, R., China Bote, November 1914, S. 166/167
und Das Evangelium in China 1914
[218] Das Evangelium in China, 1914

und mich der Gestellungsbefehl für Qingdao erst, nachdem die Stadt von den Japanern umzingelt war. Kurze Zeit darauf erhielten wir von den Chinesen Reiseverbot mit der Auflage, uns dreimal wöchentlich bei der Polizei zu stellen. Im Übrigen wurden wir in keiner Weise behelligt." Das Reiseverbot wurde offenbar nicht sehr streng durchgesetzt, denn bis 1918 wird immer wieder von Reisen berichtet. Manchmal ist allerdings nicht ganz klar, ob die Röhms dabei waren und gelegentlich wird auch betont, dass umständehalber wenig gereist werden könne. Die Geldprobleme verstärkten sich aber zunehmend.

Im Frühjahr 1915 berichtete Rudolf Röhm: „In unserem Distrikt ist es in den letzten Wochen wieder ruhiger geworden; dagegen sind im Wenzhou Gebiet die Räuber in großer Zahl den Soldaten gegenüber gestanden und konnten nur mit Mühe zurückgeschlagen werden. Diese Banden brandschatzen unter dem Namen ‚dritte Koming' (Revolution) besonders die Wohlhabenden, behandeln aber die gewöhnlichen Leute gut und bezahlen für gelieferte Lebensmittel. Die Soldaten dagegen lassen sich allerlei Ausschreitungen gegen die Bevölkerung zuschulden kommen."[219]

Trotz gesundheitlicher Probleme von Luise und Rudolf Röhm, die die beiden ab Frühjahr 1915 gelegentlich tagelang außer Gefecht setzten, ging die Arbeit intensiv weiter. Am 6. Juni wurden 10 Männer und 6 Frauen in die Gemeinde Lishui aufgenommen und am 6. Juli weitere 10 Männer und 6 Frauen getauft. Die Zahl der Taufbewerber war um 42 auf 150 gewachsen. In Jinyun wurden 3 Männer und eine Frau in die Gemeinde aufgenommen und in Haikou, 30 km flussabwärts, wurde im Juni eine Predigthalle eröffnet.[220] Am 30. Oktober wurden noch einmal 16 Männer und 2 Frauen durch Taufe in die Gemeinde Lishui aufgenommen und 31 Hörer meldeten sich zur Taufe an.[221] Die Ernte war 1915 im ganzen Distrikt gut, so dass die

[219] Röhm, R., China Bote, Mai 1915, S. 44
[220] Vgl. Röhm, R., China Bote, November 1915, S. 106 - 108
[221] Vgl. Röhm, R., China Bote, Dezember 1915, S. 120/121

Bevölkerung zufrieden war. Aber „leider steht das Glückspiel und der Götzendienst wieder besonders in Blüte. Die Leute haben Geld."[222]

In einem Jahresbericht über 1915 ist entsprechend zu lesen: `Die Räuberbanden, über die wir im letzten Jahresbericht schrieben, haben sich zerstreut. Der Urheber jener aufständischen Bewegung musste sein Unternehmen mit dem Leben bezahlen. Durch gute Ernten in Frühjahr und Herbst wurde die Lösung der Magenfrage viel leichter, und dadurch wurden viele veranlasst, die Mordwaffen beiseite zu legen und wieder ehrlicher Hantierung nachzugehen. [...] Der Wechsel in der Regierungsform hat die Gemüter ziemlich unberührt gelassen. Mehr erregt ist das Volk über die neueingeführte Wein- und Tabaksteuer. Sie bildet nicht nur für die Regierung eine neue Einnahmequelle; die Kontrollleute betrachten sie auch als eine solche für sich". Beklagt werden starke Preissteigerungen bei Lebensmitteln und Medikamenten, die von der Küste bezogen wurden. Und es wird bedauert, „dass bei der stets zunehmenden Arbeitsfülle nicht mehr Arbeitskräfte vorhanden sind. Wiederum wurden wir auch erfreut durch vermehrte Mithilfe der Gemeindeglieder, besonders des Jugendbundes. [...] Die Versammlungen waren im Laufe des Jahres gut besucht. Die hiesige Kapelle war oft gedrängt voll und erwies sich öfters als zu klein. Wir haben deshalb das Mahl des Herrn nicht nur hier, sondern auch auf sechs Außenstationen gefeiert. Unter den Arbeitsgebieten macht uns der nördliche Distrikt viel Freude. Zwei neue Außenstationen sind dort hinzugekommen; die Hörer versammeln sich in Häusern von Christen; in Tschütetschi sind es 70 - 80, in Siao-tschi 30 - 40 und in Tschang-zwen-giai auch über 30. In Lihu hat die Zahl der Hörer zugenommen; aus einem Dorfe in der Nähe kommen etwa 20 Hörer in die dortige Halle. [...] In Haitschi geht die Arbeit voran. Eine weitere Außenstation wurde im Juli in Haikou, einem 60 Li flussabwärts gelegenen Hafenplatz geöffnet.

---

[222] Röhm, R., China Bote, Dezember 1915, S. 121

Unser Sorgenkind ist immer noch Kiulong. [...] 34 Glieder wurden durch die Taufe der Gemeinde Lishui zugefügt; dieselbe zählt jetzt 224 Glieder, dazu kommen 140 Taufbewerber. Da bis jetzt die Einführung des Schulzwanges in China nur auf dem Papier steht, ist der Schulbesuch noch sehr unregelmäßig; er ist gegen das Vorjahr etwas zurückgegangen. Die Schülerzahl betrug 150. Ein im Rohbau fertiges Haus konnte in der zweiten Hälfte zur Aufnahme weiterer Kostschüler von auswärts benutzt werden. Die Krankenbehandlung und Abnahme von Medikamenten nahm im letzten Jahr unsere Zeit und Kräfte zu sehr in Anspruch und Schwester Suter hatte vollauf in der Schule zu tun. Neben dem Unterricht in der Schule erteilt sie auch unsern Kindern Unterricht und hat auch selbst noch Sprachstudien zu machen. Sie bestand im Sommer ihr 5. Sprachexamen. Seit Juli hat nun einer der Christen [...] unter unserer Aufsicht die Krankenbehandlung übernommen. Die Gemeindeeinnahmen belaufen sich auf 513,22 Dollar. [...] Aus Jinyun dürfen wir auch von vermehrtem Interesse für das Evangelium berichten. Vier Gläubige konnten durch die Taufe in die Gemeinde aufgenommen werden [...] sie zählt jetzt 130 Glieder. Taufbewerber und Hörer sind es etwa 60. Die Gemeindeeinnahmen beliefen sich auf 42,15 Dollar. [...] Außer Jinyun wird das Wort regelmäßig in 3 Außenstationen verkündigt; 5 Predigtplätze werden abwechselnd besucht".[223]

Im April 1916 kam es im Distrikt Lishui zu einem Aufruhr. Rudolf Röhm betätigte sich als Vermittler zwischen Banden und Militär und verhinderte so eine verlustreiche Konfrontation. Er schildert die Sache so:

„Der 15. April brachte die Nachricht von der Unabhängigkeitserklärung unserer Provinz Zhejiang, und alsbald waren allerlei wilde Gerüchte im Umlauf. Von Huzen, von Pihu und aus dem nördlichen Distrikt sollten starke Banden im An-

---

[223] Röhm, R., China Bote, Juli 1916, S. 64 – 66

marsch auf Lishui sein. Wirklich kam eine Bande von etwa 1000 Mann am 18. April gegen die Stadt. Nicht weit von dem in der Nähe des Missionshauses sich befindlichen Stadttore machte der Vortrupp Halt und pflanzte seine Fahnen mit dem Namen des neuen Befehlshabers von Lishui auf. Die Führer hatten die Absicht, die hiesigen Beamten abzusetzen und ihre Stellung einzunehmen. Die Folge war, dass viele Leute flohen. Dann wurden die Stadttore verschlossen; Soldaten besetzten die Wälle, um die Angriffe abzuwehren. Ihre Zahl war jedoch viel zu gering. – Um Blutvergießen zu vermeiden, machte ich dem Führer der Soldaten den Vorschlag, mir zu erlauben, mit den Führern der Leute außerhalb zu unterhandeln. Wie es schien, fürchtete er aber, es möchte mir etwas zustoßen; doch erlaubte er mir, zwei unserer Helfer zu senden. Ich ging nach Hause und bat den Helfer Hwang und den Lehrer Ki. Während sie gingen, fiel von außen ein Schuss. Meine Frau und ich standen gerade auf der Veranda, als die Kugel über das Missionshaus flog. Ich ging sofort wieder auf die Stadtmauer, um zu sehen, was geschah. Meine Boten verhandelten mit den Leuten. Während sie noch auf den Anführer warteten, der noch nicht beim Vortrupp war, machten die Soldaten aus der Stadt einen Ausfall. Sie holten die aufgestellten Fahnen, dazu einen halben Korb voll runder Eisenstücke für die mitgebrachte Feldschlange [eine primitive Kanone, H.R.], brachten auch einen Gefangenen mit, der nach kurzem Verhör außerhalb der Stadt erschossen wurde. Verwundet wurde niemand; auch meine Boten kamen unbeschädigt zurück. Die Aufrührer hatten sich hinter die Hügel zurückgezogen. – Abends kam einer unserer Christen, der dort in der Nähe wohnt, mit der Nachricht, dass die Leute willig wären, nach Hause zu gehen, wenn ich von den Beamten die Zusicherung erhielte, dass sie nicht verfolgt würden. Am Abend kamen einige Notabeln und Mitglieder der Kaufmannsgilde ins Missionshaus, um die Angelegenheit zu besprechen. Darauf besuchte ich nochmals

Hauptmann Lü und den Kreisvorsteher, die dann die gewünschte Zusicherung gaben. Evangelist Hwang und jener Bruder gingen spät abends nochmal zu den Leuten, die sich bereits zurückgezogen hatten, und brachten ihnen die Nachricht. – Die Bevölkerung war voll Angst. Beamte und andere brachten ihre Familien ins Missionshaus, das einem Lager von Flüchtlingen glich. – In der folgenden Nacht war wieder Alarm. Von Pihu her war eine Schar aufgebrochen. Als sie jedoch hörten, dass die Leute aus dem nördlichen Distrikt sich zurückgezogen hatten, zerstreuten auch sie sich wieder. – Inzwischen sind mehr Soldaten hier angekommen, die die Gegend durchstreifen. Die Stadt ist wieder ruhig. – Die Leute waren aus Siau-tschi und Tschü-tschi und den umliegenden Dörfern gekommen, hatte sich aber von allen Ausschreitungen fern gehalten. Lebensmittel, die ihnen am Wege geliefert wurden, bezahlten sie sofort. Wir bedauern nur, dass auch einer der Christen in Tschü-tschi, der dritte Sohn der Familie Liu, wo wir unsere Versammlungen haben, sich mit den Leuten eingelassen hatte, ohne Wissen seiner Angehörigen. Er war auch unter der Schar, die hierher kommen wollte, ließ sich aber durch die beiden Helfer zur Umkehr bewegen. – Am 24. April wurde uns von zuverlässiger Seite mitgeteilt, dass die hiesigen Beamten aus Hangzhou ein Telegramm bekommen haben, demzufolge die Teilnehmer an jenem Zuge nicht verfolgt werden sollten. Da brachte am Abend des 26. ein Bote die Nachricht, dass Soldaten von Kuchwa, im Auftrag des Hsüanping Mandarins, in Liangzwen, Tschü-tschi und Siau-tschi eine Razzia gehalten, die Häuser von Christen geplündert und 20 Leute gebunden fortgeschleppt haben, darunter auch unseren Helfer Tinping und dessen Vater von Siau-tschi. Unsern Helfer Hong, der gerade in Tschü-tschi war, hatten die Leute versteckt, um ihn vor Mißhandlung der Soldaten zu schützen. – Ich brach sofort am folgenden Morgen auf, um nachzusehen. Der Anblick in den Häusern der Christen in den drei Ortschaften spottet aller Beschreibung. Eine Räuberbande hätte nicht schlimmer hausen können. Kisten und Kasten waren aufgeschlagen; Geld, Schmucksachen, Kleider, Bettzeug, was irgend Wert hatte, war verschwunden. Möbel und Küchengeschirre zusammengeschlagen. Drei Schweine waren den Leuten weggenommen und verzehrt worden. – Die Soldaten hatten ihre Beute und die Gefangenen nach der Kreisstadt Hsüanping geschleppt und gedroht, dass etliche als Anführer erschossen würden. Nachdem ich in den drei Orten die Zustände gesehen hatte, reiste ich gleich mit dem Evangelisten Hong nach Hsüanping. Bruder Georg war tags zuvor von Songyang dort angekommen. Sofort besuchten wir den Hauptmann Lü, der auch gerade in Hsüanping war und dann den dortigen Mandarin. Bruder Georg hatte ihm schon die Sachlage dargelegt; er wollte es jedoch nicht gelten lassen, bis ich ihm erzählte, was ich mit eigenen Augen gesehen hatte. Der Herr ist erst einige Wochen im Amte und ganz in den Händen der Notabeln, auf deren Geheiß die Tat geschehen ist. Nach kurzem Verhör wurden die Christen und Hörer, zehn Männer, freigelassen. Auch die anderen Gefangenen sind inzwischen frei gekommen. Als wir aber den Mandarin fragten, was er zu tun gedenke in Bezug auf den angerichteten Schaden, der sich auf etwa 3000 Dollar beläuft, gab er ausweichende Antwort. – Von Hsüanping reisten wir weiter nach Liangzwen, wo wir am 30. gut besuchte Versammlungen hatten. Am nächsten Tag kam der Mandarin auch nach dort, um den Schaden zu besehen und ging auch mit nach Siau-tschi. Von dort reisten Bruder Georg und ich am 1. Mai wieder nach Lishui. Von hier aus berichteten wir die Sache an den Gouverneur nach Hangzhou und warten nun auf dessen Entscheidung. – Möge auch diese Sache zur Ehre des Herrn und zur Förderung seines Werkes gereichen."[224]

---

[224] Röhm, R., China Bote, August 1916, S. 84/85

Erfreulicheres gab am 16. Mai 1916 nach einer 10-tägigen Missionsreise zu berichten: „Die Brüder in Tschü-tschi sind recht wacker. Sie haben aus eigenem Antrieb einen Jugendbund gegründet, und haben beschlossen, in dem 1 1/2 Stunden entfernten Dorfe Liang-zwen jeden Sonntag Versammlung zu halten."[225] Und ‚dankbaren Herzens' teilt Rudolf Röhm am 15. Juni 1916 aus Lishui mit, „dass letzten Sonntag, am Pfingstfeste, 30 Männer und 12 Frauen durch die Taufe in die hiesigen Gemeinde aufgenommen wurden. Dieselben kommen von 27 Orten; die Stadt und sämtliche Außenstationen waren vertreten. [...] Der Herr schenkte günstiges Wetter. Kurz vorher war der notwendige Regen in reicher Menge gefallen. Die Landleute, die vorher Wassermangel befürchteten, wurden der Mühe des Wasserschöpfens auf die Reisfelder enthoben. Vor dem Feste klärte sich das Wetter wieder auf und wir hatten ein volles Haus. Etwa 250 Gäste übernachteten im Missionshause. Bei den Mahlzeiten waren 45 Tische mit je 8 Personen besetzt. Bei der Taufversammlung waren etwa 800 Hörer. Eine Anzahl der Herren aus der Stadt, die in der Kapelle keinen Platz mehr fanden, waren im Lesezimmer. Ich hielt ihnen dort eine kurze Ansprache. – Nachmittags legten einige der Neugetauften Zeugnis ab. Ein früherer Konfuzianer rühmte die Gnade des Herrn, die ihn gerettet hat, obgleich er alle 10 Gebote übertreten hatte.[226] Offenbar entsprach dieser Konfuzianer bis zu seiner Bekehrung weniger einem der edlen Menschen, die wir Westler uns gern unter dieser Marke vorstellen, und eher einem der Schiller'schen Räuber: „Stehlen, morden, huren, balgen, heißt bei uns nur Zeit zerstreun…"

Chinesischen Räubern erging es schlecht, wenn sie gefangen wurden. „Mama erzählte von einem, der 300 Stockhiebe bekommen habe, andere berichteten gar von 2000. Theo sah mal einen, dessen Rücken dementsprechend ausgesehen habe, der zur Hinrichtung

---

[225] Röhm, R., China Bote, August 1916, S. 86/87
[226] Röhm, R., China Bote, Oktober 1916, S. 109/110

geführt wurde, die öffentlich erfolgte. Dies geschah meist durch Enthauptung. Zuschauer versuchten, auf Brot etwas Blut aufzufangen und zu essen in der Meinung, etwas von den Fähigkeiten des Hingerichteten zu bekommen", schildert Dr. Walter Röhm und berichtet auch, dass außerhalb der Stadtmauer von Lishui „ein sogenannter Kinderturm (stand), der oben eine Öffnung hatte, durch die unerwünschte neugeborene Mädchen geworfen wurden, die ein trauriges Ende fanden und Ratten und anderen Tieren zum Fraß wurden. Frauen bekannten, auf diese Weise schon mehrmals Mädchen losgeworden zu sein. Man hätte sie sonst großziehen müssen und dann wären sie in andere Familien übergegangen."[227]

Obwohl die Lehrerin Schwester Hanna Suter am 12.09.1916 aus Lishui nach Deutschland meldete, „Geschwister Röhm sind beide nicht stark und oft leidend. Sie bedürfen Ihrer Fürbitte" und am 8.10.1916 ergänzte „Es ist immer noch viel Krankheit in unserem Bezirk. Sehr viele Leute sind gestorben, darunter auch der Vater von dreien unserer Schüler... Die Kinder kommen nun natürlich nicht mehr in die Schule"[228], berichtet Rudolf Röhm für den Oktober wieder über mehrere Missionsreisen in 20 und mehr Kilometer entfernte Orte (ohne Auto oder öffentliche Verkehrsmittel!), wo er zweimal etwa 50 und einmal 200 Zuhörer fand. In einem der Orte hatten chinesische Christen schon eine regelmäßige Missionsarbeit begonnen.[229]

Im Frühjahr 1917 wurden die Auswirkungen des ersten Weltkrieges für die Deutschen in China spürbarer. Rudolf Röhm schrieb am 15. März 1917 von Schwierigkeiten beim Schriftverkehr und von Gerüchten über die Ausweisung der Deutschen aus China. Aber auch: „Von den hiesigen Beamten wird uns versichert, dass die Missionare nicht in Betracht kämen, wenn eine Änderung eintreten sollte.

---

[227] Röhm, W., Wie Gott in drei Erdteilen führte, S. 15 und 23
[228] Suter, H., China Bote, Dezember 1916, S. 133
[229] Vgl. Röhm, R., China Bote, Januar 1917, S. 3

Die maßgebenden Kreise sind für Neutralität." Er und auch seine Frau hatten bis zum 15. März schon mehrere Missionsreisen unternommen, ohne von Problemen zu berichten. Die Arbeit florierte. Im Januar hatten sie so starken Schneefall erlebt wie nie zuvor in China. Die Bevölkerung hatte den Schnee als Vorboten eines guten neuen Jahrs gedeutet.[230] Für die Deutschen in China kam es anders: „17. März. Die Agentur Havas meldet aus Peking: Der Minister des Äußeren teilte den Gesandten der Alliierten mit, dass die Regierung dem deutschen Gesandten, dem Personal der Gesandtschaft und den deutschen Konsuln in China die Pässe zugestellt habe. – Inzwischen hat auch der chinesische Gesandte in Berlin seine Pässe gefordert. – 2. April. Wie das chinesische Pressebüro meldet, wurden die Inhaber von 275 deutschen Handelshäusern und Industrieunternehmungen in China zum Verlassen des Landes gezwungen. Die chinesische Regierung hat den Deutschen das Recht auf Exterritorialität entzogen und die gemischten Konsulargerichte aufgehoben. Die in den chinesischen Häfen liegende, etwa 40.000 Tonnen umfassende deutsche Kauffahrteiflotte wurde vor einigen Tagen beschlagnahmt."[231]

Dennoch konnte Familie Röhm am 28.03.1917 von Lishui zu dreimonatigem Erholungsurlaub nach Schanghai aufbrechen, wo die Kinder 10 Wochen lang die deutsche `Kaiser Wilhelm Schule' besuchten. Für meinen Vater, den ältesten der Röhm Söhne, war das der einzige Besuch einer öffentlichen Schule seines Lebens. Auf der Missionsstation bekamen die Missionarskinder von den aus Deutschland entsandten Lehrerinnen und den Eltern Unterricht, inclusive Englisch und Französisch. Auf der Rückreise per Schiff von Schanghai nach Wenzhou konnte die Familie sogar noch einen Zwischenstopp auf der berühmten kleinen Insel Putuo Shan machen, die östlich von Ningbo liegt. Sie ist auch im beginnenden 21. Jahrhundert

---

[230] Vgl.Röhm, R., China Bote, Juni 1917, S. 44/45

[231] China Bote, April 1917, S. 30

noch eine Touristen-Attraktion mit ihren vielen Tempeln und schönen Stränden. Von Wenzhou ging es dann weiter mit einem Flussschiff auf dem Ou Fluss an Qingtian vorbei nach Lishui, wo die Familie Ende Juni 1917 wieder ankam.

Im Juli 1917 veröffentlichte der „China Bote" eine ‚Proklamation der chinesischen Militärbehörden zum Schutze deutscher Untertanen in China, erlassen von den Militärbehörden', die es unter gewissen Bedingungen gestattete, im Lande zu bleiben und den Deutschen recht pflegliche Behandlung zusicherte. Sie lautete:

1. Deutschen Untertanen, welche im Innern Chinas wohnen, wird es gestattet zu bleiben unter der Bedingung, dass sie binnen 10 Tagen nach der Veröffentlichung dieser Proklamation an ihrem Wohnort dem Büro ihrer Polizeistation ihren Namen, Alter, Wohnung und Beschäftigung angeben. – Wenn an ihrem Wohnort keine Polizeistation sich befindet, müssen sie genannte Anmeldung bei der Ortspolizeibehörde einreichen. Bei Übergabe dieser Meldung wird der Beamte – Polizei oder Ortsbehörde – ihnen ein Erlaubnisschreiben geben, an jenem Ort zu wohnen. Auch diejenigen, welche wünschen, China zu verlassen, müssen innerhalb oben angegebener Frist diese Regeln befolgen. – Hinsichtlich deutscher Untertanen, welche später nach China kommen sollten, gelten ebenso vorstehende Regeln für ihren Aufenthalt. – In besonderen Fällen, in denen es nötig ist, die Zulassung abzulehnen, z B bei entflohenen Kriegsgefangenen, sollen die Regeln des internationalen Rechts beachtet werden. 2. Die Personen und das Eigentum aller Deutschen in China werden beschützt wie früher, auch wird es ihnen gestattet, ihren friedlichen Beschäftigungen wie bisher nachzugehen. 3. Alle deutschen Untertanen sind den bestehenden Gesetzen der chinesischen Republik unterstellt. 4. Deutschen Untertanen, welche die Gesetze Chinas übertreten, oder durch ihre Handlungen

missliebig sind, oder wenn eine Notwendigkeit eintritt, dass
sie aus dem Lande ausgewiesen werden müssen, oder wenn es
ihnen nicht gestattet werden kann, das Land zu verlassen, o-
der wenn es notwendig wird, zu verhindern, dass sie von
einem Platz zu einem anderen reisen, sollen keine willkürlichen Beschränkungen auferlegt werden; sollte aber jemand
sich weigern, den Verfügungen, die in Absatz 2 von 1 gegeben sind, nachzukommen, so soll mit ihm verfahren werden
nach dem Zusatz zu diesem Absatz. 5. Sollte es nötig werden,
jemanden auszuweisen, während es unter den besonderen
Umständen nicht möglich ist für diese Person, das Land
zu verlassen, so soll die betreffende Behörde in der best-
möglichen Weise handeln, um diesem Falle zu begegnen.
6. Deutsche Untertanen, welche gefährliche Waffen in Besitz
haben oder irgend etwas, das im geringsten Grade als für militärische Zwecke bestimmt und betrachtet werden kann, sollen
sofort diese Dinge ausliefern. Wenn sie das nicht tun, und
diese Dinge werden in ihrem Besitz entdeckt, so sollen ihnen
diese Dinge nicht nur abgenommen werden, sondern diese
Personen, welche diese Dinge zurückgehalten haben, sollen
nach ' 4 dieser Verfügung behandelt werden.‟[232]

Am 14. August 1917 erklärte China dem deutschen Kaiserreich
auf Druck von England den Krieg. Der China Bote bemerkt dazu:
„Die […] Kriegserklärung Chinas an Deutschland hat durchaus nicht
den Beifall aller führenden Männer Chinas. Dr. Sun Yatsen, der Vater
der chinesischen Republik, sagte dem Parlament: ‚Die Regierung mag
gezwungen sein, diesen Schritt zu unternehmen, ihr als Vertreter des
Volkes könnt euch der Verantwortung nicht entziehen. China hat
keine Veranlassung, unter dem Vorwand der Menschlichkeit sein
Geschick an andere Mächte zu binden'.– Kang Yuwei, der Führer der
Reformer, erwartet von einem Krieg keinen Vorteil, sondern nur

---

[232] China Bote, Juli 1917, S. 54

Schaden und erklärt als vornehmer Konfuzianer: ‚Wir können Treue halten und friedfertig mit anderen Nationen leben und so die Zivilisation bewahren, die uns unsere alten Weisen gelehrt haben. Es liegt nicht der geringste Grund vor, unsere Beziehungen zu Deutschland abzubrechen. Es ist nicht anständig und gerecht von uns, die Zeit der Konflikte der Deutschen auszunutzen. Das wäre ein Akt der Feigheit.'[233]

In China selbst war es auch unruhig zu dieser Zeit, wie die Lehrerin Hanna Suter am 27. Juli 1917 aus Lishui schrieb: „In der Stadt laufen viele Gerüchte um, aber niemand weiß, was wahr ist. Die Stadttore werden früh abends geschlossen und bewacht; jeder Ankömmling und sein Gepäck wird genau untersucht; eine Zeitlang gingen auch Wachen durch die Straßen. [...] Die letzten Nachrichten waren nicht gut; der junge Kaiser war nur 12 Tage auf dem Thron, und jetzt weht wieder Kriegsluft".[234] Am 15. August 1917 erklärt sie immer noch besorgt: „Die letzten Nachrichten aus Peking sind nicht gut. Wir fürchten nicht sowohl die Haltung der Chinesen gegen uns, als die vielleicht im Lande selbst ausbrechenden Unruhen und Kämpfe. Der Süden wird sich schwerlich ruhig fügen und unsere Provinz hält mit dem Süden". Am 28. August 1917 schreibt sie aus Lishui: „Unsere Schule ist gestern wieder eröffnet worden, doch sind noch nicht alle Kinder hier; ich hoffe auf eine gute Anzahl mehr. [...] Hier ist noch keine Wirkung der Kriegserklärung sichtbar, außer den Zensurzetteln an den Briefen. Die Bevölkerung in der Stadt ist unverändert freundlich bis jetzt".[235]

Auch fast 2 ½ Monate nach der chinesischen Kriegserklärung berichtete Rudolf Röhm am 25. Oktober 1917 noch aus Lishui, dass die Kriegserklärung keine Änderung der bisherigen Missionstätigkeit verursacht habe, aber es gebe schlimme Geldprobleme wegen der

---

[233] China Bote, Oktober 1917, S. 85
[234] Suter, H., China Bote, November/Dezember 1917, S. 91/92
[235] Suter, H., China Bote, Januar/Februar 1918, S. 3/4

Schließung der DAB (Deutsche Asien Bank), deren Lösung noch völlig offen sei. Die Direktion der [englisch dominierten, H.R.] China Inland Mission in Schanghai habe jedoch die notwendigsten Bedürfnisse befriedigt. Er berichtet zu diesem Zeitpunkt auch noch von Reisen, wie z.B. am 14. Oktober mit seinen drei älteren Söhnen nach Oertu, wo der älteste – der 15 ½-jährige Theophil – die Gesänge mit der Trompete begleitet habe.[236]

In einem Jahresbericht aus Lishui über 1917 ohne Datum heißt es: „Mit dankbarem Herzen dürfen wir auf das Jahr 1917 zurückblicken. [...] der Herr hat [...] die Mittel für unseren Unterhalt und den der Helfer dargereicht, so dass in Lishui keiner entlassen und die Arbeit nicht eingeschränkt werden musste. Wir selbst waren aber körperlich sehr herunter…" 20 Männer und 12 Frauen wurden durch Taufe in die Gemeinde aufgenommen, aber 19 Mitglieder gingen verloren, so dass ein Endbestand von 292 herauskam. „Als elfte Außenstation, wo jeden Sonntag gepredigt wird, ist Zenzwen eröffnet worden, während die Dörfer Oertu und Sifu, sowie Peyen, Shangtaschan, Shipatu, Shanghiao, Lienzwen einmal im Monat bedient werden. Zu den chinesichen Helfern Hong, Hwang, Lan, Tschou, Wang, Sia, (Vater und Sohn) Tschang kam noch Helfer Wang von Pihu. Bruder Yen hilft zeitweise mit. An die Stelle von Frau Kan... ist Frau Wang von Pihu als Bibelfrau getreten. Die Mitglieder des Jugendbundes haben auch im vergangenen Jahr treulich mitgeholfen, in den Versammlungen, in der Stadt und auf den Ortschaften. Wegen der jetzigen Lage konnte ich selbst nicht so viel auswärts sein, wie in den vergangenen Jahren. – Die Gemeinde-Einnahmen belaufen sich wie folgt: Laufende Beiträge 125,45 Dollar, Erlös am Erntedankfest und Sonntagskollekte für die Armen 113,73 Dollar, Sammlung für Kapellenbau in Tschütschi 165 Dollar, Schulgeld, einschließlich Beitrag der chinesischen Regierung von 97 Dollar 119.73 Dollar, Summa 523,91 Dollar".[237]

---

[236] Vgl. Röhm, R., China Bote, März/April 1918, S. 11
[237] Röhm, R., China Bote, September/Oktober 1918, S. 44/45

Knappes Geld, gestörte Postverbindungen mit der Heimat (Telefon hatten sie nicht, Fax und Email gab es noch gar nicht), Katastrophen und eigene und fremde Krankheiten machten den Missionaren in Lishui 1918 viele Sorgen. Aber sie durften noch weiterarbeiten. Am 3. Mai 1918 klagte Rudolf Röhm „es ist eine Zeit der Heimsuchung, auch in unserem Distrikt. [...] Letzte Woche richtete ein Hagelsturm in Wenzhou und Umgebung ungeheuren Schaden an. Eine neu errichtete Kapelle der China Inland Mission wurde gänzlich zerstört; auch die Missionsgrundstücke und Gebäude wurden beschädigt." Aber „Die Missionsarbeit geht ihren Gang weiter; die Versammlungen werden gut besucht. In der Schule sind etwa 150 Kinder." Am 18. Juni schrieb er: „Wie ich bereits mitteilte, herrschte in den letzten Monaten viel Krankheit in diesem Distrikt. Wir hatten bis Ende Februar allein im Hause 6 Todesfälle, [...] Die Pocken rafften in der Stadt allein hunderte von Erwachsenen und Kindern weg. [...] Ich musste im Februar auch 14 Tage zu Bett sein. [...] In letzter Zeit konnte ich nicht viel auswärts sein. Dagegen kamen so viele Leute mit allerlei Leiden und Beschwerden, die Hilfe und Linderung suchten und denen wir dadurch das Evangelium nahe bringen konnten." [...] Anfang April wurden 3 Soldaten durch eine einstürzende Mauer verletzt und der zuständige Offizier wandte sich um Hilfe an die ausländischen Missionare. Weil Rudolf Röhm selbst krank im Bett lag, „ging zuerst Luise, um einige Anweisungen zu geben. Ich zog mich rasch an und eilte selbst hin. Bei zweien der Verletzten kam die Hilfe zu spät; einer war gestorben, ehe wir kamen, und er andere starb, während ich die Wunden verband. Der dritte wurde in einigen Tagen wieder gesund. Der Beamte kam selbst ins Missionshaus und dankte für die Hilfe. Er macht uns seitdem öfters Besuche". Am selben Tag brannte ein Stadtteil nieder, der 6 Jahre vorher durch die große Überschwemmung verwüstet worden war. „Angefacht durch einen starken Wind, griff das verheerende Element mit solcher Schnelligkeit um sich, dass die Bewohner kaum das nackte Leben retten konnten. Ein Mann und ein Kind verbrannten, andere trugen Brandwunden davon. Ein Petroleumlager, wo für einige tausend Dollar Petroleum gelagert war, brannte vollständig aus; eiserne Petroleumbehälter flogen durch die Luft. – Luise und die älteren Knaben waren einige Stunden beschäftigt, die Verletzten in einem nahen Tempel zu verbinden. Drei der Schwerverletzten [...] ließen wir im Missionshaus schlafen. Sie waren an Kopf und Händen furchtbar verbrannt. Luise wechselte in den ersten Wochen ihnen dreimal täglich den Verband. Wir hatten die Leute acht Wochen im Hause [...] bis sie nach Hause gehen konnten. Wir verteilten am nächsten Tage an die Brandgeschädigten für 52 Dollar Reis und Essgeschirr, außerdem noch an unsere Gemeindeglieder für 10 Dollar Kleidungsstücke." Dann baten die Behörden um medizinische Hilfe für 2 Schüler und 2 Soldaten, die sich bei einer Schlägerei übel zugerichtet hatten. „Als ich mit [dem 16-jährigen ältesten Sohn H.R.] Theophil zu dem Magistratsyamen (Rathaus) kam, umstand eine große Menschenmenge den einen Verletzten, der auf der Erde lag und sich vor Schmerzen krümmte. Wir ließen ihn in einen Seitenraum bringen und machten nasse Umschläge auf die verletzten Teile, wonach Linderung eintrat. Ich hatte die Leute einige Tage in Behandlung, bis sie sich selbst helfen konnten". Auch Augenleiden wurden von den Missionaren behandelt, aber es bleibt offen, wie das geschah. Ein Mann mit einem Augenleiden, der Heilung fand, brachte an einem Sonntag noch 2 Männer aus seinem 3 - 4 Stunden entfernten Dorfe, die eine ähnliche Krankheit hatten. Ein Schuhflicker mit großen Schmerzen durch Harnsteine wurde mit Umschlägen und Arznei behandelt. Er hatte sich zunächst selbst mit einem Rasiermesser zu operieren versucht. „Die Folge war, dass seine Frau eines Morgens ins Missionshaus gelaufen kam, da ihr Mann sich verblute. Es gelang, die Blutung zu stillen. Das verletzte Glied war stark angeschwollen, die Blase funktionierte auch nicht, was dem Manne große Schmerzen verursachte. Durch Umschläge und Arznei wurden dieselben gelindert; als die Geschwulst zurückgegangen war, gelang es dem Mann, einen vier Gramm schweren und mehrere kleine Harnsteine zu entfernen. Derselbe ist jetzt wieder ganz wohl und besucht die Versammlungen."[238]

---

[238] Röhm, R., China Bote, November/Dezember 1918, S. 59/60

Im Norden Chinas gab es 1918 Überschwemmungen. Für die Opfer wurde auch in Lishui gesammelt und Rudolf Röhm konnte trotz eigener Geldsorgen mehrmals Spendengelder in den Norden schicken.[239] Ende November 1918 berichtet er über Unordnung und infolgedessen Not unter der Bevölkerung mancher Provinzen. Eine Influenza in Lishui war aber bereits wieder erloschen, während sie im Norden der Provinz Zhejiang und in Shanghai und Tschifu noch wütete. Auch dem Ehepaar Röhm ging es schlecht: „Meine Frau ist sehr schwach und leidend; ich habe seit einigen Wochen wieder die gleichen Leibschmerzen wie zu Anfang des Jahres". Die inzwischen wohl auch in Lishui bekannte Niederlage des Deutschen Kaiserreiches am 11.11.1918 drückte sehr auf die Stimmung.[240]

Der Jahresbericht der Gemeinde Lishui weist zum Jahresende 1918 304 Mitglieder aus. 26 waren neu hinzugekommen, aber 14 waren im Laufe des Jahres verstorben. „Die Schulen wurden von 89 Knaben und 36 Mädchen besucht. Fünf Lehrer erteilten Unterricht. [...] Der Schulbesuch war durch Krankheit der Kinder oft unregelmäßig. Die städtischen Mädchenschulen erteilen den Unterricht frei und gewähren auch sonstige Vergünstigungen, um Schülerinnen zu erhalten, was sich für unsere Mädchenschule unliebsam bemerkbar machte"[241].

Am 04.02.1919 kam für Familie Röhm der Ausweisungsbefehl der chinesischen Behörden auf Druck der Siegermächte des ersten Weltkrieges. Am 18.02.1919 mussten sie Lishui verlassen.

Die Missionsarbeit ging aber weiter, weil Schwester Hanna Suter und das Missionarsehepaar Maag, tätig in Jinyun, Schweizer Bürger waren. Hanna Suter schrieb am 05.04.1919 aus Lishui: „Die Schule ist hier im Gange; wir haben 120 Schüler. – Die Abreise all der Geschwister hat sehr niederdrückend auf die ganze Sache gewirkt; es ist

---

[239] Vgl. Röhm, R., China Bote, November/Dezember 1918, S. 59/60
[240] Vgl. Röhm, R., China Bote, März 1919, S. 12/13
[241] China Bote August 1919, S. 55

wenig Leben und Stoßkraft da. Wir bedürfen sehr ihrer Fürbitte. Wie es in Zukunft werden und gehen soll, weiß nur Gott allein. – Seit Geschwister Röhm fort sind, habe ich auch noch die Arbeit mit der Medizin und den Kranken übernehmen müssen. Wenn nur auch etwas für den Herrn dabei herauskommt! – Ich empfehle mich und die ganze Arbeit herzlich Ihrer Fürbitte."[242]

Nach dem Ausweisungsbefehl für die Deutschen bereiste der Schweizer Missionar Maag schleunigst die Hauptstationen in Zhejiang, „um die ganze Sache zu übernehmen. Mit Einwilligung der Behörden wurde alles auf seinen Namen übertragen und auf diese Weise sichergestellt. Es wurden auf den einzelnen Stationen einge-borene Evangelisten und Gemeindeälteste zu Leitern eingesetzt. So dürfen wir hoffen, dass die Arbeit unter der Oberaufsicht des Bruders Maag ihren gesegneten Fortgang nehmen wird." – Mitte Februar tra-fen Geschwister Bender von Longquan, Geschwister Georg von Songyang und Schwester Steinmann von Yünho bei Familie Röhm in Lishui ein. So waren es im Ganzen sieben Erwachsene und neun Kinder, die zur Abführung bereit standen. Inzwischen tauchten Ge-rüchte auf, die Missionare könnten bleiben. Es wurde telegraphisch mit Schanghai verhandelt. Doch war nichts Bestimmtes zu erfahren. Der Mandarin von Lishui bewilligte einen kleinen Aufschub, musste aber dann schließlich den Befehl zur Abreise geben. – Nun galt es, Abschied zu nehmen. Dabei zeigte sich, dass die sonst so kühl und gleichgültig erscheinenden Chinesen doch auch Gefühle der Liebe und Dankbarkeit haben. Ihre Anhänglichkeit zeigte sich nicht nur in vielen Tränen, sondern auch in Worten des Dankes und Gaben der Liebe. Selbst die Heiden bedauerten allgemein das Scheiden der Missionsleute, und viele brachten Geschenke. So war es in Lishui und auf allen anderen Stationen. – Das Verhalten der Behörden und Begleitmannschaften war durchweg höflich und rücksichtsvoll. Von

---

[242] Suter, H., China Bote, Juli 1919, S. 40

Bild 13: Feierliche Verabschiedung durch Gemeindemitglieder von Lishui

jeder Station kam ein chinesischer Beamter mit bis Schanghai. Die wachhabenden Soldaten oder Polizisten verhielten sich musterhaft; von zwei Stationen waren sie unbewaffnet, von einer Station sogar in Zivilkleidung. Ebenso war die Unterkunft und Verpflegung in Schanghai so gut, als es unter den gegebenen Umständen möglich war.«[243]

Die Ereignisse zwischen dem Ausweisungsbefehl und der Ankunft in Wuppertal-Barmen schildert Rudolf Röhm so:

---

[243] Röhm, R., Aus China ausgewiesen (Tagebuchblätter von Missionar R. Röhm), China Bote, Juni 1919. S. 27 f.

„Am 4. Februar des Jahres erfuhren wir, dass die chinesischen Beamten von ihrer Regierung beordert seien, die feindlichen Ausländer nach der Küste zu bringen, von wo sie in die Heimat befördert werden sollten. Der 18. Februar wurde als der Tag der Abreise aller Geschwister im Lishui Distrikt festgesetzt. [...] Unsere Christen waren sehr niedergeschlagen. [...] Am 15. und 16. Februar hatten wir noch eine allgemeine Konferenz. Die Konferenzgäste kamen in großer Zahl. [...] Die Christen und andere Freunde reichten eine Bittschrift beim Bürgermeister ein zur Weitergabe an die Regierung, um unser Bleiben zu erreichen. Auch viele nichtchristliche Freunde kamen ins Missionshaus, drückten ihr Bedauern aus und sandten Abschiedsgrüße. [...] Am 13. Februar gaben uns die Christen nach chinesischer Sitte ein Abschiedsessen;" [...] Es folgten weitere Abschiedsessen und Geschenke anstelle von Abschiedsessen, selbst vom Bürgermeister und Militärkommandanten. [...] „Nach dem Mittagessen sandte der Polizeiinspektor Soldaten, auch einige Kulis, die das Gepäck nach dem von ihm gemieteten Booten brachten. In langem Zuge ging's dann nach dem ‚großen Wassertor'. Die Konferenzgäste gingen alle mit. Der Bürgermeister, der mit uns bis Wenzhou reiste, wartete mit seinem Gefolge bereits am Ufer. [...] Am 20. Februar kamen wir nach der Hafenstadt Wenzhou. Wir gingen am selben Abend noch zum Fremdenkommissar, um Auskunft zu erhalten; denn unser Bürgermeister hatte versprochen, uns wieder kostenfrei zurückzubringen, wenn inzwischen andere Bestimmungen eingetroffen seien. [...] Am nächsten Tag fuhr der Dampfer von Wenzhou nach Schanghai ab. Ein besonderer Kommissar von Lishui und vier Polizisten begleiteten uns bis Schanghai und sorgten für Kabinen und Gepäck ... Die Reise nach Schanghai ging gut von statten, am 24. in der Frühe kamen wir dort an". Eine Bewilligung zur Unterkunft bei der China Inland Mission „wurde von den inzwischen an Bord gekommenen chinesischen Beamten nicht gewährt. Wir mussten zuerst auf ein Büro in der Chinesenstadt, wo unsere Personalien festgestellt wurden. Doch wurden wir überall sehr höflich behandelt. Im Büro lagen auch Formulare auf, um Gesuche einzureichen für Ausnahmen. Wir füllten diese aus; sie sollten der Regierung in Peking vorgelegt werden. Dann wurde uns in etwa freigestellt, uns nach dem Missionshause zu begeben. Es waren aber so mancherlei Umstände damit verbunden; wir zogen es deshalb vor, nach dem ‚Einschiffungsdepot für feindliche Untertanen‘ zu gehen, das für die Ankömmlinge hergerichtet war. Die Reise von Lishui bis zur Unterbringung in diesem Büro war kostenfrei; in Schanghai wurden wir mit ‚Rikscha‘ (Handwagen) befördert, natürlich unter Begleitung. -- Das Depot liegt in der Chinesenstadt; es war vorher eine große Industrieschule inmitten eines großen Gartens. [...] Ebener Erde waren in drei großen Räumen Schlafstellen aufgeschlagen für Männer ohne Familien. Im ersten Stock waren abgetrennte Räume mit 4-6 Betten für Familien und einzelstehende Frauen. Es gab täglich drei Mahlzeiten, die gemeinschaftlich in einem großen Saale eingenommen wurden. Die Verpflegung war nicht gerade schlecht, ließ aber manches zu wünschen übrig, besonders für die Kinder. [...] Vier Lager beherbergten die etwa 3000 Deutschen, die weggeschickt werden sollten. Nach und nach waren dieselben aus Peking, Tianjin, Qufu, Tsinon [Jinan? H.R.], Hankou und Swatau angekommen. [...] Am 8. März erhielten wir im Lager I Bescheid, uns zur Einschiffung für den nächsten Morgen (Sonntag) bereit zu halten".[244]

[244] Röhm, R., Aus China ausgewiesen, (Tagebuchblätter von Missionar R. Röhm), China Bote, Juli 1919, S. 41-43

7   Ausweisung und Zwangsurlaub 1919 – 1924

Nach der von England initiierten Vertreibung von ihrer Missionsstation wurde Familie Röhm mit vielen anderen Deutschen auf einem englischen Schiff von Shanghai nach Europa transportiert. Rudolf Röhm hat die Reise genau dokumentiert:

„Am Sonntagmorgen, [09.03.1919 H.R.], mussten wir antreten. Alles Gepäck wurde auf große Karren geladen, und wir wurden auf Sonderwagen der elektrischen Straßenbahn in Shanghai unter militärischem Schutz nach dem Liegeplatz des Dampfers gebracht. Am Eingang des Schiffplatzes wurden wir vom englischen Freiwilligen-Korps in Empfang genommen. Den uns begleitenden Chinesen wurde jedoch der Zutritt versagt. Es gab noch rührende Abschiedsszenen. Ehe wir an den Zollschuppen gelangten, wurden die Frauen und Kinder in einem Nebengebäude einer Leibesvisitation unterworfen durch Chinesinnen; die Männer wurden am Ausgang des Schuppens auf Waffen und Gold untersucht. Ein reicher Kaufmann musste Wertscheine für etwa 80.000 Mark zurücklassen. - Die drei Schiffe, die zur Heimschaffung der Deutschen verwendet wurden, sind Frachtdampfer, die aber auch wenige Passagiere an Bord nehmen können. Für unseren Transport wurden im Zwischendeck Bretterverschläge eingebaut mit je 16 bis 22 Betten, je 2 übereinander. Die Familien wurden getrennt. Die Kabinen an Deck waren für Frauen mit kleinen Kindern bestimmt [...] Den Reisenden stand das Deck 1. und 2. Klasse zur Verfügung. Die Mahlzeiten wurden in den Speisesälen 1. und 2. Klasse und in zwei Räumen im Zwischendeck eingenommen. Unsere Speisekarte brachte wenig Abwechslung. Morgens 8 Uhr gibt's Hafergrütze, die jetzt wieder etwas genießbarer ist in den letzten Tagen, dazu Brot und Butter und Tee; mittags Fleischbrühe, ... ferner zwei Kartoffeln in der Schale mit Fleisch und Brühe auf einem Teller. Abends 5 Uhr gibt's wieder Butterbrot und Tee. Die Portionen sind so groß, dass der Hunger sich schon vor dem Schlafengehen freiwillig einstellt. Glücklicherweise konnte uns eine Schwester in Shanghai etwas Wegzehrung besorgen. Es ist auch eine Kantine an Bord, wo man für viel Geld aber wenig bekommt. Durch Trinkgelder an die chinesischen und indischen Aufwärter lässt sich manches erreichen; unser Inder bringt uns manchmal einige Kartoffeln mehr und holt auch eine zweite Portion Grütze; denn die Kinder haben immer Hunger. – Es ist für Badegelegenheit gesorgt [...] Jeder Reisende darf seine Wäsche selbst waschen [...] Jeder Reisende erhielt auch einen Strohsack und zwei baumwollene Decken. Am 13. März fuhren wir endlich von Shanghai ab, nachdem noch eine chinesische Kommission an Bord gekommen war, die mit uns reist zu unserem Schutz bis Rotterdam. In den Hafenstädten ist keine Verbindung mit dem Lande gestattet; es dürfen auch keine Händler mit Waren oder Früchten an Bord kommen. Es ist sehr heiß. Auch politisch scheint es schwül zu sein, denn es ist verboten, Zeitungen an Bord zu bringen [...] Vom 22. bis 27. März lagen wir vor Singapur, [...] Die Hitze war groß, und wir alle waren froh, als wieder eine frische Brise wehte. Viele Kinder waren krank, auch Erwachsene lagen an der Influenza danieder [...] Unsere Kinder waren alle krank; auch ich konnte lange Zeit meine Erkältung nicht loswerden, erst bei Colombo wurde es besser. Eine 64 jährige Frau [...] starb am 28., als wir eben Singapur verlassen hatten. Die Leiche wurde ins Meer versenkt [...] Nach kurzem Aufenthalt in Colombo, das wir am 1. April, und Aden, das wir am 9. April erreichten, kamen wir ins Rote Meer. Am 4. April feierten unsere Geschwister Bender ihre Silberhochzeit. Das Jubelpaar lud uns zu einer Extra-Tasse Tee ein [...] Im Roten Meer war es ziemlich windig und rau und nichts von der gefürchteten Hitze zu spüren. Im Suez Kanal begegneten uns zwei japanische Torpedoboote, die ein gekapertes deutsches U -Boot fortbrachten. In Port Said sahen wir noch zwei deutsche U-Boote als Beute der Japaner. Ein für uns schmerzliches Bild! Im Suez-Kanal gewahrten wir auch Spuren des Krieges auf der arabischen Seite des Kanals [...] Am Gründonnerstag fuhren wir unter Kreta hin. Von weitem sahen wir die Höhen des Ida-Gebirges mit Schnee bedeckt [...] Am Karfreitag und Ostersonntag hatten wir gut besuchte Gottesdienste [...] Wir haben jeden Sonntag Gottesdienst im Speisesaal erster Klasse [...] Am 21. April (Ostermontag) ging der Dampfer im Hafen von Marseille vor Anker [...] eine ganze Schar deutscher Kriegsgefangener beobachteten wir bei der Arbeit. Sie ließen ein kräftiges Hurra zu uns herüberschallen, das ebenso kräftig erwidert wurde.

Am 26. April passierten wir Gibraltar [...] die Stadt ist bedeutend größer geworden seit 1904, als wir auch dort vorüberfuhren. Im Atlantischen Ozean war die See ziemlich rau und die Wellen gingen hoch. Alle waren froh, als wir den Golf von Biscaya hinter uns hatten und in den Kanal einfuhren, noch mehr aber, als wir am 2. Mai nachmittags 4 Uhr nach 51tägiger Fahrt in Rotterdam vor Anker gingen. Leider kenterte einer der vier kleinen Schleppdampfer, die die Novara stromaufwärts schleppten, wobei 5 Mann vom Dienstpersonal ertranken. -- Samstag, den dritten Mai waren wir endlich ausgeschifft, nachdem die Männer erst noch einmal an Deck hatten antreten müssen und die Namen verlesen waren. Endlich waren wir wieder frei und nicht mehr unter Aufsicht der englischen Wache, die beständig auf dem Schiff die Runde machte und stets mit aufgepflanzten Seitengewehr am Fallreep stand, wenn das Schiff in einem Hafen lag. – Der Empfang in Rotterdam war ein herzlicher von Seiten des deutschen Komitees. In der Empfangshalle wurde Erbsensuppe, Brot, Käse und Milch serviert. Die Komitee-Damen verteilten Sträußchen, auch Schokolade und andere Süßigkeiten; kurz, man war wieder unter Landsleuten, die ein warmes Herz hatten für die aus der Ferne Heimkehrenden. Nachdem die Passangelegenheiten geordnet waren und fremdländisches Geld in deutsche Münze umgewechselt war, bestiegen wir den Zug, der um 3 Uhr abfahren und uns nach der deutschen Grenze und nach Wesel bringen sollte. [...] Die (auf der Reise) erkrankten Kinder wurden alle wieder gesund. Auch unser Viktor, der eine schwere Lungen- und Rippenfellentzündung hatte, sowie Theophil, der auch im Hospital sein musste nebst Walter, waren wiederhergestellt. [...] Um 3 Uhr setzte sich der Zug in Bewegung – der Heimat zu! Unsere Freunde in Rotterdam riefen uns Lebewohl zu. Wo der Zug vorbeifuhr, wurden an vielen Fenstern oder auf den Straßen Tücher geschwenkt, selbst Feldarbeiter winkten zum Abschied. – In Utrecht [...] wie in Arnheim wurden wieder Erfrischungen gereicht und Blumen ausgeteilt [...] In Zevenaar verließ uns die holländische Begleitwache, aber nicht, ohne nochmals eine Schwenkung zu machen und Lebewohl zuzuwinken. ‚Jetzt seid ihr frei' äußerte unser Begleiter, ehe er den Wagen verließ. – In Elten hatten dort liegende Bonner Husaren den Bahnhof bekränzt. Nun waren wir wieder auf deutschem Boden. – In Emmerich wurden wir wiederum leiblich erquickt; von dort konnten wir auf überreichten Postkarten auch die ersten Grüße an die Lieben in der Heimat senden. – Um 11 Uhr nachts fuhr der Zug in Wesel ein. In langem Zuge ging's vom Bahnhof zu unserem Quartier in der Clevertor-Kaserne, voraus das Trommler und Pfeifer-Corps der Garnison. Frauen und Kinder wurden in Wagen befördert. Bald waren alle Heimgekehrten untergebracht, und Ruhe herrschte in den Kasernenräumen. – Am Sonntag besuchten wir die Versammlung der Freien evangelischen Gemeinde und wurden von lieben Geschwistern bewirtet. Weitere Postangelegenheiten waren zu erledigen, Fahr- und Brotkarten waren in Empfang zu nehmen. Am Montag hatten wir das Gepäck zu sortieren und zu expedieren. – In Wesel trennten sich unsere Wege; [...] unser Zug fuhr 11.20 ab; um 4 1/2 Uhr erreichten wir Barmen, wo wir von lieben Geschwistern am Bahnhof begrüßt wurden. Bald waren wir im Missionshaus, wo uns die treuen Geschwister herzlich willkommen hießen."[245]

In Deutschland wurde Familie Röhm zunächst einmal in das Erholungshaus Patmos der deutschen Zeltmission in Geisweid (heute ein Stadtteil von Siegen) geschickt. Die Gesundheit von Luise und Rudolf Röhm war ja seit Jahren schwer angeschlagen. Anstatt nach 8 Jahren in den fälligen Heimaturlaub zu gehen, waren sie wegen des Krieges mehr als 13 Jahre ununterbrochen im tropischen China gewesen. Wie lange die Familie zusammen in Geisweid blieb, ist nicht mehr genau bekannt. Vermutlich zogen sie schon im Juni 1919 nach Storzeln, einem kleinen Ort dicht an der Schweizer Grenze nördlich von Thayingen. Ein alter Missionsfreund hatte sie dorthin geladen. Der älteste Sohn, Theo, zog schon bald von Storzeln weg, denn er bekam am 01.07.1919 bei der Westdeutsche Buchführungs- und Steuerberatungszentrale K. G. Staab & Co in Hagen eine Lehrstelle. Karl Stab war ein Onkel mütterlicherseits. Lehrling Theo wohnte bei einer Freundin seiner Mutter in Hagen. Der zweite Sohn, Viktor, bekam in Weidenau bei Siegen eine Lehrstelle als Schriftsetzer und wohnte bei seinem Lehrherrn. Die drei jüngeren Söhne blieben noch bei den Eltern in Storzeln; Walter kam auf die Realschule in Singen/Hohentwiel, die beiden jüngsten besuchten die Volksschule in einem Nachbardorf. Die Lebensbedingungen waren selbst auf dem Land in Storzeln nicht einfach. „Es musste gespart werden. Wir gingen mit Mama oft in den nahen Wald, um für die Küche Holzspäne zu sammeln, die beim Baumfällen liegengeblieben waren. Nach der Ernte lasen wir auf den Feldern des Gutshofs Ähren auf und tauschten die Körner gegen Mehl. Brot auf Lebensmittelkarten war

---

[245] Röhm, R., Aus China ausgewiesen (Tagebuchblätter von Missionar R. Röhm, Schluss), China Bote, September 1919, S. 74-76

oft sauer und ließ Fäden ziehen. Sägemehl wurde allerdings nicht mehr beigemischt. Milch, Kartoffeln und Obst gab es auf dem Gutshof zu kaufen. In einem Gärtchen wuchs etwas Gemüse".[246]

Rudolf Röhm reiste von Storzeln aus viel durch Deutschland, besonders nach Thüringen und Schlesien, um das Interesse für die Mission wachzuhalten. Er wollte zurück nach China und hatte es abgelehnt, sich nach einem anderen Beruf umzuschauen.[247] Er studierte Unterlagen aus China und veröffentlichte hin und wieder Lageberichte, die ziemlich trübe klangen. Im Februar 1921: „Zur Zeit sind ja die Aussichten in China wieder recht trübe. Politisch und wirtschaftlich steht das Land vor dem Zusammenbruch. Bürgerkrieg und Parteihader zerfleischen das Volk; Räuberbanden tauchen immer zahlreicher auf, und die Unsicherheit nimmt überhand. Die Truppen der sich bekämpfenden Parteiführer sind der Schrecken des friedlichen Bürgers. Hunger und ansteckende Krankheiten fordern unzählige Opfer. In den Hungergebieten wurden viele Glieder der Christengemeinden zur Auswanderung gezwungen, um in anderen Gegenden ihren Lebensunterhalt zu erwerben. Dadurch werden die Gemeinden geschwächt. Andere sind genötigt, wegen Mangel an Mitteln die Schulen zu schließen. Etwa 40.000 Christen sind in Mitleidenschaft gezogen."[248] Dennoch zog es ihn zurück aufs Missionsfeld und 1921 schöpfte er Hoffnung auf Rückkehr, nachdem eine deutsche Missionarin ausgesandt worden war. Er zog von Storzeln nach (Wuppertal)-Barmen, dem Sitz der Missionsgesellschaft, um näher am Ball zu sein. Aber noch fehlte es der Missionsgesellschaft an Geld. Die beiden jüngsten Söhne kamen mit nach Wuppertal, der älteste zog auch zu den Eltern, obwohl er in Hagen zur Lehre ging. Viktor kam erst später zurück zur Familie, nachdem er die Schriftsetzer-Lehre in Weidenau beendet hatte. Walter blieb in der Realschule in Singen am Hohentwiel.

---

[246] Röhm, W., Wie Gott in drei Erdteilen führte, S. 31
[247] Röhm, W., Wie Gott in drei Erdteilen führte, S. 31/32
[248] Röhm, R., China Bote, Feb. 1921, S. 3

Die Lage in China verschlechterte sich. Im Juni 1922 hieß es im China-Boten (S. 2/3): „Aus China kommen in den letzten Tagen allerlei Alarmnachrichten. Es wütet dort der Bürgerkrieg. Drei Männer beherrschen augenblicklich die Lage in China: Tschang Tscho-lin, der Generalgouverneur der Mandschurei (Sitz Mugden), Wu Pei-fu, der Generalgouverneur der Wu Provinzen (Sitz Hankou), und Dr. Sun Yat-sen, der ‚Präsident' des Südens (Sitz Kanton). Der Ehrgeiz dieser drei Männer zerreißt innerlich ihr Vaterland und hat schließlich zum Bürgerkriege geführt, der sich jetzt bei Peling und südlich der Landeshauptstadt austobt. [...] Tschang Tscho-lin [...] hat japanisches Kapital hinter sich. [...] Wu Pei-fu dagegen sagt man nach, dass er amerikanische Interessen vertritt. Der alte Revolutionär Sun Yat-sen ist vielleicht der lauterste unter ihnen. Obgleich er in Amerika erzogen wurde, verficht er den Grundsatz, dass jeder fremde Einfluss in China gebrochen und China durch eigene Kraft gehoben werden müsse". Im China Boten von Februar 1924 erklärte Rudolf Röhm gestützt auf Berichte aus China „Die nationalistische Bewegung greift immer mehr um sich und schlägt immer höher gehende Wellen. [...] Die neu gegründete ‚Antichristliche Studenten Vereinigung' verbreitet bolschewistische Ideen. [...] Tibet kann auch nicht mehr das ‚große verschlossene Land' genannt werden. Die Türen öffnen sich fürs Evangelium."[249] Bald danach beschloss die inzwischen von Deutsche Allianz China Mission (DACM) in Allianz China Mission umbenannte Gesellschaft, das Ehepaar Rudolf und Luise Röhm wieder auszusenden.[250]

Am 20.09.1924, nach 5 Jahren und 4 Monaten Zwangspause, starteten Rudolf und Luise Röhm in Wuppertal Barmen zu ihrer 3. Chinareise. In Deutschland und der Schweiz machten sie einige Abschiedsbesuche und reisten dann ab 07.10.1924 ab Genua mit dem Dampfer ‚Coblenz' nach Schanghai. Die Coblenz war ein 140 m

---

[249] Röhm, R., China Bote Februar 1924, S. 10 f.
[250] China Bote, Juni/Juli 1924, S. 52/53

langer und 19 m breiter Dampfer, der für die 16.300 km lange Reise mit einigen Zwischenaufenthalten 39 Tage brauchte. Unterwegs konnten die Röhms kurze Besuche in Port Said, Colombo, Sabang, Singapur und Hongkong machen. In Colombo überzeugte Rudolf Röhm Buddhisten nicht von den Vorteilen des Christseins. Einer zeigte ihm eine Schrift, in der der Buddhismus höher eingeschätzt wurde. Auf dem Schiff kamen aber Mitreisende zu Andachten, die Rudolf Röhm mit Zustimmung des Kapitäns regelmäßig hielt. Als die Coblenz am 14.11.1924 abends in Schanghai anlegte, begrüßten einige deutsche Missionare und ein englischer Vertreter der China Inland Mission die Rückkehrer und begleiteten sie ins Haus der China Inland Mission.[251]

Die Söhne zwischen knapp 12 und 22 Jahren blieben in Deutschland. Die vier älteren, Theo, Viktor, Walter, Arthur, lebten zunächst in einem gemeinsamen Haushalt in Wuppertal-Barmen, während der jüngste, Johannes, noch bei einer Frau Lehmann in Wiedenest wohnte. Eine Nichte von Luise Röhm namens Friedchen Weck führte den Haushalt. Als Haushaltsvorstand fungierte der erst 22-jährige älteste Sohn Theo, der es zum Oberbuchhalter der kleinen Privatbank Hermann Ganz in Barmen gebracht hatte. Viktor, der zweite Sohn, arbeitete als Schriftsetzer oder vielleicht auch als Schweizerdegen, das heißt Schriftsetzer und Drucker, in einer nahen Druckerei. Die drei anderen waren noch Schüler. Walter schied nach einem guten Jahr aus der brüderlichen Wohngemeinschaft aus, als er im November 1925 mit dem Medizinstudium in Gießen begann. Dafür kam Johannes zu einem nicht mehr genau bekannten Zeitpunkt zu seinen älteren Brüdern und Friedchen Weck. Er stellte sie in den kommenden Jahren oft vor große Probleme, die den Eltern im fernen China große Sorgen bereiteten. Nicht ganz so schlimm war es mit dem wenig älteren Arthur, der 1927 die Lehre als Bandwirkergehilfe

---

[251] Vgl. Röhm, Geschwister, Reiseberichte, China Bote, Dezember 1923, S. 122 ff und Januar 1925 S. 10 ff

bestand, sich aber nach Meinung seiner Eltern zu wenig um seine Weiterbildung kümmerte. Viktor schied 1932 aus der Gruppe aus, als er nach China ging.

Bild 14: vlnr Johannes, Walter, Viktor, Friedchen, Theo, Arthur; 1925

163

8 Dritter Chinaaufenthalt 1924 – 1933: Dongxiang und mehrere Fluchten

Als Rudolf und Luise Röhm am 14.11.1924 nach 39 Tagen Seereise in Schanghai angekommen waren, standen sie gleich vor einem Problem. Es hatte einen Krieg zwischen lokalen Machthabern gegeben und es war „fraglich, ob wir weiter reisen konnten, da der Kriegswirren wegen noch einige Einschränkungen für Reisende bestehen. Gestern haben wir jedoch von unserem Konsulat den Pass bekommen und gedenken am 24. nach Wenzhou weiter zu reisen, um unsere Sachen in Lishui zu holen."[252] Aus Lishui waren sie knapp 6 Jahre vorher vertrieben worden und hatten dort Sachen zurückgelassen, die sie nun wieder brauchten.

Von Schanghai nach Wenzhou fuhr man damals vergleichsweise bequem mit einem Seedampfer etwa 500 bis 600 km in anderthalb bis zwei Tagen. Aber ab Wenzhou ging es mit kleinen Flussboten ohne Motor weiter. „Am Abend (des 29.11.1924) fuhren wir mit hereinkommender Flut (von Wenzhou) flussaufwärts. [...] Zuerst hatten wir Gegenwind und kamen nur langsam voran. Nach zwei Tagen fuhren wir in der Windrichtung und erreichten am fünften Tage nachmittags Lishui [...] 135 km von der Küste entfernt." Im Jahr 2015 hätten sie es leichter gehabt: 460 km auf Autobahnen von Shanghai nach Lishui in 5 bis 6 Stunden oder mit der Eisenbahn in 8 ¼ Stunden. Die schrecklich unbequeme mehrtägige Flussreise auf engem Boot zwischen Lishui und Wenzhou ist einer zweistündigen Autofahrt gewichen.

Von Lishui aus besuchten sie auch Jinyun und weitere kleine Orte, um alte Freunde und Bekannte wiederzutreffen. Sie legten in ein paar Tagen 125 km zurück, Rudolf zu Fuß, Luise teilweise in der Sänfte. Jinyun kannten sie teilweise nicht wieder, weil ein Hochwasser im

---

[252] Röhm, R., China Bote, Januar 1925, S. 11-13

Vorjahr die Stadt verwüstet hatte. Lishui hatte seit ihrer Vertreibung ein Telegraphenamt, ein Elektrizitätswerk und eine Zündholzfabrik bekommen. Die Rückreise von Lishui nach Shanghai verzögerte sich, weil es keine Boote gab. Schließlich bekamen sie eins am Sylvestertag 1924, mit dem sie bei empfindlicher Kälte in 3 Tagen nach Wenzhou fuhren. Nach einem Treffen mit Bekannten reisten sie mit einem Seedampfer weiter nach Schanghai. Als sie am 5. Januar 1901 dort ankamen, hatte es gerade wieder Kämpfe gegeben und der Bahn- und Postverkehr war noch gestört.[253] Ein guter Vorgeschmack auf ihre Erlebnisse in den kommenden 8 Jahren.

Ab 12. Januar 1925 reisten sie auf einem japanischen Dampfer den Jangtse aufwärts und erreichten am 15. Jiujiang, einen wichtigen Fluss-hafen der Provinz Jiangxi. Von dort reisten sie 2 Tage später in einem gedrängt vollen Zug ungefähr 135 km weiter in die Provinzhauptstadt Nanchang. Die Mitreisenden, das Zugpersonal und die Passkontrolleu-re waren sehr höflich, aber es war empfindlich kalt im Zug. Und es kam noch schlimmer: Sie mussten in einem kleinen Boot noch fast eine Stunde bei starkem Wind weiterfahren, bis sie bei Missionaren der China Inland Mission ein geheiztes Zimmer bekamen.

Nachdem auch das Gepäck in Nanchang angekommen war, reiste Ehepaar Röhm auf einem kleinen Flussboot weiter nach Fuzhou. „Es ging flussaufwärts bei niedrigem Wasserstand. Dann wehte ein eisig-kalter Nordwind, manchmal uns gerade entgegen. Dann kamen Regen und Schnee, der auch seinen Weg durch das Mattendach ins Innere des Bootes fand. Dazwischen feierten die Chinesen Neujahr; selbstverständlich unsere Bootsleute auch." Nach 10 Tagen Boots-fahrt erreichten sie am 31.Januar 1925 abends spät ein Missionars-ehepaar Gasser in Fuzhou.[254] Jetzt stand ihnen nur noch eine neun-stündige Reise über Land zu ihrem Ziel Dongxiang bevor. Aber leider

---

[253] Vgl. Röhm, R., China Bote, Januar 1925, S. 11-13; April 1925, S.58/59; Mai 1925 aus Dongxiang.

[254] Vgl. Röhm, R., China Bote, Mai 1925, S. 71 ff

hatte ein Evangelist von dort berichtet, dass große Truppen auf dem Weg nach Jiangxi seien und man Gefechte befürchte und dass außerdem noch eine Räuberbande die Gegend unsicher mache. Unter solchen Bedingungen wollten Karrenschieber, die das Gepäck befördern sollten, lieber auf ungefährlichere Tage warten. So unternahmen Rudolf Röhm und der Missionar Gasser – ohne Luise und Gepäck – am 7. Februar zunächst per Pferd eine Erkundungstour über völlig verschlammte Wege. Sie fanden die Missionsgebäude in Dongxiang voller Flüchtlinge, die vor den Soldaten geflohen waren, weil sie sich auf dem Missionsgelände sicher glaubten. Am Vortag waren etwa 2000 Soldaten auf dem Vormarsch nach Dongxiang gekommen und es wurden noch mehr erwartet. Man sah außer Soldaten kaum junge Männer im Städtchen, weil die meisten geflohen waren, um nicht zu Trägerdiensten gepresst zu werden. Die Läden waren geschlossen, viele Häuser verlassen. Dennoch hielten die Missionare Versammlungen ab und hatten viele Zuhörer, auch Beamte, in der geräumigen Kapelle mit 240 Sitzplätzen.[255]

8.1 Dongxiang

Am 17. Februar 1925 wagten sich Rudolf und Luise Röhm dann mit Gepäck gemeinsam auf den Weg von Fuzhou nach Dongxiang, er zu Pferd und sie in einer Sänfte. Allerdings fühlten sich die Träger nicht sehr kräftig und Luise lief größere Strecken. Dennoch schafften sie die Strecke nicht und waren froh bei einbrechender Dunkelheit und schrecklichen Wegen bei einer Familie in einem kleinen Ort Obdach zu finden. Als sie am nächsten Morgen weiterreisen wollten, waren die Stuhlträger verschwunden und sie mussten neue anheuern. Völlig durchnässt kamen sie am Nachmittag des 18. Februar 1925 in ihrer neuen Heimat Dongxiang an, fast 5 Monate nachdem sie Wuppertal verlassen hatten. Allein von Shanghai waren sie fast

---

[255] Vgl. Röhm, R., China Bote, April 1925, S. 58/59

167

38 Tage unterwegs gewesen. Als ich 2003 von Schanghai nach Dongxiang reiste, brauchte der Nachtzug mit bequemen Liege-Abteilen 14 Stunden.

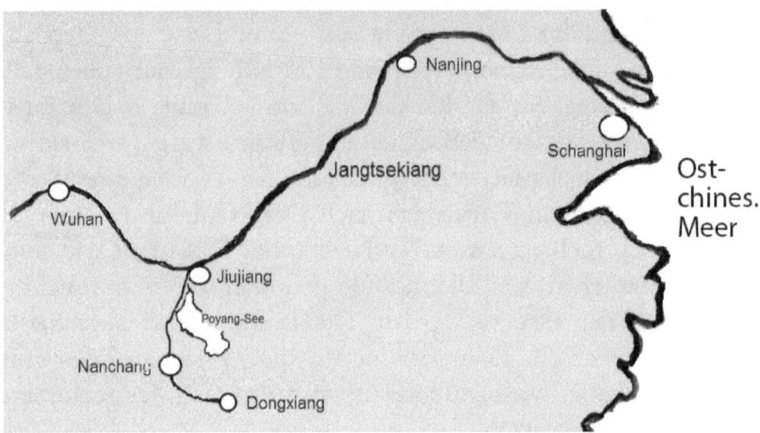

Bild 15: In 38 Tagen von Schanghai über Jiujiang und Nanchang nach Dongxiang

Das Missionshaus in Dongxiang hatte vorher der China Inland Mission gehört, war aber seit fast 4 Jahren nicht besetzt gewesen. So mussten sofort Fenster und Türen repariert werden, und Maurer- und Zimmermanns-Arbeiten wurden auch bald fällig. Rudolf Röhm beschrieb die neue Wirkungsstätte so: „Das Haus enthält 8 Zimmer auf einer Grundfläche von rund 74 Geviertmeter. Die Kapelle bietet mit ihrem Flächeninhalt von 115 1/2 Quadratmeter für etwa 250 Personen Platz. Außerdem enthält sie noch Räume für kleinere Versammlungen und Gäste. Weiter ist auf dem Grundstück ein Häuschen für den Evangelisten, ein solches für Pförtner und Dienstboten, sowie ein kleines Küchenhaus. Der Garten ist ziemlich geräumig. Das Grundstück liegt außerhalb des Südtores. Die Gemeinde zählt, einschließlich Xinxis und 4 anderen Außenplätzen, 66 Mitglieder. So Gott will, wollen wir in den nächsten Tagen die Runde machen, um die Orte und Leute kennenzulernen".[256] Unter den Leuten gab es einen Herrn Thu, der in seinem Leben viel Gutes getan hatte und durch dessen Mitwirkung über 100 kleine Mädchen am Leben erhalten wurden!![257] Es herrschte ja – und herrscht mancherorts auch 2017 noch – die Unsitte, kleine Mädchen abzutreiben, gleich nach der Geburt umzubringen oder einfach wegzuwerfen. Anderseits stießen die Röhms auf weniger erfreuliche Mitbürger als den Herrn Thu: „Das Glückspiel ist hier in Dongxiang eine wahre Seuche. Zudem sind die meisten Spieler auch Opiumraucher; in unserem Nachbarhause geht es oft recht lebhaft her, manchmal wird die ganze Nacht hindurch gespielt, Opium geraucht und noch schlimmere Dinge getrieben."[258] Als ich, Hermann Röhm, 2003 Dongxiang besuchte, hörte ich beim Mittagessen in einem Restaurant den Lärm von Glücksspielern in einem Separee. Wenig später torkelte ein Mann heraus, erkannte mich und prostete mir zu. Ich hatte ihn vorher in der Gemeinde kennengelernt, in der mein Großvater früher arbeitete. Er war angeblich deren Vorsteher und hatte wegen einer dringenden Konferenz nur wenig Zeit für ein Gespräch mit mir gehabt.

Für 1925 habe ich keine weiteren Details zum Leben meiner Großeltern in Jiangxi. Familienunterlagen und Unterlagen der Allianz China Mission sind großenteils im Zweiten Weltkrieg untergegangen. Es mag auch sein, dass Rudolf Röhms Berichte wegen der Bürgerkriege in China gar nicht nach Deutschland gelangt sind.

Anfang Juni 1926 hielten bewaffnete Banden in der Umgebung von Dongxiangs Außenstation Xinxi die Menschen in Aufregung. Drei gefangene Räuber wurden erschossen, während Rudolf Röhm dort war. An seiner Botschaft hatten die Einwohner wenig Interesse. So ging es ihm auch im 15 km entfernten Schwantangkang, wo nur ein paar alte Frauen sich fürs Evangelium interessierten, während die

---

[256] Röhm, R., China Bote, Juni 1926, S. 90
[257] China Bote, Juni 1926, S. 90
[258] Röhm, R., China Bote, April 1926, S. 60

169

meisten Einwohner dieses Marktfleckens sich lieber einer Schauspielertruppe zuwandten. Als zum Drachenbootfest am 14. Juni viele Menschen aus benachbarten Dörfern nach Dongxiang kamen, besuchten zwar viele auch die Missionsstation, aber eher aus Neugier, wie es bei den Ausländern aussah. Zum Zuhören hatten die meisten keine Muße. Wenigstens kauften sie einige Bibelteile.[259] Im Dorf einer Familie Pang erfuhren die Missionare sogar deutliche Ablehnung: „Was für irdischen Gewinn haben wir, wenn wir die Lehre hören? [...] Warum lässt euer Gott nicht regnen, damit wir den Reis verpflanzen können?"[260] Von dieser ‚Reischristen'-Haltung wird auch in anderen Quellen oft berichtet. Und mir persönlich wurde in der Zeit ab 1995 mehrmals von Chinesen Reichtum versprochen, wenn ich mich ihrer Gemeinde anschlösse. Ich habe auch mehrfach Flugblätter gesehen, in denen christliche Gemeinden mit Wohlstandsversprechungen neue Mitglieder zu werben suchten.

Auch in Dongxiang herrscht im Sommer eine brutale Hitze, der Ort liegt etwa auf der gleichen geographischen Breite wie Lishui, nur ein paar hundert Kilometer weiter westlich. Deshalb zogen sich die ausländischen Missionare in der heißen Zeit gern auf Berge zurück. So auch Familie Röhm im Sommer 1926 auf Wangpai bei Nanfeng, dem Sommeraufenthalt der Familie Pfannemüller.[261] Dort waren 2003 noch wenige Reste von Grundmauern zu sehen, die Einheimische Wohnhäusern und einer Kirche von Ausländern zuordneten. Bei einer uralten Frau mit lebhaftem Geist standen diese Ausländer immer noch in hohem Ansehen: Sie hatten erzählt, dass man sich nicht vor Teufeln fürchten müsse, dass Frauen und Männer gleichberechtigt seien und dass man Mädchen nicht die Füße binden dürfe. Die Alte wies uns stolz ihre ungebundenen Füße vor. Als kleines Kind war sie mehrfach in der Küche der Ausländer gewesen und hatte beim Gemüsewaschen geholfen.

---

[259] Röhm, L.&R., Bericht vom 02.08.1926
[260] Röhm, R., China Bote, Oktober 1926, S. 151
[261] Vgl. China Bote, Juli 1927, S. 122

1926 wurde Dongxiang wieder vom Bürgerkrieg berührt und die Missionsstation wurde vielfach als Lazarett und Krankenstation in Anspruch genommen, obwohl die Missionare keine medizinische Ausbildung hatten. Aber es gab keine etablierte einheimische Krankenversorgung und ausländischen Missionaren traute man offenbar gewisse Fertigkeiten zu, vielleicht war auch irgendeine Information von christlichem Samaritertum durchgesickert. Ich selbst wurde noch nach 1995 mehrfach um medizinischen Rat und sogar um Behandlung einer Frauenkrankheit gebeten, obwohl ich mich deutlich zum medizinischen Laien erklärt hatte. Zu der Zeit gab es schon gute chinesische Krankenhäuser und ausgezeichnete Ärzte. Aber nicht flächendeckend, und die Krankenversicherung war auch noch völlig unterentwickelt.

Selbst wenn es keine Gefechte am Ort gab, war die Furcht vor den wilden Horden groß, die im Bürgerkrieg wüteten. Rudolf Röhm berichtete: „Jetzt hält die Furcht vor durchziehenden Truppen die Gemüter wieder in Aufregung. Die Leute schaffen ihre Habseligkeiten fort. Viele haben ihre Pukai (Betten), Kleider und andere Sachen zu uns gebracht, obwohl wir den Leuten sagten, dass wir im Notfall ihre Sachen nicht retten könnten. Der Mandarin ließ fragen, ob seine weiblichen Familienmitglieder bei uns wohnen könnten, um vor den Soldaten geschützt zu sein. [...] Dann verbreitete sich das Gerücht, dass 2000 fliehende Nordsoldaten, hier durchziehen würden. [...] Bis jetzt hat sich das Gerücht nicht bestätigt, nur kleine Trupps sind bis jetzt hier vorbeigezogen. Der Weg über Jiujiang und zum Jangtse ist durch Südtruppen versperrt. Wie es weiter gehen wird, wissen wir nicht."[262] Bald danach wurde das Missionshaus von marodierenden Soldaten überfallen und geplündert, nachdem es gerade unfreiwillig zum Lazarett geworden war: „Am 21. Oktober [1926] kamen zurückgeschlagene Nordsoldaten unter Führung eines Obersten [...] und brachten gegen 40 Verwundete mit, die sie uns zur Behandlung übergaben. [...] Manche von ihnen sind furchtbar zugerichtet. [...] Am Sonntag, den 24. rückten

---

[262] China Bote, Dezember 1926, S. 181

die Vortruppen der Südlichen hier ein, nachdem die Nordsoldaten die Stadt verlassen hatten. Wir waren gerade beim Verbinden, als die ersten ins Haus stürmten. Sofort rissen sie den Verwundeten die besten Kleider vom Leibe, nahmen ihre Decken weg und Sonstiges, was ihnen gefiel. Als wir dagegen Einspruch erhoben, nahmen sie auch gegen uns eine drohende Haltung ein [...] Mehrere Trupps kamen im Laufe des Tages und nahmen weg, was die anderen noch gelassen hatten". Missionarseigentum stahlen diese Horden aber nicht.[263]

China war damals ein zerrissenes Land ohne einheitliche Regierung. Es gab eine international anerkannte Regierung in der alten Hauptstadt Beijing im Norden Chinas, der die oben erwähnten „Nordtruppen" wohl zuzurechnen waren. Und es gab eine Nebenregierung in Guangzhou (Kanton) im Süden China, die international nicht anerkannt, aber von der Sowjetunion unterstützt wurde. Diese Nebenregierung wurde von der heute ‚Guomindang' geschriebenen Partei bestimmt, die von Dr. Sun Yat Sen gegründet worden war, dem ersten Präsidenten Chinas nach der Kaiserzeit. Außerdem gab es noch lokale Machthaber, sogenannte War Lords. Die Guomindang propagierte „3 Prinzipien des Volkes: Nationalismus, Demokratie, Wohlergehen des Volkes" und wollte China wieder zu einem vereinigten mächtigen und reichen Land machen. Sie arbeitete zuerst mit den chinesischen Kommunisten zusammen und hatte kommunistische Berater aus Russland. Unter der Führung von Chiang Kai Shek wandelte sie sich aber zur antikommunistischen Partei und bekämpfte die Kommunisten mit großer Härte. Sie verlor diesen Kampf. 1949 rief der Kommunistenführer Mao Tse Dong die Volksrepublik China aus und Chiang Kai Shek floh auf die kleine Insel Taiwan, die seitdem Republik China heißt. Die Guomindang blieb auf Taiwan lange die einzige Regierungspartei.[264]

---

[263] Röhm, R., China Bote, Februar 1927, S. 25/26
[264] Wikipedia, Kuomintang, http://en.wikipedia.org/wiki/Kuomintang [Zugriff 15.04.2015]

Nach dem Erscheinen der „Südsoldaten" gab es am 31.Oktober 1926 in Dongxiang eine große Volksversammlung im Freien, auf der die Prinzipien der Guomindang propagiert wurden und gegen Ausländer gehetzt wurde.[265] Auch die Predigthalle der Missionsstation wurde mehrfach für Volksversammlungen requiriert, „diese sind jedoch bisher immer in Ruhe und Ordnung verlaufen, auch gegen unsere Lehre wurde nichts gesagt". Einmal waren ein höherer Offizier und sein russischer Berater die Hauptredner. Der Russe wurde von einem jungen Chinesen übersetzt. Aber die Zuhörer verstanden die Botschaft nicht.

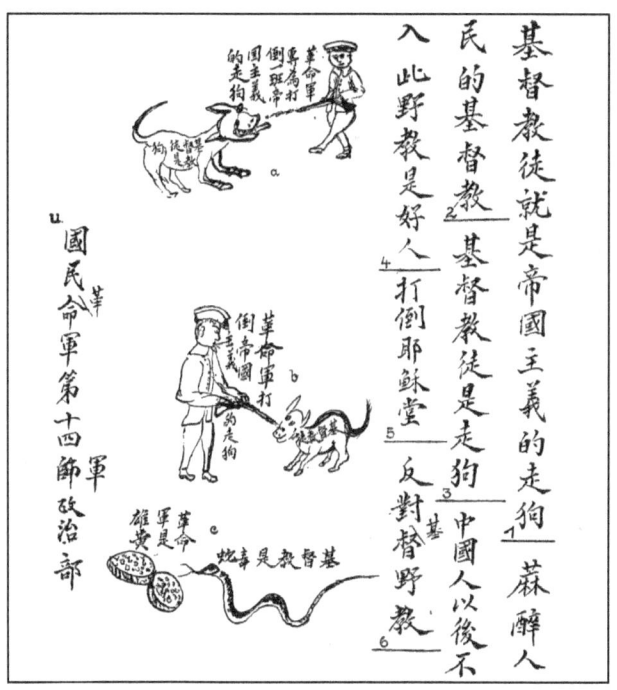

Bild 16: Anti-christliches Hetzplakat

[265] Röhm, R., China Bote, Februar 1927, S. 27

Auf Propaganda-Plakaten der Südregierung wurde in Wort und Bild gegen Christen gehetzt:

1. Die Christen sind die Hunde des Imperialismus
2. Aussätziges, versoffenes (oder auch lumpiges) Christenvolk
3. Christen sind Jagdhunde
4. Chinesenvolk, wenn du von nun an nicht mehr in die wilden Gemeinden eintrittst, dann tust du gut
5. Nieder mit der Jesusgemeinschaft
6. Ist das Abzeichen oder die Unterschrift der antichristlichen Gesellschaft.

Erklärung der Bilder:
a. Christen sind Hunde. Die rote Armee erschießt die Imperialisten.
b. Die Christen sind Jagdhunde (Laufhunde). Die rote Armee schießt die Jagdhunde nieder.
c. Christen gleichen der Giftschlange. Die rote Armee vergiftet die Schlange.

Unterschrift: Volkreich, 14. Armeekorps, Revolutionsbüro"[266]

In der Neujahrswoche 1927 zogen große Truppenmassen nahezu Tag und Nacht am Missionshaus in Dongxiang vorbei.[267] Röhms lebten in Ungewissheit über die Situation des Landes, Nachrichten aus Shanghai kamen spärlich und Post gab es unregelmäßig. Am 20. April 1927 erfuhren sie, dass der Schweizer Generalkonsul seine Landsleute zum Verlassen des Landesinneren aufgefordert hatte. Rudolf Röhm ritt zu benachbarten deutschen Missionaren, um Er-

---

[266] China Bote, März 1927, S. 49/50
[267] Vgl. China Bote, März 1927, S. 50

kundigungen einzuholen und die Stimmung auszuloten. Die Ergebnisse dieser Erkundungstour sind nicht überliefert. Aber offenbar
hielten Röhms noch die Stellung. In einem Brief vom 3. Mai 1927 an
die Söhne und eine Nichte in Deutschland heißt es „In unserem Garten grünt und wächst alles, Kartoffel, Bohnen, Erbsen, Möhren, Salat,
Spargel und dergleichen gute Sachen. [...] Bald werden wir auch etwas
Weizen ernten, wenn sich die Vögel nicht vorher daran gütlich tun."
Einige kleine Reisen in nahe Orte waren möglich gewesen, aber eine
geplante Rundreise des Ehepaares durch die Außenstationen scheiter-
te an den katastrophalen Weg-Bedingungen. Auf seinem alten Pferd
‚Hans' hatte Rudolf Röhm dann allein einige Orte erreicht, wobei
Hans Mühe gehabt hatte, nicht im Schlamm steckenzubleiben oder in
die unter Wasser stehenden Reisfelder zu stürzen. Die Leute in den
Dörfern waren freundlich gewesen und hatten zugehört. Auch die
Lehrer in einem nur 6 km entfernten Ort waren freundlich und
Rudolf Röhm und ein ‚Kolporteur' konnten in der Schule Bücher
verkaufen und Traktate verteilen. Aber sowohl Luise als auch Rudolf
Röhm waren von Jungen nach ihrer Nationalität gefragt worden und
waren froh, Deutsche zu sein. [Die damals noch großen Einfluss in
China ausübenden Engländer, Franzosen und Japaner wurden von
vielen Chinesen gehasst und die Guomindang schürte diesen Hass
mit stetiger Erinnerung an die „Ungleichen Verträge" mit den Eng-
ländern aus dem 19. Jahrhundert. Diese ungleichen Verträge spielen
auch im angehenden 21. Jahrhundert bei der staatlichen Förderung
des chinesischen Nationalismus eine Rolle. H.R.] Für ihr Prinzip
„Wohlergehen des Volkes" war die Guomindang in den Augen von
Rudolf Röhm offenbar nicht sehr engagiert, denn er bemerkt in
seinem Brief: „Ich hatte in letzter Zeit manchmal den hier durchziehenden Volkbeglückern, wenn sie ihre weltverbessernden Ideen
vorbrachten, den Rat gegeben, dafür zu sorgen, dass zuerst mal die
Wege gebessert würden. Dadurch würde das Los der armen Karrenschieber und der Landleute schon mal gebessert. Über die projektier-
te Autostraße hört man nichts mehr. Das Volk muss jetzt für andere
Zwecke Mittel bereitstellen, die nicht dem Volkswohl dienen." Und

weiter: „Das Banditenunwesen nimmt überhand; die Soldaten lassen sie gewähren. ‚Nieder mit dem Kapitalismus' ist eines der viel gebrauchten Schlagwörter - die Räuber setzen dieses in die Tat um. Armes Volk! Nach den Gerüchten soll es in der Hauptstadt schlimm stehen."[268]

Im Herbst 1927 verbreitete sich das Gerücht, eine starke bewaffnete Räuberbande nähere sich Dongxiang. Das veranlasste die Wohlhabenden, mit einem Teil ihrer Habe in abgelegene Dörfer zu fliehen. Die Banden pflegten mit schrecklicher Folter Geld zu erpressen und begingen kaum vorstellbare Untaten.[269] „Es war im Herbst 1927. Die rote Armee, etwa 30.000 Mann, die zwei Wochen ihr Schreckensregiment in unserer Stadt Juikin [heute Ruijin H.R.] hatte, zog sich auf das Gebirge im Südwesten unserer Provinz zurück. So hatten wir kurze Zeit Ruhe in unserer Gegend, bis Ende November eine Freischärlertruppe von etwa 600 Mann sauber gekleideter Soldaten von der Nachbarstadt her an unserer Station vorbei in die Stadt marschierte. Bald wurde es kund, dass sie in der Nachbarstadt böse gehaust und ungefähr 50 Menschen umgebracht hatten. Auch in Juikin begann gleich das Morden. Aus irgend einem ‚Grunde' wurden Menschen abgeführt und enthauptet, zum Teil vor unseren Augen der Station gegenüber am Flussufer. Die armen Opfer mussten mit auf dem Rücken gebundenen Händen niederknien, und ein Räubersoldat hackte mit langem Schwerte dem Unglücklichen den Kopf ab. Darnach wurde der Leib aufgeschlitzt und das Herz herausgerissen und dem Anführer, General Long, gebracht, der alle die Herzen dieser vielen Hingerichteten verzehrte. Da wagte kaum noch jemand in der Stadt laut zu sprechen. Niemand wusste, ob er nicht auch bald an die Reihe kam. Ein jeder war vogelfrei; auch wir. Es lag wie ein Bann auf der Stadt. Diese Unsicherheit war für die Nerven sehr aufreibend. Man sagte, der Anführer könne seine Leute nicht mehr halten, wenn

---

[268] Röhm, R., Brief vom 3. Mai 1927 an die Kinder
[269] Vgl. Röhm, R., China Bote, Dezember 1927, S. 199/200

sie nicht alle paar Tage Blut sähen".[270] Die Opferzahlen in dieser schrecklichen Zeit waren ungeheuer: „Etwa sechs Jahre lang trieb der berüchtigte Zhu De, der in Deutschland seine kommunistischen Ideen eingesogen hatte [und es in China später zum Oberbefehlshaber der Volksbefreiungsarmee brachte H. R.], im Süden unseres Arbeitsgebietes Jiangxi sein furchtbares Handwerk. Es sollen 4 bis 5 Millionen allein in der Provinz Jiangxi von den entmenschten Horden abgeschlachtet worden sein. In unseren Bezirken Ningtu und Schwe-tschin wurden etwa 140.000 unschuldige Chinesen – vielfach ohne Urteilsspruch – hingemordet, darunter viele Christen."[271]

Die Versorgung mit Dingen des täglichen Bedarfs war in Dongxiang schwierig. So ließen sich die Röhms von ihren Kindern und Freunden aus Deutschland zum Beispiel Schuhe, Hosenträger, Sattelgurt, Riemen, Hemden, Taschentücher, Handtücher, Lampendochte und Briefumschläge schicken. Die Pakete waren nummeriert und die Inhalte katalogisiert.[272] So konnte man Verluste bemerken – sofern Briefe nicht unterwegs verloren gingen. Im Prinzip wenden wir dieses Verfahren auch 2015 noch an, wenn wir Dinge nach China schicken. Aber eigentlich kann man heute dort alles bekommen, wenn auch oft wesentlich teurer als in Deutschland.

Im Februar 1928 wurden die Menschen in Dongxiang durch große Truppenbewegungen beunruhigt. Zuerst wurden die Behörden in Dongxiang angewiesen, Quartier und Verpflegung für 3000 Soldaten bereitzuhalten. Dann kam die Nachricht, dass 30.000 Süd-Soldaten auf dem Marsch nach Zhejiang seien. Die zogen zum Glück in 15 bis 20 km Entfernung an Dongxiang vorbei, belegten aber zweimal die

---

[270] Schweizer, K., General Long, der Menschenherzenesser – Erinnerungen an die Schreckenstage der Kommunistenherrschaft in Juikin (Schwetschin), China Bote, Mai 1935, S. 67-68

[271] 50 Jahre Allianz-China-Mission 1889 – 1939, S. 91

[272] Vgl. Briefe von Rudolf und Luise Röhm an ihre Kinder vom 21.01.1928 und 06.12.1928, etc.

Halle der Außenstation Xinxi. Die Truppen mussten von der Bevölkerung versorgt werden. Es hieß, die Soldaten hätten lange keinen Sold bekommen und viele desertierten mit ihren Waffen. Die Verhältnisse wurden immer unsicherer.[273] Es gab auch fremdenfeindliche Reden und Plakatanschläge, und während eines Festes Aufwiegelungsversuche von Studenten gegen die Missionare. Diese wurden aber durch einen Beamten zur Ruhe gemahnt, der gerade im Missionshaus in medizinischer Behandlung war. Dann kamen – zur Erleichterung der Missionare – auch telegraphische Befehle der Regierung an Beamte und Verbände, Leben und Eigentum der Fremden zu schützen und keine Missionshäuser und Kapellen mehr zu besetzen. Aber – klagt Rudolf Röhm – „althergebrachte Sitten werden über Bord geworfen. Die Achtung vor dem Alter schwindet; Zügellosigkeit trat an die Stelle der kindlichen Pietät. Gleichheit der Geschlechter sowie freie Liebe wurde proklamiert. Sogar in den Dörfern spricht man vom Bubikopf." Und schon ein paar Tage später wurde das Missionshaus in Dongxiang von 2 Stabsoffizieren mit ihren Ordonanzen besetzt. Die Herren waren nett; waren am Sonntag bei der Wortverkündigung auch in unserer Halle. Es war dies die einzige Einquartierung, die wir hier hatten. In [der Außenstation] Xinxi dagegen hatten Soldaten zweimal die Türen zu unseren Räumen erbrochen und die Räume belegt." Trotz aller Unruhen und Behinderungen der Missionstätigkeit war die Mitgliederzahl der Gemeinde im Vergleich zum Vorjahr von 58 auf 68 gestiegen. Und es wurden 48 Personen wundärztlich behandelt, „die meisten waren mehrere Wochen bei uns im Hause, ein Soldat beinahe 5 Monate." Wegen der chaotischen Zustände in China hatten viele Missionare ihre Stationen schon verlassen. Auf den Inlandsstationen waren nur noch ca. 500 von 8300.[274]

---

[273] Vgl. China Bote, April 1928, S. 60
[274] Vgl. Röhm, R., China Bote, August 1928, S. 116

Hier ist ein Beispiel für ihre Arbeitsbedingungen. Ein Missionsgebäude in Anjen war von Soldaten besetzt. Der Offizier sagte zu
Rudolf Röhm,

„das Haus sei so schön passend für seine Zwecke; er wolle
jedoch in den nächsten Tagen ein größeres Quartier beziehen.
Der Umzug kam indessen schneller, als dieser Herr vorhatte.
Am Dienstagabend gab der Offizier dem Bürgermeister und
den Notabeln der Stadt ein Festessen, zu dem ich auch gela-
den wurde. Nach dem Essen gingen die Herren alle in die
Stadt. Ich hielt in der Halle Versammlung, an der auch eine
Anzahl Soldaten teilnahmen [...] Da krachten auf der Straße
Schüsse, Kugeln prasselten aufs Dach des Missionshauses –
unter fortwährendem Abfeuern von Gewehren drang eine
Rotte schreiend ins Missionshaus ein, stürmte an meinem
Zimmer vorbei, die Treppe hinauf, von einem Zimmer ins
andere. Bald klirrten Fensterscheiben und Porzellan, Kisten
wurden erbrochen und deren Inhalt umhergeworfen. [...]
Nach längerer Zeit zog die Schar wieder ab, ohne sich weiter
um uns zu kümmern. Da stellte sich heraus, dass die Ein-
dringlinge keine Räuber waren, wie wir meinten, sondern Soldaten einer anderen Abteilung, die die Kapelle der Katholiken
besetzt hielten. Nach und nach kamen Soldaten, die in der
Halle lagen, wieder zum Vorschein; diejenigen, die noch
Waffen hatten mussten jetzt aber das Haus verlassen; sie
kletterten über die Mauer und verschwanden im Nachbarhaus, die anderen wurden ‚Zivilisten'. Nicht lange danach ging
das Schießen wieder los; das Haustor, das wir unterdessen
verschlossen hatten, wurde aufgesprengt und wieder drang
eine Bande ins Haus. Dieses Mal versuchten sie auch, die
Türe zu meinem Zimmer zu erbrechen. Schnell genug hatte
ich jedoch meine Laterne angesteckt, öffnete die Tür und trat
den Leuten entgegen. Den Führer fragte ich, was das zu be-
deuten hätte, auf solche Weise in ein Haus einzudringen. Er

179

sagte mir, dass sie am Abend Befehl erhalten hätten, die
‚Räuber', die in der ‚Jesu-tang' (= Missionshaus) im Quartier
lägen, unschädlich zu machen; sie müssten das Haus auch
durchsuchen, weil noch Waffen versteckt sein müssten. Ich
ging mit ihnen durch die Zimmer, um zu verhindern, dass
nicht Sachen verschwanden, die keine Waffen waren, auch
nicht den Soldaten gehörten. Sie fanden keine Waffen, auch
nicht die Soldaten, die sich noch im Hause versteckt hatten.
Aber Nachlese haben sie noch gehalten. Als sie mit ihrer Beute abgezogen waren, hieß ich auch die anderen Soldaten, das
Haus zu verlassen, ihrer eigenen Sicherheit wegen. Tatsächlich kamen sie noch dreimal während der Nacht, bis alles
weggeschleppt war, was den anderen gehörte, denn darum
war es ihnen ja zu tun. 12 Gewehre und Sachen im Werte von
einigen Hundert Dollars sollen ihnen bei dieser Gelegenheit
in die Hände gefallen sein".[275]

In der zweiten Jahreshälfte 1928 wurde die Sicherheitslage in
Dongxiang zeitweilig besser. „Nach außen herrscht ebenfalls Ruhe in
unserem Bezirk. Die Regierung geht streng gegen kommunistische
Bewegungen vor. Auch von hier wurden drei junge Männer in
Lichuan erschossen, weil sie sich im vergangenen Jahre allerlei zu
Schulden kommen ließen, als sie hier für kurze Zeit die Gewalt in
Händen hielten." Aber jetzt tauchten andere Probleme auf, die eigentlich eher von Medizinern als von Missionaren zu lösen gewesen
wären. „Leider treten schon seit Juli Malaria und Dysenterie in er-
schreckender Weise auf. Viele sind schon daran gestorben, besonders
Kinder. [...] Von weit her kamen Hilfesuchende, oft 20 und mehr an
einem Tage. Glücklicherweise waren wir reichlich mit Arzneimitteln
versehen".[276]

---

[275] Röhm, R., China Bote, Oktober 1928, S. 151
[276] Röhm, R., China Bote, Dezember 1928, S. 180

Briefe von Rudolf und Luise Röhm vom 24.11. und 6.12. 1928 an die Kinder in Deutschland drücken einerseits große Freude über reichlich eingetroffene Geschenke aus und anderseits Sorge über die beiden jüngsten Söhne. Die damals 16 und 19 Jahre alten Jungen scheinen Probleme im Zusammenleben mit den älteren Brüdern und der den Haushalt führenden Kusine gemacht zu haben und ihre Auffassung von Christentum scheint stark von der der besorgten Eltern abgewichen zu sein.

Am Neujahrstag 1929 waren die Hoffnungen auf eine bessere Zukunft in Jiangxi zerstoben. Rudolf und Luise schrieben: „Malaria und Dysenterie haben viele Opfer gefordert. Die allgemeine Unsicherheit nimmt zu. So leicht es für die Nationalisten war, die jungen Leute zu bewegen, ihre heimatliche Scholle zu verlassen und sie für den Kampf gegen den Norden zu begeistern, so schwer ist es jetzt, die überflüssig gewordenen Menschen wieder in geordnete Verhältnisse zu bringen. Es fehlen die Mittel, die Leute wieder in ihre zum Teil weit entfernte Heimat zu bringen. Das wenige Reisegeld, das die Leute bei ihrer Entlassung erhalten, reicht nicht für die Heimreise. Verpflegungsämter gibt es nicht, an die sich die Leute wenden können und -- Hunger tut weh. So lange der Soldat seine Waffe hat, ist er gefürchtet, hat er sie nicht mehr, dann mag er sehen, wie er fertig wird. Arbeit ist nicht überall zu haben, manche haben auch die Lust zur Arbeit während des Soldatenlebens verloren. Das Naheliegende ist, dass die Leute mit ihren Waffen ausreißen und von Raub leben." Am 7.12.1929 war eine Schießerei in der Stadt mit 7 Toten und mehreren Verletzten, der Räuberbande fielen außer den Waffen der Toten noch 28 Gewehre und Munition in die Hände. Am Sonntag vor Weihnachten gab es wieder eine Schießerei. 21 Soldaten desertierten samt Waffen. „Nun haben wir wieder das Lazarett im Hause, denn es ist hier selbstverständlich, dass man Verletzte in die ‚Jesu-tang' bringt... Mit Zustimmung der Behörden ließen wir Dr. Hu von Linchuan kommen, der in einem Krankenhaus der Liebenzeller Mission ausgebildet ist. Derselbe blieb einige Tage hier, um zu sehen, wie die

Heilung ihren Verlauf nahm." [...] „Letzte Woche kamen wieder mehrere kleinere Abteilungen Soldaten hier vorbei. Eine Abteilung hatte keine Marschordre und waren auch sonst verdächtig; so dass die Behörden nicht wussten, was dieselben vorhatten, ebenfalls nicht, wo sie her kamen. Auch schlossen sie sich keiner der vorüberziehenden Abteilungen an. Von Nanchang hatten die Behörden Nachricht erhalten, dass 40 fahnenflüchtige Soldaten auf dem Weg nach hier waren. Letzte Woche kam eine halbe Kompanie Soldaten von Linchuan hier an, gerufen vom Stadtoberhaupt, zur großen Beruhigung der Bewohner. Ehe sie ankamen, hatten sich die anderen aus dem Staube gemacht, wohin, weiß niemand. Sie sollen aber gar nicht weit von hier ihr Wesen haben. – Unter solchen Umständen ist das Reisen ziemlich gehindert."

Als bei einer Weihnachtsfeier des CVJM in Schanghai versäumt worden war, die Nationalflagge zu hissen, „nahm die örtliche Kuomingtang (Partei der Regierung) die Sache in die Hand. Eine Versammlung wurde einberufen, bei der etwa 200 Mitglieder anwesend waren. Es fielen starke antichristliche Bemerkungen. In einigen Resolutionen wurde gefordert, dass durch die Regierung die St Johns Universität in Shanghai geschlossen werde; alle Schüler in christlichen Schulen sollten entweder austreten, oder sie verlieren das chinesische Bürgerrecht und das Recht, amtliche Stellungen zu erhalten. [...] Ferner soll die Regierung ersucht werden, alle Kirchen, Vereine junger Männer und Schulen zu schließen. Allen Parteimitgliedern soll verboten werden, sich an christlicher Arbeit zu betätigen. Sie sollen dem christlichen Glauben absagen."[277] Die hier beschriebene Guomingdang-Aktion stammte von der Partei des Generals Chiang Kai-Shek, der seine Partei inzwischen zu Gegnern der Kommunisten umgepolt hatte, nachdem sie früher mit diesen kooperiert und sich von russischen Kommunisten beraten lassen hatte. Weiter unten werden wir diesen Chiang Kai-Shek noch als Christen kennenlernen.

---

[277] Röhm, R., China Bote, April 1929, S. 45

Das Mitte 1928 kolportierte strenge Vorgehen gegen die Kommunisten wirkte nicht nachhaltig: Eine ca 4000 Mann starke Kommunistenbande unter Zhude – ehemals Lehrer, dann Räuberhauptmann und schließlich Oberbefehlshaber der chinesischen Volksbefreiungsarmee – verwüstete im Januar 1929 die Missionsstation Ruijin und drangsalierte die Missionarsfamilie tagelang.[278] Dennoch konnte Rudolf Röhm im ersten Halbjahr 1929 mehrfach die Außenstationen von Dongxiang und auch andere Gebiete besuchen.[279] Aber schon im Sommer war es lange unklar, ob das Ehepaar Röhm auf den Berg Wangpai reisen könne, um der brütenden Hitze im Tal zu entfliehen. Denn eine Räuberbande machte die Gegend lange unsicher, wurde aber schließlich verjagt. Die Reise nach Wangpai wurde dann zum Abenteuer. Zuerst schreckliche Unwetter und schlüpfrige Wege. Dann 135 km auf einem Boot flussaufwärts, meist mit Gegenwind und oft bei Gewitterregen. Das Boot „hat eine Länge von 10,25 m, (Bootsinneres 5.25 m) Breite 2.32 m, Höhe in der Mitte 1,90 m. Die vordere Hälfte des Bootes ist Küche, Mannschaftsraum usw., das hintere Teil, abgetrennt durch eine Decke, ist unser Salon, Speiseraum und Schlafgemach: ebenfalls sind die Koffer und Proviant darin verstaut". Nach fast 5 Tagen überraschende Unterbrechung der Bootsfahrt, weil der Zielort Nanfeng gerade von einer Kommunistenbande und einer sog. Schutztruppe überfallen worden war und geplündert wurde. Ein Krankenhaus wurde ebenfalls geplündert und ein irischer katholischer Pater wurde aus der Messe heraus entführt. Die Bootsfahrt ging weiter, nachdem die Banditen Nanfeng verlassen hatten. Von Nanfeng dann der steile Aufstieg auf den Wangpai Berg im Maku Gebirge. Nach 15 Tagen war die Reise zum ersehnten Urlaubsort endlich geschafft. Wenige Tage später wurde Rudolf Röhm schwer krank: Malaria. Als es ihm nach 10 Tagen wieder besser ging, bekam seine Frau auch Malaria mit noch höherem Fieber, Erbrechen, Appetit- und Schlaflosigkeit.

---

[278] Vgl. China Bote, Mai 1929, S. 65
[279] Vgl. China Bote, August 1929, S. 110

Die Nachrichten, die auf den Berg Wangpai durchdrangen, waren beunruhigend. In der Nachbarprovinz Fujian hausten kommunistische Banden und plünderten deutsche katholische Missionsstationen. Sie sollten mit großen Truppenmassen bekämpft werden.[280] Im Süden von Jiangxi, Röhms Provinz, hatten sich 6000 Räuber vereinigt und zogen sengend und brennend umher und aus der Nachbarprovinz Anhui war eine starke Bande nach Jiangxi eingebrochen.[281] Unter solchen Bedingungen war Reisen wenig ratsam. Aber vom 17. bis 27. Oktober 1929 wagte Rudolf Röhm wieder eine längere Missionsreise. Am 10.12.1929 schrieben Rudolf und Luise Röhm ihren Kindern aus Dongxiang: „Im Süden waren die Kommunisten wieder in voller Tätigkeit, sollten auch wieder in Schwekin sein. Im benachbarten Fujian Gebiet haben Soldaten gemeutert, ihren General verjagt, einen Oberst und andere Offiziere ermordet und sich dann den Kommunisten angeschlossen, die den Süden von Jiangxi beunruhigen. [...] Die Bevölkerung traut den Zuständen nicht: Die Soldaten sind zwar zum Schutze da, aber auf dem Land haben die Räuber freie Hand. Die Bevölkerung steht sogar eher auf deren Seite, denn zum Teil übertreffen die sog ‚Beschützer des Volkes' die eigentlichen Banditen an der Ausplünderung des Volkes."[282] Solche Gefühle äußerten Studenten in der südchinesischen Provinz Guangdong im Jahre 2000 auch noch. Sie verdächtigten Mitglieder der Volksbefreiungsarmee der Erpressung, des Geldfälschens, der Korruption, der Förderung der Prostitution und des Schmuggels. Spektakuläre Fälle solchen soldatischen Fehlverhaltens wurden in den folgenden Jahren sogar oft in chinesischen Medien berichtet.

In einem Brief von Mutter Luise Röhm an Sohn Walter vom 20. Oktober 1929 macht sie deutlich, wie dringend sie den noch Medizin-Studenten als Missionsarzt in China erwartet:

---

[280] Vgl. Röhm, R&L, Briefe an die Söhne vom 23. und 28. Juli 1929
[281] Vgl. Röhm, R., China Bote, September 1929, S. 126
[282] Röhm, R.&L., Brief an die Söhne vom 10.12.1929

„Musst Du ein ganzes Jahr in Deutschland Assistenzarzt sein? Dann dauert es ja noch lange, bis Du kommen kannst." Und sie gibt Rat, wie er sich auf seine künftige Tätigkeit vorbereiten soll und offenbart dabei Erfahrungen, die sie als medizinischer Laie bei der Krankenbehandlung in China gewonnen hat: „Wir haben schon lange gedacht, Du solltest Dich später in der Natur-Heil-Methode umsehen. Es wäre Dein und vieler Patienten Vorteil. Tante Suter machte uns kürzlich auf die Homöopathie aufmerksam. Sie meinte, Du solltest einen Kursus in England in einem Krankenhaus mitmachen. Es sei gleich, an was Du Englisch lerntest. Das ist ja wahr. Über unsere Erfahrungen mit der Wasser- & Lehmmethode können wir Dir später erzählen. Es ist etwas Wunderbares. Da brauchen viele Operationen nicht gemacht zu werden. Die Patienten haben weniger Fieber oder Schmerzen. Schwere Wunden fangen gleich zu arbeiten an. Fremdkörper kommen ganz von selbst heraus. Wir hatten einen Soldaten der hatte eine Kugel von 30 mm Länge im Schlüsselbein sitzen. Selbige arbeitete sich wieder heraus u. wanderte allmählich quer über den Rücken auf die rechte Seite unter der Haut. Wir wollten gerne sehen, wohin sie den Weg nehmen wollte, aber ein verwegener Soldat machte heimlich einen Schnitt in die Haut und nahm das Ding heraus, sehr zu meinem Ärger. [...] Natürlich muss auch die Heilmethode richtig angewendet werden, es kann sonst auch viel verdorben werden. Die nassen Tücher müssen immer mit Wolle bedeckt werden, sonst schreitet die Heilung nicht voran." Und es „wäre gut, wenn Du Dich zu Hause möglichst viel in den Hospitälern umsehen würdest." Sie gibt auch deutlich bekannt, was sie von einem Arzt erwartet: Ich „glaube gerne, dass Du in Deiner Nachtruhe nicht möchtest gestört sein; junge Leute schlafen gerne ungestört. Ein Arzt muss aber sich selbst aufgeben & für seine Mitmenschen da sein. Uns Missionaren geht es auch nicht anders. Wie oft sind wir schon nachts 2-3 Mal aus dem Bett getrommelt worden. Das lässt man sich ja auch gerne gefallen, wenn es sich um ein Menschenleben handelt." Auch zu dem Krankenhaus, in dem der Sohn später wirken soll, teilt sie ihre Meinung mit: „Soll mich wundern, wo das Hospital soll gebaut werden! Hier in Dongxiang auf keinen Fall. Der Platz ist zu klein und hat keinen Wasserweg. Es ist ja Kien-chang ins Auge gefasst; Bruder Krienke hat schon ein großes Grundstück dafür gekauft. Wer weiß, was in zwei Jahren noch alles passiert und wo Du noch landest. Jedenfalls darfst Du in China kein kostspieliges Hospital bauen. Die Chinesen haben jetzt zur Genüge gezeigt, dass sie es nicht zu würdigen wissen. Letzthin haben die Räuber das bescheidene Hospital des Dr. Chao in Nanfeng ausgeplündert; alle seine Instrumente sind weg. Die Soldaten haben es in den ausländischen Hospitälern nicht besser gemacht. Es ist & bleibt ein armes China. Es fehlt dem Volke doch die sittliche Kraft!"[283]

Der Winter 1930 brachte viel Regen, Schnee, Hagel und wenig Sonne. Es war ungewöhnlich kalt, mehrmals „bis zu 6 Grad Celsius unter null, so dass das Wasser im Schlafzimmer und in den Wasserbehältern einfror. Eine solche anhaltende Kälte ist man hier nicht gewohnt. Frost und Schnee haben an unseren Mauern viel Schaden angerichtet; die Backsteine und Wegsteine zerbröckeln einfach. Der langanhaltenden nassen Witterung wegen konnten die Dorfleute kein Brennholz in die Stadt bringen und manche Leute kamen in große Not. Auch bei uns gingen Brennholz und Holzkohlen zur Neige. Wir sind dankbar, dass seit einigen Tagen wieder die Sonne scheint." [...] Am Chinesischen Neujahr, 30. Januar 1930, wurde die geringe Durchsetzungskraft der Behörden deutlich: „Trotz aller Verbote der Regierung wurde dasselbe doch gefeiert in der üblichen Weise", d.h. mit mächtigen Feuerwerken, die leicht Feuersbrünste auslösten. Und entgegen einer Verfügung der Regierung wurden die meisten chinesi-

---

[283] Röhm, L., Brief an Sohn Walter vom 20.10.1929

schen Kalender noch mit Mondmonaten neben den Sonnenmonaten herausgegeben. Nur die christlichen Verlage beachteten die neue Regel.[284] Schwach entwickelte Gesetzestreue konnte ich Jahrzehnte später, zwischen 1995 und 2008, auch noch beobachten; gegen Arbeits- und Umweltschutz-Regeln wird massenhaft verstoßen und im Straßenverkehr merkt man nicht, dass China fast die gleichen Verkehrsregeln wie Deutschland hat.

Ostern 1930 berichtete Ehepaar Röhm aus Dongxiang, dass die Reispreise 90 Tage vor der neuen Ernte um mehr als das Doppelte gestiegen seien. „Schon hört man, dass da und dort die Leute zur Selbsthilfe schreiten und sich selbst den Reis aus den Kornkammern der reichen Bauern holen. Auf den Landstraßen mehren sich die Raubüberfälle: es sind dies ‚kleine Räuber‘, die die Not und der Hunger zwingt zu ihrem Tun. Die großen Banden, die im Osten, Süden und Westen der Provinz hausen, werden immer zahlreicher, die Regierung dagegen denselben gegenüber immer machtloser. Weil ihre Löhnung rückständig ist, gehen Soldaten zu den Räubern über, die sie bekämpfen sollen." Drei finnische Missionarinnen wurden von einer Räuberbande entführt und ermordet. Dieselbe Bande plünderte Ende März eine größere Stadt der Provinz Jiangxi, warf den Bürgermeister in siedendes Öl, tötete einen chinesischen Prediger und nahm die Missionare der China Inland Mission gefangen. „Vier der Gefangenen wurden wieder frei; ein älteres Ehepaar ist noch in den Händen der Räuber. Die Banden wagten sich sogar bis 60 km an die Hauptstadt Nanchang heran, so dass dort eine Panik entstand; mehrere Ausländer verließen die Stadt. Die westlich von Nanchang wohnenden Missionare der Brüder-Mission mussten nach Jiujiang fliehen". [...] Dennoch wagte Luise Röhm am 22. März für mehrere Tage ins knapp 30 km entfernte Lixu zu reisen, um Frauenstunden zu halten und Frauen in ihren Häusern zu besuchen. Als Schulkinder christliche Bücher kaufen wollten, hielt der Lehrer sie davon ab mit der falschen

---

[284] Brief von Röhm, R. & L. aus Dongxiang, vom 22. 02 1930

Drohung, darauf stehe Gefängnisstrafe.[285] Bald danach machte wieder eine Räuberbande lange die Gegend um Dongxiang unsicher, bis sie im Mai vertrieben wurde.[286] Aber schon am 20.06.1930 berichtet Ehepaar Röhm wieder, dass Reisen nach auswärts nicht ratsam seien. Die Konsuln von Deutschland, England und den USA hätten wegen der vielen Räuber Reisewarnungen für das Berggebiet Kuling ausgesprochen, ein bekannter [und heute bei chinesischen Funktionären beliebter H.R.]) Sommeraufenthaltsort. Sie berichten auch, was ihnen Zuschauer einer öffentlichen Hinrichtung dreier Räuber erzählt hatten: Den toten Räubern schnitten die Soldaten die Brust auf, nahmen das Herz heraus, kochten und aßen es, „um mehr Mut für ihren Beruf zu bekommen".[287]

Neben den Sorgen um ihr eigenes Wohlergehen plagten die alten Röhms auch Sorgen um ihre beiden Jüngsten, insbesondere aber um den inzwischen 18 Jahre alten Johannes in Wuppertal. Am 2. Juli 1930 schreibt Luise an Sohn Walter: „Es wäre vielleicht gut, wenn Du Dich dann noch mehr um Johannes kümmern könntest. Der arme Junge ist jetzt in den schwierigen Jahren und dabei hat er keinen inneren Halt! Wie es scheint, verweigert er auch Theo jetzt den Gehorsam. Wir hatten heute einen Brief von Friedchen. Bin ihr dankbar, dass sie uns darüber auf dem Laufenden hält. Es scheinen manchmal schwere Auftritte zu geben. Theo und die Andern bedürfen viel Gnade und Liebe, Festigkeit und Nachsicht. Die Liebe muss vorherrschend sein. Manches muss man nicht sehen, oder besser nicht merken lassen, dass man es sieht. Es ist heute viel schwieriger für junge Leute, als es früher war. Der Geist aus dem Abgrund nimmt Sinne und Gedanken, besonders der jungen Leute, gefangen. Möge der Herr sich in Gnaden über Arthur und Johannes erbarmen!"[288]

---

[285] Röhm, R. & L., Brief aus Dongxiang, Ostern 1930
[286] Röhm, R., China Bote, August 1930, S. 121
[287] Röhm, R. & L., Brief an die Kinder und Friedchen vom 20.6.1930 aus Dongxiang
[288] Röhm, L., Brief an Sohn Walter vom 2.7.1930

Aus dem Brief wird nicht deutlich, wer der Geist aus dem Abgrund ist. Es könnte der Sozialismus russischer und chinesischer Prägung gemeint sein, dem schon Millionen Menschen zum Opfer gefallen waren, es könnte aber auch der heraufziehende deutsche National-Sozialismus gemeint sein. Hitlers Buch Mein Kampf war schon jahrelang auf dem Markt, große Wahlerfolge der Nationalsozialisten standen aber noch aus. Allerdings gab es schon die Jugendorganisation Hitlerjugend, der sich Johannes möglicherweise schon 1930 angeschlossen hatte. Es liegt nahe, dass die alten Röhms diese Organisation als vom Geist aus dem Abgrund geleitet sahen, denn Sprüche wie „wir sind die fröhliche Hitlerjugend, wir brauchen keine Christentugend, denn unser Führer Adolf Hitler ist unser Mittler" waren ihnen sicherlich ein Gräuel. Jedenfalls bitten die alten Röhms ihren Sohn Walter in einem Brief vom 26. September 1930: „Solltest Du im Barmer Krankenhaus arbeiten, dann bitte, nimm Dich Deiner jüngeren Brüder an so viel Du kannst. Es scheint mit Johannes oft recht schwierig zu sein. Arthur & Johannes fehlt eben der Heiland & damit fehlt ihnen eben alles. Möge der Herr ihnen bald nahe treten und sie retten zu Seiner Ehre."[289]

In China wurde die Lage immer „trostloser und unhaltbarer. Von den 32 Stationen der China Inland Mission in dieser Provinz [Jiangxi H.R.] mussten 13 wieder von den ausländischen Missionaren verlassen werden, auch unsere beiden östlichen Nachbarstationen. Bis jetzt haben wir noch keine Nachricht, ob das im März gefangen genommene Missionsehepaar wieder frei ist. Der Oberbefehlshaber der ‚Roten Armee' hat deren Freilassung befohlen, aber seine Unterführer weigern sich, den Befehl zu befolgen".[290] Trotz der schlimmen Zustände dachten Luise und Rudolf Röhm nicht daran, China schnellstens zu verlassen. In Briefen an ihren Sohn Walter vom 2. Juli 1930 und vom 2. Juni 1931 finden sich Überlegungen, nach dem bald fälligen Heimaturlaub wieder in das vom Bürgerkrieg zerrüttete Land zurückzukehren.

---

[289] Röhm, R. & L., Brief an Sohn Walter vom 26.09.1930
[290] Röhm, R., China Bote, September 1930, S. 135/136

8.2 Flucht nach Jiujiang von August 1930 – Februar 1931

Am 11. August 1930 floh auch Ehepaar Röhm von seiner Station in Dongxiang, nachdem am Vortag eine Aufforderung zur sofortigen Abreise zur Küste eingegangen war. „Wir hatten eine Tagereise über Land nach Linchuan, von wo aus wir mit den dortigen Geschwistern auf einem Boote in vier Tagen Nanchang erreichten. Viereinhalb Stunden Bahnfahrt brachten uns am 16. August nach Jiujiang, wo wir mit anderen Flüchtlingen im Heim der China Inland Mission liebevoll aufgenommen wurden. Am Tage nach unserer Abreise wurde die eine Tagereise östlich gelegene Stadt Anjen von den ‚Roten' besetzt. Auf der Reede von Jiujiang lagen fremde Kriegsschiffe vor Anker, die die Ausländer an Bord nehmen sollten, wenn Gefahr drohte."[291] In Jiujiang am mächtigen Jangtse Fluss hatten sie – im Notfall auf ausländischen Kriegsschiffen – bessere Verkehrsverbindungen nach Schanghai, das in Luftlinie 550 km weiter östlich an der Küste liegt. Aber sie folgten der Aufforderung zur Abreise an die Küste nicht und warteten die weitere Entwicklung lieber ab. Anfang Oktober reisten sie sogar noch rund 250 km weiter ins Landesinnere, mit dem Dampfer 20 Stunden flussaufwärts nach Hankou, heute ein Stadtteil von Wuhan. Dort besuchten sie einen Zahnarzt, verbrachten schöne Tage bei Bekannten und Rudolf Röhm verteilte Bibelteile in verschiedenen Sprachen.[292]

Ende Oktober reisten sie mit einem Missionar Wohlleber von der Liebenzeller Mission noch rund 350 km weiter ins Inland nach Changsha in der Provinz Hunan, um beim Aufräumen einer Station der Liebenzeller Mission zu helfen. Diese war bei einem Überfall von Kommunisten ausgeraubt und verwüstet worden. Die Hinfahrt machten sie mit der Eisenbahn. Auf der Rückfahrt musste Rudolf

---

[291] Röhm, R. aus Tongschiang, China Bote, Juli/August 1931, S. 109
[292] Vgl. Röhm, R. aus Nanchang, China Bote, März 1931, S. 38/39

Röhm ein Schiff nehmen, weil die Bahnstrecke nach Hankou wieder von der ‚Roten Armee' besetzt war.[293]

In Hankou erwartete man General Chiang Kai Shek, den Oberkommandierenden der chinesischen Armee. Er wollte sich persönlich um die Unterdrückung der Kommunisten in den Provinzen Hubei, Hunan und Jiangxi kümmern. Bevor er am 21.12.1930 auf einem chinesischen Kanonenboot ankam, hatte die Geheimpolizei einen Mordanschlag gegen ihn aufgedeckt, und eine große Anzahl Kommunisten, unter ihnen Mädchen, wurden hingerichtet. „Man hofft nun, dass Maßregeln getroffen werden, um einigermaßen Ruhe und Ordnung in diesen Provinzen herzustellen. Trotz der auf dem Jangtse kreuzenden fremden Kanonenboote werden vorbeifahrende Dampfer [...] vom Ufer aus beschossen". Ehepaar Röhm hatte gute Informationen über die Lage in Dongxiang und begab sich am 21. 12. 1930 auf die Heimreise. Der Dampfer Wuhu brachte sie in 13 ½ stündiger angenehmer Fahrt auf dem Jangtse nach Jiujiang. Von dort fuhren sie mit der Eisenbahn am 24.12.2030 in 4 ½ Stunden weiter zur Provinzhauptstadt Nanchang und quartierten sich im dortigen Missionshaus ein. Hier war der angenehme Teil der Heimreise zu Ende. Dreimal machten sie sich fertig zur Weiterreise per Boot nach Linchuan, und dreimal wurde die Fahrt wegen Sicherheitsbedenken abgesagt.[294] Als sie endlich in Linchuan angekommen waren, verzögerte heftiger Regen ihre Weiterreise auf dem Landweg um mehr als 14 Tage. Am 25. Februar 1931 waren sie nach 5 1/2 Monaten Flucht wieder im heimatlichen Dongxiang. „Möge der Herr Gnade geben, dass wir bleiben können, denn geklärt ist die Lage noch keineswegs, besonders nicht im Osten der Provinz!"[295]

[293] Vgl. Röhm, R. aus Tongschiang, China Bote, Juli/August 1931, S. 109
[294] Vgl. Röhm, R. China Bote, März 1931, S. 38/39 und Juli/August 1931, S. 109
[295] Röhm, R. aus Tongschiang, China Bote, April 1931, S. 55

Von den Leuten in Dongxiang wurden sie freundlich empfangen. Sie verkauften viele Bibelteile, auch einige Taschenausgaben des Neuen Testamentes an neuangekommene Beamte, und verteilten viele Traktate. Sie besuchten 2 Orte in der Nähe, aber es schien ihnen nicht ratsam, die Station längere Zeit zu verlassen. Es gab Gerüchte über Kommunisten in der Nachbarstadt Anjen und in südwestlichen Nachbargebieten wurde gekämpft. Zwar war viel Militär in die Provinz geschickt worden, das zeigte aber wenig Eifer, Ruhe und Ordnung wiederherzustellen.[296]

Die Schule der Missionsstation Dongxiang hatte 1930 25 Schüler und Schülerinnen. Ein Mitglied der Gemeinde war Lehrer und hielt auch die Sonntagschule. Nach der Flucht der Röhms blieb die Schule aber geschlossen. Durch Mitarbeiter der Missionsstation wurden 1930 3793 Bibelteile und 500 Wandkalender mit Bibeltexten mit Bibelteilen verkauft und etwa 3000 Traktate verteilt.[297]

Das persönliche Erscheinen des Oberkommandierenden Generals Chiang Kai Shek in Jiangxi führte 1931 nicht zu raschen Erfolgen der Regierungstruppen gegen die Kommunisten. Rudolf Röhm berichtet aus Dongxiang: „Die berüchtigten Kommunistenführer Zhu und Mao sind mit ihren Anhängern in die benachbarte Provinz Fujian entwichen. Im Südwesten verloren die Regierungstruppen eine ganze Division bei einem Zusammenstoß mit der Roten Armee. Im Osten von Jiangxi haben [die Kommunisten] immer noch die Oberhand, trotz des vielen Militärs. Sie haben dort eine nahezu uneinnehmbare Position; man fürchtet, dass sie jetzt von den in Fujian eingedrungenen Banden Verstärkung erhalten werden. Wird ein Teil der Truppen von Jiangxi weggezogen, so werden sich die Begebenheiten des vergangenen Jahres wiederholen. Von Nanchang wurde uns schon vor einiger Zeit geschrieben: ‚Haltet euch zur Flucht bereit'. Dennoch zog Rudolf Röhm mit Helfern in der näheren Umgebung von

---

[296] Vgl. Röhm, R. aus Tongschiang, China Bote, Mai 1931, S. 70
[297] Vgl. Röhm, R. aus Tongschiang, China Bote Juli/August 1931, S. 109

Dongxiang missionierend über Land und freute sich über willige Zuhörer. Die Verkehrsbedingungen waren manchmal schauderhaft. „Auf Umwegen und über Feldraine kamen wir dem Ziele näher, denn der Hauptweg war streckenweise unter Wasser. An einer Stelle trugen 4 Mann den Karren durchs Wasser, das mir weit über die Knie ging. Da hatte zuletzt noch auf dem holprigen Wege, etwa 10 Li von hier, der Karren eine Panne – es war gegen 8 Uhr und schon finster. Leute aus einem vom Wege abseits gelegenen Weiler halfen, die Sachen nach dort zu bringen, wo wir die Nacht zubrachten."[298]

Auf einer Reise in die Provinzhauptstadt Nanchang konnte Rudolf Röhm nicht im dortigen Missionshaus übernachten, weil es seit einigen Tagen das Hauptquartier des Präsidenten von China, General Chiang Kai Shek war. Er kam bei irischen Patres unter, deren Missionshaus diesmal nicht requiriert worden war. General Chiang bat Rudolf Röhm zu einem Gespräch und bedankte sich für die Unterkunft. Sie sprachen dann über Missionsarbeit und Chiang fragte, ob Rudolf Röhm wisse, dass er Christ sei. „Ja, erwiderte ich, wir beteten viel dafür, dass Gott ihn bewahren möge und Gelingen gebe zu seiner schweren Aufgabe. Er war erstaunt, als er hörte, dass wir über 20 Jahre in seiner Heimatprovinz Zhejiang gewohnt hätten. Sein Gefolge und seine Leibwache sind Zhejiang Leute, feine Menschen, die auch Traktate und Schriften gerne annahmen. In derselben Nacht reiste der Höchstkommandierende für einige Tage nach Nanfeng. Inzwischen ist er nach Nanchang zurückgekehrt. Jetzt wohnt der Kriegsminister mit seinem Stabe im Missionshaus. [...] Der General der 13. Division, die in Nancheng lag, ließ mir durch den Bürgermeister sagen, ich solle nicht nach Nanfeng und Sincheng reisen, weil die Wege unsicher seien, sondern so bald wie möglich wieder nach Dongxiang zurückkehren."[299]

---

[298] Röhm, R. aus Tongschiang, China Bote, September 1931, S. 126
[299] Röhm, R. aus Tongschiang, China Bote, November 1931, S. 156 – 159

Trotz guter Ernten stiegen Preise und Arbeitslöhne 1931 in Dongxiang. Zu Ehren von Götzen wurden Theateraufführungen oder Prozessionen veranstaltet. Und die Missionare benutzten große Menschenansammlungen auf den Märkten, um zu predigen, Bibelteile zu verkaufen und Traktate zu verteilen. Weil nur wenig Menschen in die Predigthalle kamen, wurden sonntagnachmittags Versammlungen im Freien vor mehr Zuhörern gehalten. Im Herbst gab es auch wieder Missionsreisen in die Umgebung, und es gab wieder Truppenbewegungen in der Nähe. Rudolf Röhm klagt über erschreckend viele Opfer von Hochwasser und dadurch entstandene Seuchen und Entbehrungen sowie durch Räuber und Soldaten Getötete. Ihre Zahl werde niemals mit Bestimmtheit festgestellt werden können. Und im Norden drohe Krieg zwischen China und Japan.[300]

Im Herbst 1931 kam auch ein neuer Bürgermeister nach Dongxiang, fand aber wegen des vielen Militärs im Rathaus keinen Platz. So lebte er einige Tage als Gast im Missionshaus. Zur Freude der Röhms, die fast 7 Jahre allein ohne Landsleute in Dongxiang gelebt hatten, kam die Missionarin Esther Kurz am 10.11.1931 in die Stadt. „Da freut man sich, wenn man Hilfe bekommt in der Arbeit. Möge der Herr den Eingang der Schwester segnen!"[301] Die so hoch willkommene Schwester Kurz reiste schon wenige Tage nach ihrer Ankunft mit Luise Röhm und einer Bibelfrau zu einer Außenstation Lixu, von wo aus sie die umliegenden Dörfer besuchten. Sie waren 9 Tage unterwegs, während Rudolf Röhm nicht gehen konnte.[302] Zum Jahresende konnte er mehrfach verhindern, dass sich Soldaten im Missionshaus einquartierten. Er stellte sich an die Tür und verteilte viele Traktate und Schriften an die Soldaten, die „ganz freundlich waren, nachdem sie ihre Quartiere bezogen hatten und durch die Feldküchen mit Reis versorgt worden waren. [...] Die Dorfbewohner hatten bald genug erfahren, dass Militär hier ist, deshalb kamen sie

---

[300] Vgl. Röhm, R. aus Tongschiang, China Bote, Dezember 1931, S. 173/174
[301] Röhm, R. aus Tongschiang, China Bote, Januar 1932, S. 5/6
[302] Röhm, R., Brief aus Dongxiang vom 5.12.1931

nicht in die Stadt; die Stadtleute wagten auch nicht, ihre Häuser zu verlassen [...] Am Jahresende kamen aber beunruhigende Nachrichten von Linchuan; die Stadt Kwangchang, südlich von Nanfeng, war wieder im Besitz der Roten: eine ganze Division Regierungstruppen hatte den Gehorsam verweigert und sollte bereits im Kampfe sein gegen eine treu gebliebene. [...] Dass General Chiang Kai Shek dem Drängen seiner Gegner nachgab und seinen Posten als Höchstkommandierender aufgab, berichteten die Zeitungen. Er hat sich in seine Heimat Zhejiang zurückgezogen."[303]

Um das chinesische Neujahrfest am 6. Februar 1932 kamen wenig Besucher zu den Versammlungen im Missionshaus. Dafür hatten die Missionare großen Zulauf, als sie eine Gegend besuchten, in die wenig Ausländer kamen. Zu viert konnten sie kaum schnell genug die Bücher ausgeben, die die Leute kaufen wollten. Die Herberge, in der sie ihre Botschaft verkündeten, war abends gedrängt voll und die Leute hörten aufmerksam zu.[304]

Am 19. April 1932 wurde eine Autostraße von Nanchang nach Dongxiang dem Verkehr übergeben, eigentlich ein großer Fortschritt gegenüber der tagelangen Flussfahrt. „Das Auto fährt aber nur bei trockenem Wetter; bei Regen würde es im Schlamm stecken bleiben. – Wir hatten in letzter Zeit die Maurer im Hause; die Einfassungsmauern mussten repariert werden, weil die Ziegelsteine ganz verwittert waren; sie hatten durch den Frost letzten Winter sehr gelitten. Auch die Dächer sind sehr defekt. Nur hat man hier die Schwierigkeit, zuverlässige Arbeiter zu bekommen; überall muss man dabei sein, damit die Arbeit einigermaßen gut wird. Dachziegel und Kalk sind schlecht zu haben; auch wurden bedeutend mehr gebraucht, als wie vorgesehen war. Durch den anhaltenden Regen sind viele Mauern in der Stadt eingestürzt; auch ein Teil der unsrigen und musste neu aufgebaut werden. Wenn die Lage sich klärt, müssen auch teilweise

[303] Röhm, R. aus Dongxiang, China Bote, März 1932, S. 39/40
[304] Röhm, R. aus Tongschiang, China Bote, Juni 1932, S. 84 - 87

neue Balken unter die Fußböden gelegt werden, sowie die Innenwände in Ordnung gebracht, wo der Verputz sich löst." Und es gab mehr Interessantes aus Dongxiang zu berichten. Ein Gehilfe des Oberhauptes der Diebeszunft (!) und Nachbar von Röhms, hatte von einem Bauern eine Schrotladung ins Bein geschossen bekommen, als er ihn bestehlen wollte. Er wurde im Missionshaus verbunden und es sah zuerst gut aus. Aber der Mann aus gutem Hause war Opiumraucher und wollte trotz Ermahnungen von Rudolf Röhm von seinem Laster nicht lassen. Da er kein Geld für rauchbares Opium hatte, gab ihm irgendjemand Roh-Opium. Er verschluckte es und starb in einem Tempel, wohin seine Kumpane in gebracht hatten. Einen anderen Mann, der mit Opium Selbstmord begehen wollte, hatte man mit einem Gegenmittel im Missionshaus retten können. Er hatte sich umbringen wollen, weil er seine Frau wegen Untreue erstochen hatte. Dafür wurde er zu drei Jahren Gefängnis verurteilt und auf Bürgschaft freigelassen. Als er seine Frau erstach, war er Mitarbeiter des lokalen Wohlfahrtsbüros, danach wurde er Räuber, brachte es zum Räuberführer und machte die Gegend um Lixu unsicher. Mitte Mai 1932 wurde er dort festgenommen und am 2. Juni 1932 in Dongxiang erschossen. Auf dem Weg zwischen Dongxiang und Lixu waren als harmlose Reisende verkleidete Räuber unterwegs, die anderen Reisenden unversehens die Pistole vor die Brust setzten und sie ausnahmen. „Die Räuber im Osten kommen als Bauern mit dem chinesischen Bastmantel in die Dörfer und holen sich ihre Beute. Niemand will wissen, wo sie sich gewöhnlich aufhalten. Die Landleute halten zu ihnen zum eigenen Schutze, und die Soldaten sind unbekannt im Gelände".[305]

Es folgten aufregende Wochen mit Kämpfen zwischen Regierungstruppen, Räubern und Kommunisten. „Die Bewohner sind geflohen; denn die Soldaten sind ebenso gefürchtet wie Ihre Gegner [...] Die Kommunistengefahr wächst stetig an, trotz aller Maßnahmen

---

[305] Röhm, R. & L., Brief aus Dongxiang vom 3. Juni 1932

der Regierung zur Unterdrückung derselben. Armes China! Letztes Jahr wurden gewaltige Truppenmassen in Bewegung gesetzt, um Ordnung im Lande herzustellen; das Resultat war gleich Null. Dasselbe scheint sich dieses Jahr zu wiederholen."[306]

8.3 Flucht nach Nanchang vom 25.08. – 13.09.1932

Es wiederholte sich wirklich. Am 22. August 1932 kamen „etwa 9000 Soldaten der 5. Division in Dongxiang an, die bis dahin die östlich gelegenen Städte am Kwangsin Fluss bewacht hatten. Sie waren zum Schutze von Linchuan gerufen worden. Von ihnen hörten wir, [...] dass am Kwangsin Fluss gekämpft wurde. Die Regierungstruppen sollen aber den Kampf abgebrochen und sich zurückgezogen haben. Diese Nachricht rief eine Panik hervor." Einer Aufforderung „Bitte sofort kommen. Wartet nicht!" folgten Röhms und Schwester Kurz und flohen am 25.08.1932 im Auto über eine beschädigte Flussbrücke und eine Pontonbrücke nach Nanchang zum Heim der China Inland Mission.[307]

Der Missionar J. Cerny berichtete am 1. September 1932 aus der benachbarten Station Linchuan: „Von Jongsan, unserer Außenstation kommen viele Flüchtlinge. Dort sollen 1000 rote Räuber sein, welche die Bessergestellten berauben. Man erzählt grausige Sachen. So sollen die Alten, die ein wenig Geld besitzen, mit kochendem Wasser übergossen werden, damit sie gefügig sind, ihre Habe herauszugeben. Das ist Kommunismus!"[308]

Diesmal beruhigte sich die Lage schneller als bei ihrer ersten Flucht vor gut 2 Jahren. Am 13. September waren sie schon wieder in Dongxiang, dank der neuen Autostraße. „Hier war die Freude groß über unsere Rückkehr. Die Bevölkerung betrachtet eben die An-

---

[306] Röhm, R. aus Tongschiang, China Bote September/Oktober 1932, S. 135
[307] Röhm, R. aus Nanchang, 01.09.1932, China Bote, November 1932, S. 150 f
[308] Cerny, J., China Bote, November 1932, S. 150

wesenheit der Ausländer als ein Zeichen verhältnismäßiger Ruhe." Leider war die Cholera ausgebrochen und hatte viele Opfer gefordert, trotz der guten Arznei, die die Missionsstation von Röhms dafür vorrätig hielt. Da fast der gesamte Vorrat aufgebraucht war, bestellte Rudolf Röhm noch am gleichen Tag in Schanghai nach. Auf einer Rundreise vom 20. bis 30. September besuchte er schnell mehrere Außenstationen und reiste dann nach Jiujiang, um seinen zweiten Sohn Viktor willkommen zu heißen. Der kam auf der Durchreise nach Changsha am 8. Oktober 1932 mit dem Dampfer aus Schanghai in Jiujiang an. In Changsha sollte er als Buchdrucker die Arbeit eines amerikanischen Missionars übernehmen, in dessen Druckerei große Mengen Traktate in den verschiedensten Dialekten gedruckt wurden.[309] Zunächst aber kam er mit nach Dongxiang, um seine Mutter nach 8-jähriger Trennung wiederzusehen.[310] Viktor blieb 14 Tage bei den Eltern in Dongxiang und dann reisten alle drei am 28. Oktober nach Jiujiang. Viktor und Mutter fuhren von dort mit dem Dampfer nach Hankou und mit dem Zug weiter nach Changsha, wo sie am 6. November ankamen. Rudolf ließ sich in Jiujiang die Zähne behandeln und war am 11 November 1932 wieder im heimatlichen Dongxiang.[311]

8.4 Flucht nach Nanchang vom 30.11.1932 – 15.12.1932

Eine Woche später kamen wie ein Blitz aus heiterem Himmel Nachrichten von Truppenbewegungen und einem Vorrücken von Kommunisten auf Dongxiang. Die chinesischen Mitarbeiter drängten zur Flucht, die Nachrichten von der Annäherung der Kommunisten überschlugen sich. Die Versuche ein Auto zu bekommen scheiterten

---

[309] Vgl. China Bote, Februar 1932, S. 28

[310] Vgl. Röhm, R. & L. und Esther Kurz und Viktor Röhm in einem Brief aus Tongschiang vom 15.10.1932 und Röhm, R. am 20.09.1932 um 21 Uhr von einer Missionsreise aus Kangshang Tsi bei Tongschang an die Kinder und Friedchen

[311] Röhm, R. aus Tongschiang, China Bote, Juli/August 1933, S. 112

zuerst, weil das Militär Autos requiriert hatte. Schließlich gelang es Rudolf Röhm und Schwester Kurz doch, am 30.11.1932 per Auto nach Nanchang zu fliehen. Unterwegs gabelten sie einen chinesischen Pastor und Familie auf, der auf dem Weg ausgeraubt worden war. Zum Glück war die im April eröffnete Autostraße nicht verschlammt.[312] Vor der Abfahrt hatte Rudolf Röhm noch ein Telegramm aus Changsha erhalten, er möge schnellstens zu seiner sterbenskranken Frau kommen. Zum Glück gab 2 Tage später ein weiteres Telegramm Entwarnung.

Luise Röhm wollte sich im Krankenhaus der Liebenzeller Mission in Changsha ein krankes Knie behandeln lassen. Der Arzt stellte aber auch noch einen Typhus-Verdacht fest. So blieb sie 7 Wochen im Krankenhaus unter der Obhut eines Dr. Eitel und seiner Frau und siedelte danach zu den Schwestern der dortigen Blindenschule über, sehr schwach und ohne an eine Rückreise denken zu können. Sie blieb dort bis Mai 1933, als sie immer noch geschwächt von ihrem Sohn Viktor nach Nancheng begleitet wurde und wenig später zum Heimaturlaub nach Deutschland aufbrach.

In einem Jahresbericht über das turbulente Jahr 1932 schreibt Rudolf Röhm: „Die Christengemeinde hat keinen Zuwachs erhalten; wohl hätten unter normalen Verhältnissen einige Taufbewerber aufgenommen werden können. Durch Tod verlor sie ein Glied, durch Wegzug ein anderes. Sie zählt 51 Glieder. Die Gemeindesteuer beläuft sich auf 44.76 Dollar. 20 Knaben und Mädchen besuchten die Tagesschule; 23 die Sonntagschule. Der Schulbesuch ließ jedoch viel zu wünschen übrig. Nahezu 4000 Bibelteile wurden verkauft; an Soldaten und andere einige tausend Traktate verteilt. Die Zahl unserer Gehilfen am Wort ist dieselbe, wie im Vorjahr, auch die der Außenstationen. Acht freiwillige Helfer beteiligten sich bei der Wort-

---

[312] Röhm, R. Brief vom 12.12.1932

verkündigung in der Stadt und in den Außenstationen oder begleiteten mich auf meinen Reisen."[313]

Rudolf Röhm kehrte nach der Flucht nach Nanchang am 15.12.1932 wieder nach Dongxiang zurück und nahm gleich seine Routinetätigkeit wieder auf. Am 23. Dezember war Schulschluss. Es waren zuletzt nur noch 16 Knaben und 5 Mädchen zur Schule gekommen. [...] Am Heiligabend hatte er Helfer und Dienstboten zu einer Weihnachtsfeier eingeladen, am 1. Weihnachtstag mit Schulkindern gefeiert und sie beschert, und war zu Sylvester zu kleinen Gemeinden in der Umgebung gereist, wo er von vorrückenden Kommunisten erfuhr. Er kehrte um und war am 5. Januar abends wieder zu Hause.[314] Es folgte eine schlimme Zeit.

8.5 Flucht nach Nanchang vom 06.01.1933 – 13.05.1933

Am 6. Januar 1933 nachmittags „ließ unser Bürgermeister in den Straßen bekannt machen, dass [die Kommunisten] jedenfalls abends in Dongxiang ankommen würden. Darauf verließ er mit seinen Beamten und der Bürgerwehr die Stadt und die Wohlhabenden folgten seinem Beispiel. Unsere Helfer brachten Frauen, Kinder und einen Teil ihrer beweglichen Habe in ein Nachbardorf. Bei einbrechender Dunkelheit verließ ich mit den Männern das Missionshaus, von niemandem bemerkt, denn es waren bereits die ersten Schüsse gefallen und darum die Haustüren zu. Gegen 11 Uhr brachte ein Bote Bericht, dass einige hundert Mann in der Stadt seien; darauf zog ich mit dem Evangelisten und dem Koch aus obigem Dorf weiter. Gegen 3 Uhr morgens erreichten wir auf Umwegen das Heimatdorf des Evangelisten. Dorthin brachte der Torhüter und Knecht [...] Kunde, dass die ‚Roten' morgens die Stadt wieder verlassen und sich in die umliegenden Dörfer zerstreut hätten, östlich der Stadt. Das Missionshaus haben sie nicht betreten. Schnell ging ich mit den beiden Männern

---

[313] Röhm, R., China Bote, Juli/Aug 1933, S. 33
[314] Vgl. Röhm, R., China Bote, Juli/August 1933, S. 113

nochmals in die Stadt zurück, um noch verschiedene Sachen zu holen; einige Kleider und Bettwerk hatten die Männer gebracht. Abends war ich wieder in meinem Quartier bei einer Christenfamilie, 20 li entfernt und eine halbe Stunde von Hutschi. Am 11. waren sie auch nach Hutschi gekommen; ich zog darum in ein anderes Dorf. Da sie aber auch dort erwartet wurden, um ,Gelder einzutreiben', wechselte ich wieder mein Quartier und dort auch während der Nacht die Lagerstätte um nicht eingeschneit zu werden." Er schlug sich bei grimmiger Kälte mit vielen Schwierigkeiten bis Nanchang durch und erreichte die Provinzhauptstadt nach 11-tägiger Flucht abends am 17. Januar 1933.[315] Seine zwei Begleiter „waren in jenem Dorf geblieben und zwei Tage später wohlbehalten wieder in Dongxiang angelangt. [...] Briefe von unseren Leuten in Dongxiang berichten, dass die ,Roten' nicht wieder nach der Stadt gekommen seien (jedenfalls aber ihre Spione in der Stadt haben), jedoch ganz in der Nähe, bei Lixü, sich aufhalten, wo sie die Dörfer heimsuchen. Die Behörden waren am 21. (Januar 1933) noch nicht wieder in die Stadt zurückgekehrt.[316]

Am 23.01.1933 kamen die Kommunisten nach Dongxiang zurück und plünderten das Missionshaus. Ihre erste Frage bei dem überraschenden Überfall in früher Morgenstunde lautete ,Wo sind die Ausländer'? Die waren glücklicherweise weit weg, Luise immer noch geschwächt nach schwerer Krankheit in Changsha und Rudolf in Nanchang. Die im Missionshaus anwesenden Chinesen wurden nicht verletzt, doch „Evangelist, Torhüter, Bibelfrau und Dienstboten wurden Kleider, wattierte Decken und Sonstiges geraubt. Unsere sämtlichen Vorräte an Medizin, Lebensmittel, Gemüse in Gläsern und anderes, sowie meine sämtlichen Werkzeuge wurden mitgenommen. Etwa 1000 kurz zuvor angekommene Bibelteile, mehrere 1000 Traktate wurden mit Petroleum übergossen und angezündet. Wie viele

---

[315] Vgl. China Bote, Juli/August 1933, S. 113
[316] Röhm, R., China Bote, April 1933, S. 51 - 54

von unseren ausländischen Büchern vernichtet oder beschädigt wurden, weiß ich nicht. Mehrere Dutzend Fensterscheiben am Wohnhaus, Küche und Kapelle wurden zerschlagen".[317]

Rudolf Röhm half nach dem chinesischen Neujahr am 26.01.1933 in Nanchang bei Evangelisationsveranstaltungen der China-Inland-Mission und anderer Missionsgesellschaften. Am 4. Februar fuhr er mit 3 jungen freiwilligen Helfern auf einem Dampfboot den Kan-Fluss hinauf zu einem 30 km entfernten großen Markt, um dort das Evangelium zu verkünden. Mit seiner Trompete lockte er Leute an. Als er am 8. Februar wieder nach Nanchang zurückgekommen war, bereitete er sich auf die Heimkehr nach Dongxiang vor, weil sich die kommunistischen Banden zurückgezogen hatten. Doch bald kamen Nachrichten, er möge noch warten, in der Umgebung sei es zu unsicher. Gegen Monatsende schien es wieder sicherer, und am 2. März wollte Rudolf Röhm mit einem Karren fürs Gepäck zu Fuß nach Dongxiang aufbrechen, denn Autos fuhren nicht. Er war fast 65 Jahre alt und der Weg ist rund 100 km lang. Da kamen Nachrichten, die 'Roten' seien wieder in Xinxi. Der Karrenmann weigerte sich zu fahren. Also auspacken und warten! Ohne Hoffnung auf baldige Rückkehr, entschloss sich Rudolf Röhm, einem englischen Missionar in Kian zu helfen.[318]

Die 1891 gegründete Missionsstation Kian war 1930 von Kommunisten geplündert worden und die Missionare und ihre Mitarbeiter hatten die Stadt verlassen. Nun sollte die Arbeit wiederaufgenommen werden. Rudolf Röhm reiste vom 9. bis 11. März von Nanchang 420 km den Kan-Fluss aufwärts nach Kian zum Missionarsehepaar Tyler von der China Inland Mission. Die Gebäude waren in schlimmem Zustand, es gab viel zu reparieren. Aber „die Gemeindemitglieder scheinen recht wacker zu sein. Jeden Nachmittag haben wir bei der Wortverkündigung in der Straßenhalle viele Zuhörer; die Ältesten

---

[317] Röhm, R. am 31. Januar 1933, China Bote, April 1933, S. 54
[318] Vgl. Röhm, R., China Bote, Juni 1933, S. 91/92

beteiligen sich dabei. Auch die Sonntagsversammlungen sind gut besucht. Ein großer Teil des Arbeitsgebietes auf dem rechten Flussufer ist aber im Besitz der Kommunisten. [...] Die Division Regierungstruppen, die hier in der Stadt liegt, beschränkt sich darauf, die Stadt zu halten. Auf dem Lande haben die Kommunisten die Herrschaft. In letzter Zeit gingen sie auch wieder aggressiver vor. Hier wurde bekannt, dass eine (Regierungs-)Division, die kürzlich von hier nach Linchuan marschierte, in den Bergen nahezu aufgerieben wurde; eine andere hatte ebenfalls große Verluste. Große Mengen von Waffen und Munition, nebst Bargeld, sei in die Hände der [kommunistischen H.R.] Gegner gefallen. Kleinere Banden nehmen Reisende gefangen, um Lösegeld zu erpressen. [...] Zwar sollen starke Truppenaufgebote von Süden, Westen und Zhejiang im Anmarsch sein, um Ruhe und Ordnung in Jiangxi herzustellen. General Chiang Kai Shek, der in Nanjing war, sowie der Kriegsminister sind jedoch nach dem Norden gereist. Wie sich die Lage im Süden gestalten wird, weiß man nicht".[319] Am Ostermontag, 17.04.1933, wurde Kian vom anderen Ufer aus von Kommunisten beschossen, die Regierungstruppen erwiderten das Feuer nicht.[320]

Weil sich die Lage in Dongxiang beruhigt hatte, verließ Rudolf Röhm Kian am 4. April 1933 auf dem Anhängeboot eines kleinen Flussdampfers wieder, um nach Hause zu fahren. Nach 60 km war die Fahrt zu Ende, weil weitere 30 km flussabwärts Kommunisten eine Stadt und beide Ufer besetzt hatten. Drei Jahre früher waren in der Nähe drei finnische Missionarinnen von Kommunisten ermordet worden. Das dortige Militär hatte sich abgesetzt, bevor die ‚Roten' ankamen. Telegraphen- und Postverbindungen zur Provinzhauptstadt Nanchang waren gestört. Nach 8 Tagen Zwangspause kehrte der Dampfer nach Kian zurück. Rudolf Röhm nutzte die Zeit, um den Mitreisenden, „alle waren freundlich und empfänglich für das Wort",

---

[319] Röhm, R., China Bote, Juni 1933, S. 91/92
[320] Röhm, R. aus Nanchang, 1.5.1933

zu predigen, ihnen Schriften zu verkaufen und Traktate zu verteilen. Er bedauerte, dass er nur 50 Evangelien mitgenommen hatte.

Beim zweiten Heimreiseversuch ab 19. April kam er mit dem Schiff bis Changshu, wo er bei Schweizer Missionarinnen übernachtete. Die waren gerade zu ihrer Station zurückgekehrt, von der sie 14 Tage vorher geflohen waren. Mit einem Auto kam Rudolf Röhm am 21. April 1933 wieder in Nanchang an. Hier erfuhr er, dass sein Missionshaus in Dongxiang am 11. April noch mal von Kommunisten ausgeräumt worden war, die chinesischen Anwesenden aber nicht verletzt wurden. Die Kommunisten hatten sich zwar vor Regierungstruppen kurzzeitig aus Dongxiang zurückgezogen, waren aber am 22. April schon wieder bis auf 1,5 km herangekommen. In einem Nachbardorf wurde gekämpft und in 2 Außenstationen – 18 bis 20 Kilometer von Dongxiang enfernt – sollten sich 2.000 Kommunisten aufhalten. So wartete Rudolf Röhm in Nanchang ab. Seine Frau war noch in Changsha.[321]

Am 13. Mai 1933 machte Rudolf Röhm mit seinem Nachfolger Metzger seinen letzten kurzen Besuch in Dongxiang vor der Heimreise nach Deutschland. Eigentlich war vorgesehen, dass Ehepaar Metzger sich ab Februar in Anwesenheit von Röhms einarbeite. Wegen der Unruhen war das nicht möglich gewesen. Die Herren Metzger und Röhm fanden die chinesischen Hausgenossen wohlauf und die durch die Kommunisten angerichteten Schäden geringer als gefürchtet. Im Wohnhaus fehlten 76 große Fensterscheiben, in der Kapelle 93 kleine. Ein Teil der Werkzeuge fand sich wieder, auch Geschirr und Kochtöpfe. Lebensmittel und Medikamente waren jedoch gestohlen. Es sah schlimm aus im Haus, weil Bücher, Zeitungen und andere Sachen überall durcheinander geworfen herumlagen. Zum Glück waren auch die Verluste der chinesischen Hausgenossen

---

[321] Vgl. Röhm, R., Bericht vom 1.5.1933 und Röhm, R., China Bote, Juli/August 1934, S. 113/114

geringer als es anfänglich schien.[322] Die Fenster wurden vernagelt, die vorher geplanten Reparaturen mussten warten, denn es war nicht klar, wann Familie Metzger die Station Dongxiang übernehmen könne. Die Mitarbeiter drängten die beiden Missionare zur baldigen Abreise, weil die Kommunisten noch in der Nähe waren.[323]

Die Metzgers konnten tatsächlich die Station Dongxiang weiterführen. Sie blieben dort bis Frühjahr 1935 und ihnen folgte noch eine Reihe ausländischer Missionare bis 1951. Aber schon im April 1949 durfte – noch vor der Ausrufung der Volksrepublik China am 1.10.1949 – Missionar Czerny nicht mehr reisen und ein Evangelist Kao und die Gemeinde-Ältesten leiteten die Arbeit. Im November 1949 wurden noch 8 Leute getauft und bis Juli 1951 weitere 11.[324]

Bei meinem Besuch im Oktober 2003 hatte die Gemeinde in Dongxiang mehr als 800 Mitglieder. Die Kirche mit gut 300 Plätzen war zur Hälfte abgerissen und wurde gerade durch einen dreigeschossigen Neubau ergänzt. Angeblich wurde sie sonntags in 3 Gottesdiensten gut gefüllt. Die Gesamtzahl der Christen wurde für Dongxiang mit 1000 angegeben, die 8 Kirchen besuchten. In den umliegenden Dörfern lebten nach Angaben des – auf mich etwas dubios wirkenden – Gemeindevorstands auch viele Christen. Der 83-jährige Tu Chun Shan, der mir als ehrliche Haut erschien, erinnerte sich an Rudolf Röhm als freundlichen, großen und starken Mann, der mit seiner Mundharmonika viele Leute angelockt hätte. (Meist wird von Rudolf Röhm nur als Trompeten- und Posaunenspieler berichtet!) In

---

[322] Röhm, R. & L., Brief vom 20.05.1933 aus Jiujiang, China Inland Mission, an Kinder und Friedchen

[323] Röhm, R. Brief von Bord des Dampfers Trier `z. Zt. Längs der Küste Süd-Italiens, den 11. Juli 1933'

[324] Vgl. 50 Jahre Allianz China Mission 1889 bis 1939 S. 82; China Bote, August/September 1939, S. 115; Jahresbericht 1949, China Bote, Juli/August 1950, S. 11/12; Jahresbericht 1950/1951, China Bote, Juli/August 1951, S. 7

der Außenstation Xinxi traf ich den ehemaligen Prediger der Gemeinde, der sich altershalber nur noch als Hausmeister um die Kirche mit 160 Sitzplätzen kümmerte. Er erzählte, dass seine Gemeinde jetzt 200 Mitglieder habe und sonntags 100 Leute einen 2-stündigen Gottesdienst besuchten. Vor der Befreiung (so wird die kommunistische Machtergreifung 1949 in China genannt) habe es in Xinxi 20 Christen und eine Kirche gegeben, jetzt gebe es 5000 Christen und 34 kleine Kirchen.

Luise Röhm hatte sich noch nicht völlig erholt von ihrer schweren Krankheit. Deshalb begleitete Sohn Viktor sie von Changsha nach Nancheng, wo sie nach mehr als sechsmonatiger Trennung ihren Mann am 12. Mai 1933 wieder traf.[325] Am 19. Mai 1933 reisten Ehepaar Röhm und Sohn Viktor nach Jiujiang, wo sich ihre Wege trennten. Viktor musste zurück nach Changsha zu seiner Druckerei, die Eltern reisten in den Heimaturlaub nach Deutschland. Am 22. Mai verließen sie Jiujiang auf einem Jangtse-Dampfer und kamen am 24. Mai in Schanghai an. Dort wohnten sie im neuen Heim der China Inland Mission, das sie noch nicht kannten. Sie staunten über die Anlage „ausgestattet mit allen Anforderungen der Neuzeit" und freuten sich, dass alles von dem Erlös der alten Gebäude bezahlt worden war, die seit 1890 der China Inland Mission gedient hatten und viel zu klein geworden waren. Sie lobten Gottes Fügung, dass die neue Anlage bezogen wurde, bevor die Feindseligkeiten zwischen China und Japan begonnen hatten, denn das alte Missionshaus lag in der Kampfzone. Sie bemerkten auch noch ein neues deutsches Kirchengebäude auf dem Gelände der neuen deutschen Schule. Am 31. Mai 1933 schifften sie sich ein und am 1. Juni 1933 ging die Reise mit dem Dampfer ‚Trier' des Norddeutschen Lloyd los – gut 8 ½ Jahre nach ihrer letzten Ankunft aus Deutschland. Sie hatten eine schöne Außenkabine.

---

[325] Röhm, R. von Bord des Dampfers Trier ‛z. Zt. Längs der Küste Süd-Italiens, den 11. Juli 1933'

9   Dritter Heimaturlaub 1933 – 1937

Luise und Rudolf Röhm verließen Schanghai am 1. Juni 1933 in einer schönen Außenkabine des Dampfers ‚Trier' des Norddeutschen Lloyd. Die Reise ging über Hongkong, Manila, Singapur, Belawan, Colombo, Djibuti, Port Said, Genua, Barcelona und Casa Blanca nach Hamburg. „Die Mitreisenden sind nett, manche sind auch zugänglich für das Wort der Wahrheit, andere höflich ablehnend [...] Wenn es der Zustand der Schwestern erlaubt, haben wir morgens gemeinsame Andacht in unserer Muttersprache; abends mit den anderen Geschwistern Bibelstunde in englischer Sprache, bei der auch ein Herr aus Holland teilnimmt. Sonntag morgens durfte ich bis jetzt im Speisesaal der Mittelklasse das Wort verkündigen; doch sind außer den Missionaren, sowie zwei Herren aus Holland, die Deutsch sprechen, nur noch einige andere Mitreisende anwesend. Sonntagnachmittags haben wir gewöhnlich eine Stunde mit den chinesischen Reisenden." Rudolf Röhm erwies sich als seefester als seine Frau, die noch vor der chinesischen Küste seekrank wurde und zwischen Colombo und Aden bei rauer See nahezu eine Woche lang die Kabine nicht verlassen konnte. Die Ruhe und die Ausspannung auf dem Schiff taten den Röhms nach den aufregenden Zeiten in Jiangxi gut. Am 27. Juli 1933 kamen sie nach 8-wöchiger Seereise mit drei Tagen Verspätung in Hamburg an. Ihr Sohn Dr. Walter Röhm arbeitete dort und holte die Eltern mit drei seiner Brüder vom Schiff ab. Sie verbrachten ein paar Tage im Krankenhaus Elim, bevor sie mit einem Nachtzug knapp 400 km nach Wuppertal fuhren. Sie zogen in eine Wohnung in der Gertaudenstr. 49, die sie vor ihrer letzten Ausreise auch benutzt hatten. In der Zwischenzeit hatten die Söhne mit Friedchen Weck als Haushälterin dort gewohnt. Friedchen Weck war eine Nichte von Luise Röhm.[326]

---

[326] Vgl. Röhm, R. & L. am 3.6.1933 an Bord des N.D.L. Dampfers Trier in der Meerenge von Formosa; und Röhm, R. von Bord des Dampfers Trier

Den Namen Gertraudenstraße gibt es nicht mehr. Die Gertrauden-Straße wurde Ende 1935 umbenannt in Gernotstraße. Anstelle des Hauses, in das Rudolf und Luise Röhm 1933 zogen, steht ein großer Bau aus den frühen Jahren nach dem Zweiten Weltkrieg. Die Wohnung lag 3 Minuten zu Fuß entfernt vom Missionshaus an der Seifenstraße, das im zweiten Weltkrieg zerstört wurde.

Bild 17: Missionshaus in der Seifenstraße in Wuppertal-Barmen

Zur Zeit ihrer Heimkehr wohnten drei Söhne von Luise und Rudolf Röhm in Wuppertal-Barmen. Viktor, der zweite Sohn, war schon in Changsha in China, und Walter, der dritte, arbeitete in Hamburg. Während ihres Heimaturlaubs erlebten die alten Röhms zwei Hochzeiten ihrer Söhne. Arthur, der vierte, heiratete am 13.09.1935 Irma Noenen und Theo, der erste, heiratete Martha Kaiser am 28.08.1936. Sie begrüßten auch ihren ersten Enkel noch: Udo, geb. 11.09.1936 als Sohn von Irma und Arthur.

´z. Zt. Längs der Küste Süd-Italiens, den 11. Juli 1933´
und China Bote, Sept/Okt 1933, S. 125ff und 143.

Bild 18: Hochzeit von Arthur Röhm und Irma Noenen

Bild 19: Hochzeit Theo Röhm und Martha Kaiser

Am 6. Dezember 1936 verabschiedeten Luise und Rudolf Röhm ihren ältesten Sohn Dr. Walter Röhm in Bremerhaven nach China. Er hatte sich entschlossen Missionsarzt zu werden. Nach Sprachstudien in Anqing, wo auch sein Vater schon Chinesisch gelernt hatte, ging er als Arzt zur Liebenzeller Mission nach Changsha. Dort hatte Luise Röhm das letzte halbe Jahr vor ihrem Heimaturlaub verbracht. Später verabschiedeten sie auch Hilde Schinle, Braut ihres Sohnes Viktor, nach China, wo sie Missionarin wurde.

Rudolf Röhm war während des Heimaturlaubs oft in Deutschland und gelegentlich auch in der Schweiz unterwegs, um das Interesse der Gemeinden an der Mission wach zu halten. Im China Boten veröffentlichte er auch Artikel über sein Arbeitsfeld: „Zur Lage in China" über den Bürgerkrieg und wirtschaftliche Aufbauleistungen vor allem in der Infrastruktur[327] und „In der Provinz Tschekiang und im übrigen China" über Reisen, Unterkunft und Verpflegung.[328]

Was Rudolf und Luise Röhm noch einmal nach China gezogen hat, geht aus meinen Unterlagen nicht hervor. Rudolf stand im 68. Lebensjahr und Luise im 64. Insbesondere ihre Gesundheit war schon am Ende des vergangenen Chinaaufenthaltes schwer angeschlagen und in China ging es immer noch chaotisch zu. Das war in den Berichten des China Boten ganz zweifelsfrei zu erkennen. Außer den inneren Wirren gab es große Probleme mit Japan, die in eine noch größere kriegerische Auseinandersetzung zu münden drohten – die dann tatsächlich mit einer Invasion 7. Juli 1937 begann. Dessen ungeachtet machten sich die beiden Veteranen noch einmal auf den Weg. Nach mündlich überlieferter Familiengeschichte war China ihnen zur Heimat geworden, in der sie sterben wollten. Am 18. März 1937 verließen sie Deutschland – laut Stempel im Pass - jeweils mit 10 Reichsmark ausgestattet und fuhren über Kufstein und den Brenner Pass nach

---

[327] China Bote, Januar 1934, S. 2/3
[328] China Bote, März 1934, S. 37-40

Venedig. Von dort ging es auf einem italienischen Schiff weiter nach Schanghai.

Rudolf Röhm schreibt – wie mir scheint recht begeistert und sehr anschaulich:

„Am 20. März (1937), kurz vor 12 Uhr, lichtete „Conte Rosso" die Anker, wo der Dampfer seit gestern 20 Uhr majestätisch am Kai Zattere in Venedig lag. Vier kleine Schlepper zogen den gewaltigen Koloss – 179,30 m lang, 22,62 m breit, mit einer Wasserverdrängung von 22098 Tonnen – aus dem Hafen, nochmals längs der Paläste der Lagunenstadt. Aber kaum waren wir auf hoher See, da erhob sich auch schon eine ziemlich steife Brise, die auch weiter an Stärke zunahm, so dass die Wellen über das Vorderschiff weggehen. Der große Dampfer wird ebenso geschaukelt wie die kleineren, mit denen wir früher fuhren; er stampft und ächzt durch die oft recht hohen Wellen. – Meine Frau liegt auch bereits samt so vielen der Mitreisenden in der Kajüte – auf Deck zu sein, ist nicht möglich. Es soll besser werden, wenn wir Brindisi hinter uns haben. [...] Wir sind nicht mehr im Vollbesitz der Kräfte, wie vor 41 Jahren, als wir beide zum ersten Mal die Füße auf Chinas Boden setzten. Die Verhältnisse sind anders geworden; auch im Reich der Mitte macht sich der rapide Wechsel der Zeit nach vielen Seiten hin bemerkbar. Neue Anforderungen werden an uns herantreten, und es wird oft nicht leicht sein, sich anzupassen, zumal wir die Arbeit wiederum in einer anderen Station – Nanfeng – weiterführen sollen. Aber der Herr ist und bleibt derselbe; auch wir dürfen uns die Zusage zu eigen machen: Wie deine Tage, so deine Kraft"[329]

---

[329] Röhm, R., China Bote, April 1937, S. 47

211

Die raue See dürften sie wirklich bald hinter sich gelassen haben, denn aus Schanghai berichteten sie von einer guten Reise, auf der die zu Seekrankheit neigende Luise nicht liegen brauchte und an allen Mahlzeiten teilnehmen konnte. Nach 22 tägiger Seereise landeten sie am 12. April 1937 wieder in Shanghai.[330]

---

[330] Vgl. China Bote, Mai 1937, S. 72

10 Vierter Chinaaufenthalt 1937 – 1951

Von der chinesischen Botschaft in Berlin hatten Rudolf und Luise Röhm Visa „valable pour plusieur voyages en Chine jusqu' au 18 Fevrier 1938" (gültig für mehrere Reisen in China bis zum 18. Februar 1938) erhalten. Nachdem sie am 12.04.1937 in Schanghai angekommen waren, erhielten sie dort eine Aufenthaltsgenehmigung auf Chinesisch mit dem englischen Vermerk `Bearer is strictly prohibited to proceed to Military Zones, fortified areas and unsafe places." (Dem Inhaber ist streng verboten, Militär-Zonen, befestigte Gebiete und unsichere Orte zu betreten.) Streng genommen hätten sie damit nicht reisen dürfen, denn unsichere Orte gab es in China überreichlich. Auf nicht mehr bekanntem Weg kamen sie am 15. Mai 1937 auf ihrer neuen Station Nanfeng in der Provinz Jiangxi an.

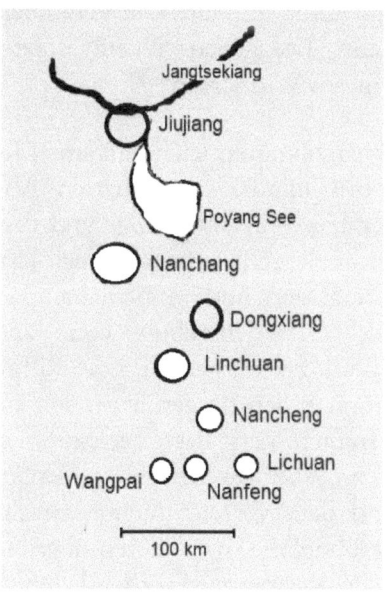

Bild 20: Wichtige Aufenthaltsorte in Jiangxi 1937 - 1951

10.1 Nanfeng

Nanfeng liegt 220 km südöstlich der Provinzhauptstadt Nanchang. Die Missionsstation Nanfeng war 1902 von einem Missionar Pfannemüller gegründet worden. Von ihrer letzten Station Dongxiang waren die alten Röhms nur 180 km entfernt.

Sie waren keine 2 Monate in ihrem neuen Arbeitsgebiet und gerade von einer Versammlung im Freien heimgekommen, als sie am 11.07.1937 die Warnung vor meuternden Soldaten und die Aufforderung erreichte, sich zur Flucht vorzubereiten. In Nachbarstädten hatten Truppen wegen rückständigen Solds gemeutert und man fürchtete, dass sich die Soldaten von Nanfeng ihnen anschließen würden. Das passierte zum Glück nicht, aber wegen großer Truppenbewegungen und eines Aufklärungsflugzeugs war die Unruhe groß. Später wurde bekannt, dass die Meuterer nur zwei Banken geplündert hatten und sich danach mit unbekanntem Ziel verzogen hatten. Angeblich waren es 2000 Mann. Die gegen sie eingesetzten Truppen waren „sehr vorsichtig in ihrem Vormarsch".[331]

Bald kam es noch schlimmer, nachdem am 7. Juli 1937 die Japaner mit einer Invasion in China begonnen hatten. Ab Mitte Juli war der Postverkehr mit der Küste beeinträchtigt und der Autoverkehr zwischen Missionsstationen recht unregelmäßig. Japanische Flugzeuge hatten Nanfeng überflogen und in Nanchang große Schäden mit Bomben angerichtet. In der Umgebung von Nanfeng gab es wieder Überfälle von Räubern. So verzichteten die Röhms lieber auf einen Aufenthalt in der hoch in den Bergen liegenden kühleren Außenstation Wangpai und freuten sich, dass der Sommer in Nanfeng vergleichsweise kühl war. Aber im Ort gab es große Aufregung wegen hoher Abgaben und dem versehentlichen Erschießen (sic!) zweier Leute aus der Umgebung, die mit anderen über die Verringerung der Abgabenlast mit der Verwaltung verhandelten. Geschäfte blieben

---

[331] Röhm, R., China Bote, September 1937, S. 122/123

geschlossen und es wurden vom Land keine Lebensmittel mehr geliefert. Schließlich wurde die Sache geregelt und die Familien der Getöteten entschädigt. Von der Missionsarbeit gab es Erfreulicheres zu berichten: „der Besuch der Sonntagsversammlungen [ist] ein wenig besser geworden; einzelne frühere Hörer finden sich wieder ein. Auch jenseits des Flusses haben wir donnerstagsnachmittags mehr Zuhörer. Zu den Versammlungen im Freien in verschiedenen Teilen der Stadt an den Sonntagabenden kommen mehr Leute, von denen manche aufmerksam zuhören".[332]

Im Herbst 1937 musste sich Ehepaar Röhm auf die Arbeit in Nanfeng und die nächste Umgebung konzentrieren, weil viele Räuber das Umland unsicher machten. So besuchten sie nur bis 10 km entfernte Orte, von denen sie abends wieder nach Hause gehen konnten. Die Leute waren freundlich, hörten gern zu, nahmen Traktate an und kauften auch viele Bibelteile. Eine weitere Reise wagte Rudolf Röhm: Mit dem Autobus nach Dongxiang, seiner vorherigen Station. Dort traf er auf einer Konferenz viele alte Freunde und ehemalige Schüler. 16 Leute wurden getauft und in die Gemeinde aufgenommen. – Trotz der unsicheren Verkehrssituation fuhr Dr. Walter Röhm, Sohn von Luise und Rudolf, mit seinem Motorrad vom 21. September bis 6. Oktober 1937 hunderte von Kilometern bis weit in die Nachbarprovinz Zhejiang, um erkrankte Missionare zu behandeln. Die Eltern waren froh, als er heil wieder zu seiner Station zurückgekommen war. Auch Sohn Viktor und seine frisch angetraute Frau Hilde kamen auf einem Boot von Nanfeng heil nach Linchuan, wo sie als Missionare arbeiteten.[333] Vom 14. bis 21. Dezember 1937 wanderte Rudolf Röhm zusammen mit einem alten Christen 60 km weit nach Osten auf die Station Lichuan zu. Sie kamen „durch viele größere und kleine Dörfer, wohin seit Jahren niemand mehr die Heilsbotschaft gebracht hat. Die Leute waren überall freundlich, hörten gerne zu, kauften

---

[332] Röhm, R., China Bote, Dezember 1937, S. 162/163
[333] Röhm, R., China Bote, Februar 1938, S. 21 f

Evangelien, und an mancher Hauswand wurden die verteilten Flugblätter angeklebt. In den Läden oder Herbergen, wo wir Rast machten oder übernachteten, kamen Hörer. In zwei Marktorten war abends die Gästehalle gedrängt voll Zuhörer, angelockt durch den Klang der Trompete. Nachdem ein auf Stoff geschriebenes Lied und Bibeltext den Leuten verständlich gemacht war, wurde aus voller Kehle und frischer Brust gesungen, besonders von der Jugend, die ja bei solchen Anlässen nicht fehlt. Wenn dann einer der Jungens aufgefordert wird, seine Lesekunst zu zeigen, dann helfen die anderen schon gerne nach". Die 120-km-Wanderung führte „oft durch landschaftlich schöne, wasserreiche Gegenden, aber in keinem der Dörfer fanden wir einen Anhänger der ‚Jesus-Lehre'. Leider sah man überall die Spuren der durch die langjährigen Unruhen angerichteten Verwüstung – Häuser, von denen nur noch die Mauern stehen, Schreine, in denen die Götzenbilder zerschlagen sind und viele brachliegende Felder oder gänzlich verlassene Weiler". Zu Weihnachten 1937 wagten sich nur einige Leute von den Außenstationen nach Nanfeng. Dort wurden nach 10 Jahren erstmals wieder 2 Frauen und 2 Männer durch Taufe in die Gemeinde aufgenommen.[334]

„Am 17. Januar [1938 H.R.], gegen 4 Uhr morgens, wurden wir durch anhaltendes Schießen auch in der Nähe des Missionshauses geweckt. Jene Schar, die schon lange die Umgegend unsicher machte, war durch das Nordtor [...] in die Stadt eingedrungen. [...] Über 100 Mann der Stadtwache machte mit ihnen gemeinsame Sache, rückständigen Soldes wegen. Im Rathaus holte man noch mehr Gewehre und Munition und befreite die Gefangenen, die sich ihnen anschließen mussten. Nachdem sie aus mehreren Geschäften allerlei geholt hatten, zogen sie nach Tagesanbruch wieder ab, drohten aber wiederzukommen, wenn die von ihnen geforderte Geldsumme nicht bezahlt würde. Wir wurden nicht belästigt [...] Vor einigen Tagen sind nicht weit von hier, auf dem Weg nach Ningtu, zwei Autobusse ausgeraubt

---

[334] Röhm, R., China Bote, April 1938, S. 52-54

worden, wobei wieder über 100 Gewehre und viel Munition den Plünderern in die Hände fielen. Es sind Unterhandlungen im Gange, durch Zahlen einer Geldsumme die Leute zu veranlassen, ihr verwerfliches Treiben aufzugeben. Die Landbevölkerung ist ziemlich unzufrieden mit dem willkürlichen Verhalten mancher Ortsvorsteher bei den Rekrutenaushebungen. Deshalb das Zunehmen dieser Banden. Man spricht bereits von 1000 Mann! Wie das Ganze enden wird, ist ganz unbestimmt. Und dabei dringt der Feind von außen [Japaner H.R.] immer weiter ins Innere des Landes vor. [...] Vor Abgang der Post hat sich die Lage geklärt; die Leute wollen wieder friedliche Bürger werden und die Stadtsöldner weiter Beschützer des Volkes. Wir danken dem Herrn für die einstweilige Ruhe."[335] Tatsächlich ging die Missionsarbeit im Frühjahr 1938 dann gut voran. „Während der Regenperiode von Mitte Mai bis Mitte Juni war zwar der Besuch der Dörfer etwas beeinträchtigt; in der Halle und auf den Straßen der Stadt hatten wir immer Zuhörer." Zwei junge Chinesen aus einer Familie Dr. Tschau halfen kräftig mit und ihre Schwester hielt Sonntagsschule. Am 5. Juli zogen sich Röhms erstmals auf den Maku Berg vor der Sommerhitze zurück und lebten dort mit einer ganzen Anzahl von Missionaren aus der Umgebung zusammen. Auch ihre Kinder waren dort und ihr erster in China geborener Enkel, Helmut, der am 22 Juni 1938 das Licht der Welt erblickt hatte. Vom Maku Berg aus konnten sie einen japanischen Bombengangriff auf den Flughafen Nancheng am 25. Juli gut beobachten. Auf die nur 23 km von Nanfeng entfernte Außenstation Wangpai konnten sie wegen Räubergefahr nicht.[336]

Die Lage verbesserte sich im Herbst 1938, sodass die Außenstationen wieder besucht werden konnten. In Nanfeng besuchten Röhms und ein Prediger der Methodistengemeinde gemeinsam die in den Lazaretten liegenden Soldaten, von denen die meisten gerne zu-

---

[335] Röhm, R., China Bote, April 1938, S. 52-54
[336] Röhm, R., China Bote, November 1938, S. 148 – 150

hörten. Einige kamen sogar in die Gemeindegottesdienste. Rudolf Röhm wagte sich wieder auf tagelange Reisen und sah dabei eine Reihe heruntergekommener oder zerstörter Predigthallen. „Die einst blühende Gemeinde von Sinfeng-shi zählt nur noch 3 Glieder, die anderen sind gestorben; neue Glieder sind nicht hinzugekommen. Der Ort, ein belebter Marktplatz an der Ningtu- und Nanfeng-Grenze, 90 li (=45 km) von hier entfernt, ist seit vielen Jahren nur einmal besucht worden von Ausländern. Die meisten Leute hielten mich für Br. Pfannemüller, der früher häufig dort war [...] Die Leute waren recht freundlich, hörten auch gerne die Botschaft auf der Straße, wie abends in der Halle, die gedrängt voll war. Die Halle ist auch in bösem Zustand; [...] im ganzen südwestlichen Bezirk sollte viel Aufbauarbeit getan werden, besonders auch in geistiger Beziehung. Ich hoffe, in nächster Zeit wieder nach dort gehen zu können, um etwas länger in jenem Gebiet zu sein. Der Rückweg führte durch eine recht romantische, aber oft einsame Gegend, über drei hohe Berge, aber auch an verödeten Dörfern und brachliegenden Feldern vorbei". Am 30.11. war er von dieser Reise zurück und machte bis zum 15.12.1938 noch zwei weitere Missionsreisen. Er war damals 70 Jahre alt. „Am Heiligen Abend konnten 6 neue Glieder durch die Taufe zur Gemeinde hinzugetan werden". Am 17. November 1938 war Sohn Dr. Walter Röhm mit seiner Braut Dr. Hedwig Quednau nach Nanfeng gekommen und Sohn Viktor mit Frau Hilde und dem Baby Helmut waren auch da. „Es ist des Herrn wunderbare Güte und Freundlichkeit, dass unsere Lieben ... bei den Eltern sein konnten! Ja, lobe den Herrn, meine Seele!"[337] Die künftige Schwiegertochter Hedwig blieb in Nanfeng, um Chinesisch zu lernen. Als ihr chinesischer Lehrer ausfiel, sprangen die Schwiegereltern als Lehrer ein.[338]

---

[337] Röhm, R., China Bote, März 1939
[338] China-Bote, Juli 1939, S. 98

Im Januar 1939 ließen einige Stadtsöldner eines Morgens eine bewaffnete Bande in die Stadt und nur durch telefonisch herbeigerufene Verstärkung des Stadtschutzes wurde größerer Schaden verhindert. Vom 15.02. bis 06.03.1939 waren in Nanfeng jeden Tag Evangelisationsversammlungen in Predigthalle der Gemeinde und chinesische Gemeindemitglieder predigten vor durchschnittlich 30 Zuhörern, die meist vom Land kamen. Im April konnte Rudolf in der 60 km entfernten Nachbarstadt Kwangchang bei einer bekannten Kaufmannsfamilie anfänglich vor 50 Zuhörern reden. Die Einwohner waren freundlich, hörten auch auf der Straße gern zu und kauften viele Bibelteile. Deshalb wurde der Ort anschließend einmal monatlich besucht. Mit einem Helfer machte Rudolf Röhm von dort aus eine Predigtreise über Ningdu bis Ruijin, auf der sie überall Zuhörer fanden und in Raststätten, Herbergen und auf den Straßen über 300 Bibelteile verkauften. Der Rückweg war wieder von Räubern bedroht, so dass sie mit dem Auto an einem Tag 210 km nach Nanfeng zurückfuhren, wofür sie zu Fuß 6 bis 7 Tage gebraucht hätten. Eine Predigtreise im Mai musste Rudolf Röhm nach kurzer Zeit wegen marodierender Banden abbrechen. Im Juni besuchte er Ortschaften und Märkte in der näheren Umgebung und auf dem Weg nach Nancheng, fand dabei zwar überall gute Aufnahme, aber keine Christen. Traurig machten ihn Besuche im Südwesten des Bezirks, wo er die Predigthallen in Jaubi, Giangkia-fang, Sinfengshi, Tangfangpai und Kangtu schwer beschädigt oder völlig zerstört vorfand. „Überall findet man Spuren der Verwüstung … es fehlen die Leute, die Felder zu bebauen."[339]

Von Ende September bis zum 5. Oktober besuchte Rudolf Röhm mit einem Helfer eine ehemalige Außenstation, in der nur 2 Christen lebten; von dort gingen sie noch 50 km weiter zu einem Markt, wo sich einige Frauen für das Christentum interessierten. Vom 12. bis 25. Oktober 1939 waren beide schon wieder auf einer über 250 km

---

[339] Vgl. Röhm, R., China Bote, August/September 1939, S. 109 – 112

langen Tour. Sie kamen an Orten vorbei, wo seit Jahren keine Missionsarbeit mehr stattgefunden hatte, und fanden überall willige Zuhörer und verkauften ihren ganzen mitgenommenen Büchervorrat. Auf ihrer Wanderung merkten sie deutlich, dass sich China im Krieg befand. Manche Straßen waren durch tiefe Gräben unterbrochen, die nur noch durch einen schmalen Steg für Fußgänger und einrädrige Schubkarren überbrückt waren, damit keine Autos durchkamen. Brücken über schmale Wasserläufe waren durch Bohlen ersetzt und es gab viele Panzersperren aus Steinblöcken und dicken Baumstämmen. Anderseits hielten tausende von Bauern eine wichtige Fernstraße in gutem Zustand.[340]

Im November 1939 konnte Rudolf Röhm sich auf einer 5-tägigen Missionsreise in der Außenstation Tangfanpai darüber freuen, dass die Predigthalle wieder für Versammlungen hergerichtet war und dass 16 Personen an einem Abendmahlsgottesdienst teilnahmen. Im Dezember war er 20 Tage am Stück unterwegs, teils mit dem Präses Bruder Maag, teils zu Konferenzen und Sitzungen. In Ningtu wurde über das Thema ‚Selbständigmachen der chinesischen Gemeinden' beraten. Weihnachten war er wieder in Nanfeng. Ein Mann und vier Frauen wurden getauft und in die Gemeinde aufgenommen, am Heiligabend gab es eine Feier für die Sonntagsschulkinder. Und bei der erstmaligen Feier eines Erntedankfestes kamen 66,65 chinesische Dollar in die Kollekte, „eine nette Summe für den Anfang". Vor Weihnachten hatte es mehrere Fliegeralarme gegeben, seit Weihnachten hörten sie auf.[341] Die Gemeinde hatte – auch durch Übernahme von anderen Gemeinden und Flüchtlinge – 81 Mitglieder, 53 Männer und 28 Frauen. Es gab – wie im Vorjahr – 15 Sonntagsschüler und 5 Außenstationen. Zwei Evangelisten dienten als ‚bezahlte Hilfen am Wort' und 10 freiwillige Helfer bedienten die Versammlungen in der

---

[340] Röhm, R., China Bote, Februar 1940, S. 13/14
[341] Vgl. Röhm, R., China Bote, Juni 1940, S. 44 – 46

Stadt und auf dem Land. Eine Bibelfrau half in der Frauenarbeit und ein Torhüter begleitete die Evangelisten öfters in die Dörfer.[342]

10.2 Nancheng

Ende März 1940 verließen Rudolf und Luise Röhm die inzwischen selbständig gewordene Gemeinde Nanfeng und zogen in das knapp 50 km nördlich gelegene Nancheng um, wo ihr Sohn Dr. Walter Röhm ab 01.05.1937 als erster Missionsarzt der Allianz China Mission praktizierte. Die Gemeinde in Nanfeng wurde von einem hoch angesehenen alten Christen Dr. Tschao geleitet. Rudolf Röhm zog in der Umgebung der Außenstation Wangpei mit chinesischen Brüdern missionierend über Land, half aber auch seinen alten Freunden in Nanfeng weiter mit Missionsreisen. Dabei erlebte er erschütternde Geschichten: „In Kangtu ist von der einst größeren Gemeinde nur noch eine Witwe übriggeblieben, deren Mann, zwei Söhne, eine Schwiegertochter und ein Enkel während der Kommunistenzeit ums Leben kamen; letztes Jahr starb auch die einzige noch am Leben gebliebene Schwiegertochter. Die Halle in Kangtu ist ein Trümmerhaufen." Anfang Juli kamen eine Reihe von Missionarsfamilien verschiedener Missionsgesellschaften in Nancheng an und stiegen dann ab 12. Juli auf die Außenstation Wangpai auf, in der es kühler als im bis zu 40 Grad Celsius heißen Nancheng war. Eine ganze Reihe dieser Missionare waren gesundheitlich schwer angeschlagen und hofften, sich in der kühleren Bergluft und mit der Behandlung von Dr. Walter Röhm wieder zu erholen. Dennoch war der knapp siebenwöchige Aufenthalt auf Wangpai bis zum 12. September kein reiner Urlaub. Es waren Reparaturen zu erledigen, die Männer hielten Andachten, die Frauen veranstalteten Sonntagsschule und einige Männer von näheren Stationen besuchten diese mehrmals. Natürlich auch

---

[342] Vgl. Röhm, R., Bericht über 1939, China Bote, August/September 1940, S. 64 ff

Rudolf Röhm mit seinen knapp 72 Jahren. In Wangpai hörte man japanische Flugzeuge, die Nanchang angriffen.[343]

Nach diesem Wangpai-Aufenthalt bis 5. September 1940 gibt es längere Zeit keine ausformulierten Berichte, aber Kalendereintragungen von Rudolf Röhm zeigen, dass er sehr viel unterwegs war. Am 03.03.1941 notierte er: „7 Flugzeuge werfen Bomben auf Nancheng"; Pfingsten 1941 wurden in Nancheng 2 Männer getauft und Rudolf Röhm sprach über Titus 3; am 08.06.1941 wurden in Kiangkiafang-Tienpien 2 Männer und 3 Frauen getauft, und 30 Personen nahmen am Abendmahl teil; am 15.06.1941 wurden in Tangfangpai 2 Männer und 3 Frauen getauft und 24 Personen nahmen am Abendmahl teil. Am 14.10.1941 hatte er „in Maku miao eine Unterredung mit den Forstbeamten und Hauptmann Fan; die dort zur Erholung unterge-brachten verwundeten Soldaten fällen Holz im Missionswalde wider-rechtlich". Unter dem 20.10.1941 steht: „Viktor und Familie in Nancheng [angekommen H.R.], gemäß Verfügung der Lichuan Behörden. Deutsche und italienische Staatsangehörige sollen China verlassen. In Nancheng solche Verfügung nicht bekannt. Aufhebung der Verfügung zu spät in Lichuan angekommen. Chuan yuan verfügt ihre Rückkehr nach der Station". Und am 23.10.1941: „Viktor, Hilde, Kinder nach Lichuan abgefahren. Nachmittags unser Koch Mingsang auf der Straße festgenommen, um Rekrut zu werden. Deshalb bei Polizeichef und Bürgermeister Yan vorstellig geworden. Abschlägigen Bescheid erhalten". Dann Bombardierungen von Nancheng und die Zerstörung der Missionsstation am 14.11.1941: „8.30 [Uhr H.R.] 7 japanische Flugzeuge über Nancheng Spreng und Brandbomben abgeworfen. 2 Bomben auf Missionsgrundstück gefallen. Br. J. Wyss von Splitter tödlich getroffen, gleich gestorben, ebenfalls unsere Arbeitsfrau Sie sao. Hsü Schwiegermutter und ältestes Mädchen, Liu älteste Tochter ihren Verletzungen, erlegen 7 Patienten schwer ver-letzt. Schuppen (?) zusammengeschlagen, im Wohnhaus Türen und

---

[343] Vgl. Röhm, R., China Bote, Januar 1941, S. 7/8

Fenster zertrümmert. In der Stadt große Brände und großer Schaden angerichtet." 15.10.1941: „Wieder Fliegeralarm. Beerdigung von Br. J. Wyss und der vier anderen Getöteten auf dem Gemeindeberg." 16.10.1941: „Fliegeralarm". 28.10.1941: „Alarm". 29.10.1941: „3 Mal Fliegeralarm". 01.12.1941: „3 Mal Fliegeralarm". In den Folgemonaten gab es oft Fliegeralarm und später auch heftige Kämpfe zwischen Chinesen und Japanern, durch die die Missionare verschiedener Stationen hin und her gescheucht wurden.[344]

Nach Dr. Walter Röhms Schilderung wurde die Missionsstation Nancheng bei diesem Angriff nur zum Teil zerstört. Erst nachdem die Japaner am 12. Juni 1942 die Stadt erobert hatten, setzten sie sie abschnittsweise in Brand und legten auch die Missionsstation und die Praxisräume in Schutt und Asche. Zu diesem Zeitpunkt waren alle Röhms aber schon auf dem Berg Wangpai interniert.[345]

10.3 Wangpai

Es hatte schon lange Gerüchte über Ausweisungen oder Internierungen von Deutschen gegeben. Aber es gab lange keine klare Regelung und es ging hin und her. Familie Viktor Röhm war ja auch schon einmal aus ihrer Station Lichuan ausgewiesen worden und wurde dann wieder zurückgeschickt, wie oben erwähnt. Aber in den ersten Monaten von 1942 kristallisierten sich die Regelungen heraus und mehr und mehr deutsche Missionare mussten ihre Stationen verlassen. Eine ganze Reihe von ihnen landete schließlich nach viel hin und her mit den Behörden ab dem 6. Juli 1942 in dem einsam gelegenen Bergdörfchen Wangpai knapp 25 km westlich von Nanfeng. Im September 1943 waren 15 Erwachsene mit 11 Kindern dort interniert.[346]

---

[344] Kalendernotizen von Rudolf Röhm
[345] Röhm, W., Wie Gott in drei Erdteilen führte, S. 60/61
[346] Die Missionsstunde, März 1944

Bild 21: Internierungsort Wangpai

Am Ende der Internierung im August 1946 hatten Rudolf und Luise Röhm 9 Jahre in China verbracht und hatten Anspruch auf Heimaturlaub oder endgültige Heimkehr. Aber Deutschland lag in Trümmern, wurde von Ausländern regiert, die Missionsgesellschaft hatte kein Geld. Die alten Röhms konnten nicht einfach heimfahren. Erst am 10.12.1949 wurde ihnen in Wuppertal eine „Bescheinigung zum Zwecke der Einreise in die Heimat" ausgestellt. Darin hieß es: „Das Missionsehepaar Gustav Rudolf Röhm ... und seine Ehefrau Auguste Luise Röhm ... war vor seiner Ausreise seit 1893 für Wuppertal-Barmen, Gertraudenstr. 49 gemeldet. Der Wiederaufnahme in das Altenheim des Bundes Freier Evangelischer Gemeinden in Wuppertal-Vohwinkel, Falkenhaynstr. 11 stehen behördlicherseits keine Bedenken entgegen. Unterkunft und Verpflegung sind sichergestellt. Das Missionsehepaar befindet sich zur Zeit als solches in China und steht vor seiner Ausreise". Dieses Papier trug nicht nur Stempel und Unterschrift der Stadt Wuppertal, sondern auch noch den Vermerk „Recommanded" mit Stempel „British Resident's Office Wuppertal B.A.O.R. 5 und der Unterschrift eines Oberstleutnants T.C. Chrichton. B.A.O.R. war die Abkürzung von British Army of the Rhine = Britische Rheinarmee.

10.4 Nanfeng

Durch den Krieg waren einige Missionsstationen völlig zerstört, unter ihnen Dongxiang und Nancheng. Rudolf und Luise Röhm gingen nach der Internierung wieder nach Nanfeng. Viktor mit Familie ebenso. Die dortige Gemeinde war zwar selbständig, nahm aber die Hilfe der ausländischen Missionare gern an. Von Nanfeng aus sollten sie auch Lichuan und Nancheng betreuen. Dr. Walter Röhm und Familie gingen für die China Inland Mission nach Kaifeng in der Provinz Hunan, weil auf keiner der noch vorhandenen Stationen der Allianz China Mission Platz für eine ärztliche Praxis war und die Mittel für eine Neueinrichtung fehlten.[347]

Die bereits selbständige Gemeinde Nanfeng, in der Rudolf und Viktor Röhm nun mithalfen, wurde von dem bewährten Dr. Tschao ling kwang geleitet, dem im Vorstand der Apotheker und Heilkundige Dr. Ho ming teh und der Kaufmann Teng fuh tschüan zur Seite standen. Dazu gab es einen Evangelisten Li-huang liang. Jeden Sonntagvormittag kamen 40 – 50 Personen zum Gottesdienst. Vor der Predigt hielt eine Tochter von Dr. Tschao Sonntagsschule mit 20 – 30 Kindern. „Der Arbeit auf dem Lande, den Besuchen auf Außenplätzen widmete sich der alte Bruder Röhm in großer Treue und Ausdauer. Die ausgedehnten Fußtouren, die dieser unermüdliche Streiter über Berg und Tal, Sommer und Winter immer noch macht, sind eine Leistung, die jedem jungen Missionar Ehre machen würde". 10 Personen wurden getauft und in die Gemeinde aufgenommen. – In den von Viktor Röhm von Nanfeng beaufsichtigten Stationen Nancheng und Lichuan sah es nach dem Krieg mit Japan so aus: In

---

[347] Die Missionsstunde, Dezember 1946

Nancheng wurden die Versammlungen der kleinen Gemeinde gewöhnlich von freiwilligen Helfern in einem kleinen Versammlungs-
haus gehalten, das aus den Überresten des alten Gemeindehauses
1946 errichtet worden war. Es gab keine Außenstationen mehr und
Land- und Reisearbeit war mangels Arbeitskräften unmöglich. Doch
wurden vier Personen getauft und in die Gemeinde aufgenommen.
Auch in Lichuan gab es keinen ausländischen Missionar mehr und ein
chinesisches Ehepaar Teng war in die Bresche gesprungen. Fünf
Frauen wurden getauft und die Jugendarbeit war hoffnungsvoll.[348] Es
ist unklar, auf welchen Zeitpunkt sich diese Angaben beziehen, 1946
oder 1947? Der Informationsfluss zwischen China und Deutschland
wurde im letzten Weltkrieg spärlicher und langsamer und blieb es
auch lange nach Kriegsende. In Deutschland war der Krieg am 8. Mai
1945 beendet, in China erst im August 1945. Aber danach widmeten
sich die Chinesen wieder ihrem Bürgerkrieg, den die Kommunisten
im Herbst 1949 für sich entschieden. Wir wussten in Deutschland
damals oft lange nichts über Aufenthalt und Wohlergehen unserer
Verwandten und Bekannten. Briefe konnten gar nicht erst geschrieben werden, waren wegen Zensur unklar gehalten, verschwanden
oder konnten aus Papiermangel nicht gedruckt werden. So fehlen mir
Detailinformationen zu der Zeit zwischen der Internierung und 1949.

Der China Bote teilt im August 1949 mit, dass die Jahresberichte
[1948] von Nanfeng, Nancheng und Lichuan nicht angekommen
seien.[349] Die Ausgabe von Oktober 1949 enthält dann eine Mitteilung
von Rudolf Röhm vom 18. Juni 1949, dass der Postverkehr mit der
Küste und damit mit dem Ausland unterbrochen sei und ferner dass
in den Hauptstädten der Provinzen Jiangxi, Zhejiang und Fujian
„Regierungswechsel stattfand". Im Klartext: In Jiangxi, wo Röhms
lebten, waren jetzt die Kommunisten an der Macht. „Die Abendver-
sammlungen haben wir auf nachmittags verlegt, weil abends kein

---

[348] China Bote, August 1948, S. 11 – 13
[349] Vgl. China Bote, August 1949, S. 13

Verkehr mehr auf den Straßen sein durfte, auch waren die meisten Geschäfte geschlossen. Die Bevölkerung hat sich jetzt wieder etwas beruhigt, wenn auch allerlei Gerüchte in Umlauf sind. Zu uns sind die Leute nach wie vor freundlich." Leider war im Januar ein Prediger gestorben und es konnte noch kein Nachfolger gefunden werden, aber es wurden 4 neue Mitglieder in die Gemeinde aufgenommen.[350] – Von einer Nachbarstation berichtete Missionar Cerny, dass Missionsarbeit noch ungehindert getan werden könne, dass Besucher auf den Missionsgrundstücken höflich und freundlich seien, und dass auf Maueranschlagen bekanntgegeben worden sei, dass Missionsanwesen geschont und Ausländer und Prediger nicht belästigt würden. Es seien noch keine Angehörigen der ‚Befreier Armeen' angekommen.[351]

Keine 2 ½ Monate später hatte sich die Lage zum Bösen gewendet. Am 29.08.1949 berichtet Missionar Cerny aus Linchuan von Räubern, die die Gegend verunsichern und Reisen sehr gefährlich machen. „Was da für Gräueltaten verübt werden, lässt sich nicht beschreiben [...] Um aus den wehrlosen Leuten alles herauszupressen, was irgendwelchen Wert hat, werden sie über Strohfeuer an mehreren Körperteilen geröstet. In einer Gegend 25 km von hier sollen schon über 200 Personen so zu Tode gefoltert worden sein. Dass die Sache auf Wahrheit beruht, habe ich mit eigenen Augen gesehen [...] Sie werden fragen, warum die neuen Behörden mit den Banditen nicht aufräumen. Sie haben freilich schon allerlei getan, aber die Sache ist nicht so leicht. In vielen Fällen kennen die Beraubten und Gefolterten ihre Peiniger, doch wagen sie sie nicht anzugeben, weil sonst die ganze Verwandtschaft des Lebens nicht mehr sicher ist. Die großen Banden sind scheinbar sehr gut mit Waffen und Munition ausgerüstet, so dass sie den Kampf mit einer ansehnlichen Truppe aufnehmen können. In der Stadt können wir unsere Sonntagsversammlungen und Mittwochfrauenstunden ungestört halten, doch vermissen wir dabei

---

[350] Röhm, R., China Bote, Oktober 1949, S. 5/6
[351] Vgl. Cerny, J., China Bote, Oktober 1949, S. 5/6

schmerzlich die Lehrer und Lehrerinnen, die großen Schüler und die Beamten. Diese werden an den Sonntagen jetzt anderweitig in Anspruch genommen. Wir sehen deshalb schon etwas mit Sorge in die Zukunft. Manche Veränderung zum Guten dürfen wir durch das energische Durchgreifen der neuen Regierung in unserer Stadt feststellen. Zum Beispiel werden die notorischen Geldspieler, wenn sie ertappt werden, drastisch bestraft. [...] Mit der schlimmen Festesserei ist hier auch so ziemlich aufgeräumt worden. Wer es noch wagt, bei Hochzeiten oder Beerdigungen viele Leute einzuladen, der muss auch für die Soldaten der Volksbefreiungsarmee ziemlich beisteuern. Dadurch kann jetzt manch armer Schlucker mit wenigen Ausgaben sein Frauchen zu sich nehmen. Er ist nun nicht mehr gezwungen, wegen der Festesserei Schulden zu machen".[352]

Im Jahresbericht 1949 aus Nanfeng berichtet Viktor Röhm, der dort mit Familie und den Eltern lebte, Ähnliches. „Nachdem die ‚Befreiungsarmee' am 10. Mai bis Nancheng vorgerückt war, befanden wir uns in Nanfeng etwa drei Monate im Niemandsland. Die Landbevölkerung beruhigte sich allmählich, aber auf dem Lande trieben zügellose Banden ihr Unwesen. Raub und Brandschatzung waren an der Tagesordnung. Die Außenstationen konnten nicht mehr besucht werden. Die Gemeindearbeit in der Stadt ging aber weiter. In der Frühe des 17. August wurde Nanfeng besetzt. Allmählich kam auch das Geschäftsleben wieder in Gang. Die neue Regierung verkündete Religionsfreiheit sowie Schutz des Lebens und Eigentums der Ausländer. So brauchte niemand seine Station zu verlassen. Der Versammlungsbesuch an Sonntagen ließ aber merklich nach. In Behörden und Schulen wurde ein strenger Dienst eingeführt. Dadurch können manche, besonders jüngere Gemeindeglieder nur selten zu den Gottesdiensten kommen. So war auch die Leiterin der Sonntagschule, Frau Chao-Chen, nicht mehr frei zu diesem Dienst, den ein jüngerer Bruder übernahm. Auch er hatte als Lehrer öfters am Sonntag

---

[352] Cerny, J., Die Missionsstunde, Dezember 1949

Propaganda für die neue Regierung zu machen. So blieb schließlich eine Anzahl Sonntagschüler weg. Es wurde uns außerdem auch nahe gelegt, vorläufig von Straßenversammlungen abzusehen." Im Juni wurden 3 Leute getauft. Aber es gab nur noch wenig Besuche der Außenstationen. Rudolf Röhm war im Februar einmal 12 Tage und im März einmal 6 Tage unterwegs. Zur Weihnachtsfeier in Nanfeng kamen noch einige Christen von Außenstationen. In der Niemands-land-Periode vor der Besetzung Nanfengs durch die Kommunisten hätte die Gemeinde fast ihren Vorstand Dr. Ho verloren. Eine natio-nalistische Behörde verhaftete ihn und warf ihm Zusammenarbeit mit den Kommunisten vor – ein lebensgefährlicher Vorwurf. Er diente der Erpressung. Dr. Ho kam gegen hohes Lösegeld frei.[353]

Luise Röhm fiel am 15. Dezember 1949 infolge eines Schwindel-anfalles rückwärts von einer Treppe und erlitt starke Quetschungen am Steißbein, Rücken und linken Brustkasten, sowie eine große Beule am Hinterkopf, von denen sie sich nur langsam erholte.[354] Die alten Röhms wären nun gern nach Deutschland zurückgekehrt, aber Luise war nicht reisefähig und es war schwer, eine Ausreisegenehmigung zu bekommen. Anfang Mai 1950 beantragten sie ein Ausreisevisum und packten schon ihre Kisten. Aber das Visum ließ auf sich warten und im Juni packten sie einzelne Sachen wieder aus. Rudolf Röhm am 14.06.1950: „Wenn die Genehmigung kommt, gedenken wir mit dem Boot bis Nanchang, der Hauptstadt von Jiangxi, zu fahren, um dort den Zug zu erreichen. Die Autofahrt dorthin würde für meine Frau zu anstrengend sein. Von dort aus haben wir die Möglichkeit, Hong-kong über Changsha oder Schanghai zu erreichen. Wir wagten es, unsere Leute vom Lande zur Pfingstkonferenz nach hier einzuladen. Trotz der Regenperiode und drängender Feldarbeit kamen viele Alte und ganz Alte sehr weite und beschwerliche Bergwege nach hier, gewiss um den ‚ehrwürdigen Hirten und Frau' vor ihrer Abreise noch

---

[353] Vgl. Röhm, Viktor, Jahresbericht 1949 aus Nanfeng, China Bote Juli/August 1950, S. 8 - 10
[354] China Bote, Juli/August 1950, S. 10

mal zu sehen. [...] Wie gerne hätte ich die Familien nochmals in ihren Dörfern besucht -- aber es konnte nicht sein. [Im Klartext: Reiseverbot. H.R.] Schwer lag es mir während der letzten Monate auf dem Herzen. Wie viele Reisevorhaben konnten nicht ausgeführt werden, bedingt durch die Verhältnisse. [...] Dankbaren Herzens dürfen wir berichten, dass wir unsere Zusammenkünfte in der Halle auch weiter ungehindert haben können. Der Besuch hat jedoch nicht zugenommen. Auch sind einige Glieder der Gemeinde, die sich früher als Flüchtlinge hier niedergelassen haben, wieder in ihre alte Heimat zurückgekehrt. Zwei Brüder waren uns eine besonders geschätzte Hilfe bei der Wortverkündigung. Wir vermissen sie sehr. Die Brüder Shü in Nancheng, beide Silberschmiede, die als freiwillige Helfer mit dem Wort dienten, mussten sich beruflich umstellen, um für ihre Angehörigen den nötigen Unterhalt zu verdienen. Die meisten Geschäfte dieser Art bringen heute keinen Verdienst mehr. Vor der Umstellung letztes Jahr waren sie genötigt, anderswo ihren Aufenthalt zu nehmen. Nun aber konnten sie wieder nach Nancheng zurückkehren. Sie und ihre Angehörigen bedürfen sehr der Fürsorge der heimatlichen Missionsgemeinde."[355]

Die Mitte Mai beantragte Ausreisegenehmigung war auch Ende September 1950 noch nicht erteilt. Und inzwischen war Luise Röhm wieder reiseunfähig, wie Rudolf am 30.09.1950 mitteilte. „Meine Frau hatte von August an fast in allen Gliedern heftige Schmerzen. Der zu Rate gezogene Dr. Tschau erklärte, dass diese Schmerzen nervöser Art seien und Ruhe bedingten. Nun geht es etwas besser, aber unter solchen Bedingungen ist an eine Abreise von hier nicht zu denken. Ende letzten Monats hatte Viktor Malaria. Er ist aber zu früh aufgestanden. Ein Rückschlag war recht unangenehmer Art. Er konnte sich nicht erholen. Es zeigte sich später, dass es die gefährlichste Art von Malaria war. Wir waren 10 Tage in großer Sorge. Seine Frau leidet seit einiger Zeit unter kolikartigen Schmerzen im Leib, in den

---

[355] Röhm, R., 14. Juni 1950, China Bote, September/Oktober 1950, S. 13/14

Hüften und im Rücken. Bei uns allen sind die Kräfte eben aufgebraucht. Unser Haus gleicht in letzter Zeit eher einem Hospital – nur dass Arzt und Krankenwärterin fehlen."[356] In einem weiteren Schreiben (ohne Absenderort und Datum) heißt es „wenn die Heimreisebewilligung kommt, dann muss zunächst unser Name im Jiangxi Tageblatt bekannt gemacht werden, das in Nanchang erscheint, und zwar in fünf Nummern, ehe die Reise angetreten werden kann. Seit Anfang Mai stehen gepackte Kisten hier. Jetzt haben wir für den Winter Federbetten und die Winterkleider herausgeholt. – Dr. Tschau und Dr. Ho, die beide am Wort dienen, waren krank. Da war meine Anwesenheit nötig. Viktors Frau liegt noch schwer darnieder an neuralgischen Schmerzen. Viktor, der immer noch an seinem furchtbaren Malariaanfall zu leiden hat, ist durch die Pflege seiner Frau sehr in Anspruch genommen. Klein-Waltraut, jetzt 8 Monate alt, geht gut voran, obwohl die Mutter nicht genügend Nahrung hat. Meine Frau kann gottlob wieder nach dem Haushalt sehen und die Kleine baden und füttern. Unter diesen Umständen hätten wir Alten Hilde und Viktor nicht allein lassen können. Es ist schon gut so, dass die Ausreisegenehmigung bisher ausblieb."[357]

Das Verbot der Missionsarbeit kam bald darauf: „Seit dem 18. Dezember [1951] hat man uns hier in Nanfeng alle Gottesdienste und Versammlungen untersagt. Als Grund wurde die jetzt begonnene Durchführung der Bodenreform angegeben. [...] Die aus dem Ausland stammenden Guthaben bei den Banken sind bei uns und anderwärts eingefroren. Wir müssen nachweisen, dass unsere Gelder nicht aus Amerika stammen, wenn wir Auszahlungen erhalten wollen. Bisher war mein Guthaben noch flüssig, und ich hoffe, dass wir die Gelder zur Reise an die Küste rechtzeitig haben werden"[358] Aber die

---

[356] Röhm, R., aus Nanfeng am 30. September 1950, China Bote Januar/Februar 1951, S. 13/14
[357] Röhm, R. China Bote, Januar/Februar 1951, S. 13/14
[358] Röhm, Viktor, aus Nanfeng am 8. Januar 1951, China Bote, März/April 1951, S. 9

Ausreisegenehmigung war immer noch nicht da. Infolge von Über-arbeitung durch die Arbeit in der Gemeinde und die Pflege der erkrankten Familienangehörigen wurde Rudolf Röhm nun auch schwer krank. „Er konnte etwa 3 Wochen lang kaum etwas Speise zu sich nehmen, so dass er ganz von Kräften kam und wir fürchteten, er könne die Reise nicht mehr machen. Am 21. Februar erhielten wir Bescheid, dass unsere Ausreise von der Regierung genehmigt sei und wir am 28. reisen sollten. Doch gab es mit dem Aufgebot in der Zeitung eine Verzögerung und wir rechneten mit dem 19. März als Abreisetag. Die Ortspolizei drängte aber, dass wir am 15. abreisen sollten. Alle Vorstellung, dass mein Vater noch nicht reisefähig sei, und meine Frau noch nicht ganz auf sein könne, halfen nichts. Am 15. [März 1951 H.R.] um 12 Uhr sollten wir das Haus räumen. In aller Hast wurde am Vormittag noch das Letzte gepackt und dann das Gepäck von der Polizei untersucht. Die Kisten konnten nur not-dürftig geschlossen werden und wurden gleich aufs Auto geladen. Für Papa konnten wir im Auto ein Feldbett aufstellen.[359]

Die beschwerliche Reise nach Hongkong schilderte die inzwischen etwas von ihrer Krankheit erholte Luise Röhm so:

„Wirklich auf dem Weg in die Heimat. [...] Am 15. März, dem Tage unserer goldenen Hochzeit, mussten wir von Nanfeng abreisen. Wir wollten drei Tage später abreisen, dann hätte die Abreise in Ruhe geschehen können. So trieb man uns noch fort, weil man das Haus schnellsten beziehen wollte. Zwei Ämter wollten hinein; die Polizei hatte es sich aber schon einige Wochen vorher gesichert. Das Polizeiamt ist jetzt also im Besitz des Missionshauses. [...] Der Bus brachte uns an je-nem Nachmittag nur bis außerhalb der Stadt. Die Nacht ver-brachten Papa und ich im Bus, er auf einem Feldbett und ich auf einer Kiste sitzend. Mein Mann war sehr, sehr schwach.

---

[359] Röhm, Viktor, am 2. April 1951, China Bote Mai/Juni 1951 S. 12-14

Viktor und Hilde übernachteten nebenan in einer Herberge. Am nächsten Morgen fuhren wir weiter bis Nancheng, wo wir das Frühstück einnahmen. [...] Gerne hätten wir die Christen noch einmal gesehen, aber wir mussten die vorgeschriebene Reisezeit einhalten. Im Volksstaat ist der Ausländer und der Chinese nicht mehr sein eigener Herr. Auch die Chinesen können nicht reisen wie sie wollen. [...] Nach dem Essen fuhren wir weiter nach Linchuan, wo wir eine Nacht bei Geschwister Cerny und Schwester Fröhlich wohnten. [...] Gerne wären wir einige Tage bei den Geschwistern geblieben, aber wir mussten weiter. [...] Überhaupt hatten die Christen in Linchuan Freiheit mit den Ausländern zu verkehren. Anders war es in Nanfeng, wo die Leute nicht mehr mit uns verkehren durften. Deshalb sahen wir auch nur wenige von unseren Leuten. Christen vom Lande fürchteten sich, nach der Stadt zu kommen. Wir haben darum auch alles vermieden, um den Leuten keine Schwierigkeiten zu bereiten. Welch ein Abschluss unserer 55-jährigen Tätigkeit in China! Von Linchuan fuhren wir nach Uen-kia-tsuen. Von dort mussten wir eine halbe Stunde zu Fuß zur Bahnstation gehen. Papa wurde, auf dem Feldbett liegend, getragen. In Wenjiazehn war Gepäckrevision. Beamte und Volk waren sehr freundlich. Unsere kleine Waltraud hat sich überall die Herzen erobert, Soldaten und Gepäckträger streckten die Hände nach ihr aus. [...] Von Wenjiazhen fuhren wir im Personenzug bis Nanchang und von dort in der Frühe weiter bis Chiang-shi. Hier erreichten wir den Shanghai-Kanton-Express, der uns in 36 Stunden nach Kanton brachte, wo wieder Gepäck- und Leibesvisitation war. [...] An der Sperre mussten von der englischen Polizei erst die Papiere geprüft werden, dann erst konnten wir in den Zug steigen, der uns nach Kowloon brachte. Hier wurden wir von Mr. Price und Mr. Searle von der China Inland Mission abgeholt, in zwei Autos gepackt und nach einem großen Hotel gebracht. Vorerst sind wir zur Ruhe gekommen, die wir recht genießen. Mein Mann liegt schon seit mehr als drei Monaten zu Bett; er ist sehr schwach, muss sich noch erholen, ehe wir weiterreisen können. Hilde, Viktors Frau, geht es bedeutend besser, der Rücken ist aber noch recht schwach. Sie kann sich nicht bücken oder die Kleine tragen. [...] Wir wissen noch nicht, wann Walter und Hedwig kommen, wir warten sehr auf Nachricht von ihnen".[360]

Am 20. März 1951 kamen sie nach 5-tägiger Reise in Hongkong an, das damals britische Kronkolonie war [bis 1997 H.R.]. In Hongkong stießen auch die 4 Söhne von Viktor und Hilde zu ihnen, die nach der Internierung auf Wangpai in Schanghai im Kinderheim gelebt hatten, um dort die Schule besuchen zu können. Mit anderen Missionaren waren sie von Schanghai mit der Eisenbahn nach Hongkong gekommen, wo sie zum ersten Mal ihre jüngste Schwester, Waltraud, sahen, die ein Jahr vorher in Nanfeng das Licht der Welt erblickt hatte. Am 02.05.1951 flog die ganze Gruppe in einem umgebauten viermotorigen Bomber in ziemlich kurzen Etappen nach London: Hanoi, Dehli, Kalkutta, Karatschi, Bahrain, Zypern, Malta. Auf der letzten Etappe von Malta nach London fiel ein Motor aus, was man bei den damaligen Propellerflugzeugen als Passagier gut sehen konnte. Unterwegs übernachteten die Passagiere mehrmals im Hotel. Am 5. Mai 1951 kamen sie in London an und fuhren mit Eisenbahn und Fähre am 8. und 9. 1951 Mai weiter nach Wuppertal, das immer noch schwer kriegszerstört war und großen Wohnungsmangel hatte. Das Missionshaus gab es nicht mehr. Rudolf und Luise Röhm gerieten aus ihrer Wahlheimat China, in der sie einmal sterben wollten, nach 14 Jahren und 2 Monaten in die völlig umgekrempelte neue Heimat, die ihnen sehr fremd war.

---

[360] Röhm, Luise, China Bote, Mai/Juni 1951, S. 10 f

11 Lebensabend in Deutschland

A ls Rudolf und Luise Röhm am 9. Mai 1951 wieder nach Deutschland kamen, galten sie als Flüchtlinge und mussten in ein zentrales Flüchtlingslager nach Wipperfürth zur Registrierung und Weiterleitung. Wie lange sie dort waren, ist nicht mehr genau bekannt. Ein Personalausweis von Rudolf Röhm gibt unter dem Stempel 22.5.51 als Adresse ein Altersheim in Wuppertal-Vohwinkel, Falkenhaynstr. 11 an. Ab 19.07.1951 waren sie im Haus ihres ältesten Sohnes – meines Vaters – gemeldet, in der Parsevalstraße 36 in Wuppertal Barmen. Ob sie vorher schon bei meinen Eltern unterschlüpfen konnten, weiß ich nicht mehr.

Bild 22: Letzter Wohnort, Wuppertal-Barmen, Parsevalstr. 36

Ich erinnere mich, dass beide Großeltern zusammen in ein Zimmer des damals völlig überbelegten Hauses meiner Eltern zogen. Das Zimmer hatte kein Wasser, keine eigene Küche, alle kochten und aßen in einer Küche. Aber Rudolf Röhm kam fast nie zu gemeinsamen

Mahlzeiten. Er war sehr schwach und ich habe ihn hauptsächlich im Bett liegend in Erinnerung. Ich habe kaum mit ihm gesprochen, denn nach kurzer Zeit durften wir Kinder ihn nur noch ganz kurz und dann gar nicht mehr sehen. Er starb am 13. August 1951 im 83. Lebensjahr und wurde am 17. August auf dem Friedhof am Platz der Republik in Wuppertal-Elberfeld begraben.

Der China Bote schrieb in seinem Nachruf: „Der Heimgegangene wird allen, die ihn kannten, als ein Mann mit einer seltenen Bescheidenheit, aber großen Verantwortung für seinen Dienst in Erinnerung sein. Daher rührte auch sein großes Pflichtbewusstsein allen gegenüber, die ihm in den Weg traten. Das war nicht nur in China so, sondern auch in der Heimat. Es wäre nicht in seinem Sinne, wollten wir nun von all dem berichten, was er gewirkt hat. Seine Werke folgen ihm nach. – Es war ihm nicht vergönnt, in Chinas geliebter Erde gebettet zu werden. Aber ehe er seine Heimreise antrat, standen ihm noch allerlei schwere Zeiten bevor. Er schrieb einmal mit feinem Humor: ‚Unser Haus ist wie ein Krankenhaus - aber ohne Arzt und ohne Krankenschwestern'. Alle seine Lieben, seine Frau, sein Sohn Viktor und dessen Frau waren teils schwer erkrankt, die beiden chinesischen Ärzte ebenfalls. So musste er Arzt, Hausfrau, Stationsleiter, Seelsorger und Prediger in einer Person sein. Das hat die letzten Kräfte völlig aufgezehrt. Aber auch seelische Belastungen überfielen ihn. Er konnte nicht glauben, dass die neue Regierung solche durchgreifenden Veränderungen im chinesischen Volke bewirken könne. Er meinte immer, es käme doch noch anders. Aber die Entwicklung nahm ihren steten, wenn auch zunächst langsamen Verlauf. Es kam soweit, dass zwei Behörden sich um den Besitz des Missionshauses stritten. Da wurde von der einen vorzeitig ein Heimreisetermin gesetzt, der unter allen Umständen eingehalten werden musste. Bruder Röhm war nicht in der Lage aufzustehen, so wurde sein Abtransport auf einem Feldbett durchgeführt. Es war der 15. März, der Tag der goldenen Hochzeit unserer Geschwister Röhm, und der Tag seiner ersten Ankunft in China jährte sich in jener Zeit zum fünfundfünfzigsten Mal. – Dass der völlig entkräftete Mann überhaupt die Strapazen der Heimreise überstand, ist uns wie ein Wunder erschienen. Wir sehen ihn noch mit Aufbietung seiner letzten Kräfte bei der Begrüßungsversammlung in Barmen stehend seinen Bericht über die 55 Jahre Tätigkeit in China geben. Es war ein Stück Missionsgeschichte, das in den 20 Minuten vor unseren Augen abrollte."[361]

Luise Röhm erholte sich von den Strapazen der vergangenen Monate in China und betätigte sich eifrig in Frauenkreisen und Missionszirkeln. Strack aufgerichtet wanderte die drahtige kleine Person mit kleinen schnellen Schritten umher und machte mit ihrem eisenbeschlagenen Krückstock klack, klack, klack, klack. In ihrem Zimmer hingen chinesische Schriften an der Wand und in ihren Büchern steckten Lesezeichen mit traditionellen chinesischen Bildern und Bibeltexten auf Chinesisch. Sie las oft englische und chinesische Schriften und war eine große Verehrerin des englischen Arztes und Missionars Hudson Taylor, auf den sowohl die China Inland Mission als auch die Deutsche China Allianz Mission zurückging, die später Allianz China Mission hieß.

Wir Enkel kamen mit ihr nicht sehr gut klar, sie schien uns strenger und herrischer als ihr sanfter freundlicher Mann, den wir aber eigentlich gar nicht kannten. Insbesondere mit mir hatte sie Probleme, denn sie wohnte ja im Haushalt meiner Eltern, wir waren gewissermaßen eine Familie. Der Altersunterschied zwischen ihr und mir betrug 64 Jahre und unsere Ideen lagen sehr weit auseinander. Sie war in einem strengen Elternhaus groß geworden, hatte Jahrzehnte in einer mir oft übertrieben frömmelnd erscheinenden Umgebung gelebt und dazu in einer mittelalterlich paternalistisch geprägten anderen Kultur. Ich war manchmal ein bisschen rebellisch, hinterfragte Dinge und reagierte empfindlich auf Unterschiede zwischen Worten und Taten.

---

[361] China Bote, September/Oktober 1951, S. 2/3

Bild 23: Luise Röhm um 1955

Einige der sich als Vorzeige-Christen gebärdenden Menschen in unserer Gemeinde hielt ich für labernde Quatschköpfe und glaubte – ohne es wirklich zu wissen – meine Großmutter schätze diese Gesellen. Was mich noch mehr störte, war der von mir so wahrgenommene Herrschaftsanspruch meiner Großmutter über ihre Schwiegertöchter. Zwei von denen lebten in unserem Haus, meine Mutter und Tante Hilde, die Frau von Luise Röhms zweitem Sohn Viktor. Natürlich ergriff ich die Partei meiner Mutter, denn ich war praktisch vaterlos groß geworden und überwiegend von meiner Mutter und ihren Schwestern beeinflusst. Meinen Vater habe ich gar nicht erkannt, als er nach der Flucht aus polnischer Kriegsgefangenschaft im September 1947 zerlumpt bei uns auftauchte. Meine Mutter hatte mich durch die schrecklichen Hungerjahre nach dem Krieg gebracht und mich in Bombennächten geführt und geschützt. Und ich hatte ihre Sorgen mitbekommen, wenn in der Nazizeit ekelhafte Bonzen versuchten sie zu kujonieren, weil mein Vater ihr nicht beispringen und das miese braune Gesindel im Zaum halten konnte. So hielt ich mir unberechtigt erscheinende Anforderungen an meine Mutter für schlimme Aggression, die ich bekämpfen müsse. Bei Tante Hilde kam noch der under-dog-Effekt hinzu. Sie war in einer schrecklichen Situation, durch die damals herrschende Wohnungsnot. Eine ihr gehörende Wohnung war von der französischen Besatzungsmacht beschlagnahmt, obwohl sie leer stand. So war die 7-köpfige Familie bei uns in 2 Zimmern unterge-schlüpft. Die Küche hatte kein fließendes Wasser, in Küche und Schlafzimmer spielten, arbeiteten und schliefen 5 Kinder – alle jünger als ich – und zwei Erwachsene. Dass es da gelegentlich etwas lauter zuging, war unvermeidbar – wurde aber von der Großmutter mit Ge-zeter und Klopfen auf den Fußboden und Zurechtweisen der Schwie-gertochter quittiert. Das fand ich unangemessen. Und lächerlich fand ich den Umgang meiner Großmutter mit meinen etwas jüngeren Kusi-nen, insbesondere Ulla, die eine Zeitlang auch in unserem Haushalt lebte, weil ihre Eltern, Drs. Walter und Hedwig Röhm, als Missionsärz-te im Ausland arbeiteten. Ich hatte eine vage Vorstellung von Gleich-berechtigung und fand, Ulla werde von der Großmutter unterdrückt. Sie sollte z.B. bei Tisch nicht sprechen und schon gar nicht lachen. Ich fand das unfair und konterkarierte die Vorstellungen meiner Großmut-ter, indem ich viel mit Ulla sprach und bei Tisch Witze erzählte, um möglichst viel Gelächter zu provozieren. Meine Mutter tolerierte das, denn wir hatten immer bei Tisch alle miteinander kommuniziert und viel gelacht, oft war ja sonst gar keine Gelegenheit dazu. Großmutter sah mein und Ullas jugendliches Treiben überaus kritisch, guckte uns böse an und – wenn das nichts nützte – verließ sie das gemeinsame Mahl mit einem gepressten ‚excuse me, please'. Wenn sie sauer war, redete sie oft englisch oder gar chinesisch mit uns – was uns belustigte. Denn ich verstand außer ‚kai shui' = heißes Wasser fast nichts und ob die in China aufgewachsene Ulla viel mehr verstand, weiß ich nicht mehr. Uns störte jedenfalls das Verschwinden der Oma von gemein-samen Mahlzeiten nicht, denn insbesondere ich war ein im Krieg ge-stählter Dickkopf und wusste damals nicht, was sie alles im viel länge-ren Krieg in China erlebt hatte und was sie vielleicht auch hart gemacht hatte. Außerdem kam sie aus Westfalen, das ja für seine Sturköpfe be-kannt ist. Als ich später einen Führerschein hatte und die Großmutter manchmal zu ihren Veranstaltungen fahren musste (und sehr gern tat!) geriet ich mehrmals schrecklich mit ihr aneinander und erklärte ihr, im Auto hätte ich das Kommando und sie das zu tun, was ich befehle. Sie hatte damals schon Augenprobleme und kriegte nicht gut mit, ob das Auto noch fuhr oder schon stand, denn ich bremste natürlich mit der zarten alten Dame an Bord und ohne Gurte so sanft wie möglich. Sie wollte lange nicht begreifen, dass sie keinesfalls schon die Tür öffnen dürfe, bevor das Auto stand. Das war nämlich lebensgefährlich, weil die Türen des Autos hinten angeschlagen waren. Eine zu früh geöffnete Tür hätte nahe am Bordstein gehende Fußgänger niedergemäht. Das war aber mit Erklärungen in normalem Ton nicht in den alten Kopf zu bringen, weshalb ich zu Tönen gegriffen habe, die mir später leidtaten.

Ich glaube, dass Luise Röhm auch durch – schlechte? – alte chinesische Traditionen beeinflusst war, die der ältesten Frau im Haus viel Macht über die jüngeren zugestehen – und auch heute noch oft zu Selbstmorden von chinesischen Schwiegertöchtern führen. Von meiner Mutter habe ich erfahren, dass mein Vater Wünsche seiner Mutter nach mehr Regelungsbefugnissen in unserem Haushalt abgewiesen habe. Sie wären sicher bei meiner Mutter auch schlecht angekommen, sie gehörte ja zur Generation der Trümmerfrauen, die den Wiederaufbau des völlig zerstörten Deutschland in Abwesenheit vieler Männer – sie waren gefallen oder in Kriegsgefangenschaft – angefangen hatten. In China scheint Luise Röhm sehr große Regelungsbefugnisse bei den Schwiegertöchtern Hedwig und Hilde gehabt zu haben, mit denen sie sehr lange zusammengelebt hat. Die sehr vornehme und ungeheuer frustrationstolerante Tante Hilde hat solche Vermutungen bestätigt mit den Worten „es war nicht immer leicht!" Tante Hedwig soll sich zu anderen Schwiegertöchtern ähnlich und deutlicher geäußert haben.

Luise Röhm schien wenig Vertrauen zu Ärzten zu haben, zumindest in der Zeit, in der ich sie persönlich erlebt habe. Sie hatte mehrere Leiden, unter ihnen wohl auch eine Art Rheuma, die sie selbst behandelte. Dabei hatte sie eine promovierte Ärztin als Schwiegertochter und ein Sohn war Arzt. Aber sie vertraute lieber auf ein dickes altes Buch, das ihr wohl in China schon gute Dienste geleistet hatte. In ihm waren Naturheilverfahren beschrieben und in Bildern dargestellt. Unter ihnen war eins, das wir frechen Gören ‚den Arsch in kaltes Wasser halten‘ nannten. Wir stellten uns das nicht besonders angenehm vor, aber die Oma praktizierte es fast täglich. Sie hatte extra ein kleines Bänkchen, auf das sie eine große Schüssel mit ziemlich kaltem Wasser stellte und steckte dann den besagten Körperteil ins Wasser und machte wohl reibende Bewegungen, an die ich mich aber nicht mehr genau erinnere. Wir haben Oma natürlich nie selbst dabei beobachtet, sondern unsere Kenntnisse aus heimlicher Lektüre des Buches bezogen, wo von ‚Ableitungen‘ die Rede war. Ob nun die Prozedur selbst oder der Glaube an ihre Wirkung geholfen hat, weiß ich nicht, jedenfalls habe ich Oma als erstaunlich zäh und gesund in Erinnerung. Sie konnte eindrucksvolle Texte schreiben und ihr Englisch war unvergleichlich viel besser als meins. Sie hatte eine jüngere Schwester Elli, die wohl einige Probleme im Leben gehabt hatte, lange mit einem recht wohlbetuchten Mann verheiratet, der ihr irgendwie abhandengekommen war, dann Probleme mit dem Kommunisten-Gesindel, das damals die sog. Ostzone regierte, die später DDR hieß und die heutigen neuen Bundesländer umfasste. Dennoch war diese Elli eine lustige, witzige Frau, während die Oma etwas verbiestert wirkte, obwohl sie vermutlich viel gebildeter und wahrscheinlich auch welterfahrener war. Ich konnte mir diesen Unterschied als Jugendlicher nicht erklären, bis ich selbst Kinder hatte und die Erkenntnis meines anderen Großvaters auch gewann: Es gerät einem nicht ein Kind wie das andere.

Auf jeden Fall war Luise Röhm eine bemerkenswerte Frau und ich bin heute froh, dass ich sie erlebt habe. Sie starb am 29.03.1960 mit gut 87 Jahren in Wuppertal und liegt mit ihrem Mann und ihren ersten beiden Söhnen, Theo und Viktor, und deren Frauen auf dem Friedhof am Platz der Republik in Elberfeld begraben.

12 Literatur

Atlas of China, China Cartographic Publishing House, Beijing, China, 2nd Edition, 2nd Impression, Jan 1999

Beijing Rundschau 29.04.2010: Geschichte Shanghai: Die Entwicklung der Stadt bis zum Ende des 19. Jahrhunderts; aus http.//german.beijingreview.com/cn/expo2010/ txt/2010-04/29/conte..., [Zugriff 17.06.2014]

Billy Graham Center Archives Papers of Fredrik Franson - Collection 87 – aus: http://www2.wheaton.edu/bgc/archives/GUIDES/087.htm#3

China Bote, Monatsschrift der Deutschen China Allianz Mission, Barmen, und ihrer Nachfolger Allianz China Mission, Barmen, und Allianz Mission, Wuppertal-Barmen. Herausgegeben von 1892 bis 1952, danach „Missionsbote", mit redaktionellen Beiträgen und Berichten von Missionaren

China und das Evangelium 1909. Illustrierter Bericht der Deutschen China-Allianz-Mission. Hrsg. Deutsche China Allianz Mission, Barmen, 1909; Desgl. China und das Evangelium 1912

Christsein heute, Herausgeber und Verlag: SCM Bundes Verlag gGmbH, 58452 Witten

Die Missionsstunde, Monatsblatt der Frauenhilfe der Allianzmission, Sekretariat der Allianz China Mission für die Schweiz; Prediger H. Schürch, Haldenstr. 28, Winterthur; März 1944 und Dezember 1946

Die Schulen des Großherzogthums Baden, Herausgegeben von dem Handelsministerium. Bearbeitet von L. Renk, Direktor des Großherzoglichen Badischen Oberschulraths. Carlsruhe, Chr. Fr. Müller'sche Hofbuchhandlung, 1873, S 16 ff; im Internet unter Beiträge zur Statistik des Großherzogtums Baden – digitalisiert, 1873, 34. Heft, S. 16;

auf digital.blb-Karlsruhe.de/periodical/pageview/1324701 ff
[Zugriff am 15.06.2014]

Der Posaunengeneral, Portrait von Pastor Johannes Kuhlo;
www.posaunenchor-schwarz.de [Zugriff 24.05.2014]

Elizabeth Baxter Christian Heraldess. Aus
http://www.pawcreek.org/testimonies/elizabeth-baxter,
[Zugriff 15.06.2014]

ENGLER, Karl Hrsg., Das Evangelium in China. Illustrierter
Jahresbericht der Deutschen China-Allianz-Mission vom Jahre 1914,
Deutsche China-Allianz-Mission, Barmen 1915.

Evangelische Hochschule Tabor, Neupietistische Missionsgesellschaften, Die Glaubensmissionen, in:
http://www.eh-tabor.de/dieglaubensmissionen, [Zugriff 12.05.2014]

Jung, August, 2000: Ein umstrittener Endzeitprediger: Missionar
Fredrik Franson aus Amerika. Monatsheft für Evangelische Kirchengeschichte des Rheinlandes 49, 161-192.

Röhm, Walter, Wie Gott in drei Erdteilen führte, o.O. 1995

Spohn, Elmar, 2009: Die Allianz-Mission und der Bund Freier evangelischer Gemeinden (BFeG): Die Geschichte Ihrer Beziehung und
deren theologische Begründung (The German Alliance-Mission
and the Federation of Free Evangelical Churches in Germany:
The History of their Relationship and its Theological Rationale)
http://uir.unisa.ac.za/bitstream/handle/10500/2427/dissertation.
pdf [Zugriff 24.05.2014]

Spohn, Elmar, Hudson Taylor und die Allianz-Mission,
Christsein Heute, 6/2015, S. 6- 8

Taylor, H. u. G., Hudson Taylor – Ein Lebensbild, Emil Müllers Verlag, Barmen o.J.

Torjesen, Edvard, The Legacy of Fredrik Franson, Boston University – School of Theology, Biographies, http://www.bu.edu/missiology/missionary-biography/e-f/franson-frederick-1852-1908/ [Zugriff 14.06.2014]

Wegener, Georg, Im innersten China, Eine Forschungsreise durch die Provinz Kiang-si, August Scherl G.m.b.H., Berlin SW 68, 1926

Wikipedia, Wandergesellen, [Zugriff 12.06.2014]

Wikipedia: Preussen (Schiff 1886), [Zugriff 16.06.2014]

Wikipedia: Karlsruhe, Schiff (1889). [Zugriff 16.06.2014]

Wikipedia: Georg Müller, Waisenhausleiter. [Zugriff 15.06.2014]

Wikipedia, Boxeraufstand [Zugriff 16.06.2014]

Wikipedia, Kuomintang, http://en.wikipedia.org/wiki/Kuomintang [Zugriff 15.04.2015]

Wittmütz, Volkmar: Die preußische Elementarschule im 19. Jahrhundert. In: Themenportal Europäische Geschichte (2007), URL: <http://www.europa.clio-online.de/2007/Article=263>.

Zimmermann, Kurt, China – wie ich es erlebte. Geschautes und Erfragtes von einer Besuchsreise durch Chinas Missionsfelder, Bundes-Verlag, Witten (Ruhr), 1936

50 Jahre Allianz China Mission 1889 – 1939, Wuppertal-Barmen, 1939

Berichte der folgenden Missionare im **China Bote**

Bender, Auguste
Bender, Josef
Cerny, Josef
Forrler, Emilie
Halbach, Ida
Klein, Heinrich
Manz, Fritz
Röhm, Dr. Hedwig
Röhm, Dr. Walter
Röhm, Luise
Röhm, Rudolf
Röhm, Viktor
Schmidt, Oskar
Schweitzer, K.
Sichelschmidt, Luise
Suter, Hanna

Briefe und Berichte von:
Röhm, Luise
Röhm, Rudolf
Röhm, Viktor
Röhm, Dr. Walter
Sichelschmidt, Luise
Tang Ke-Tschü, Evangelist, an die Brüder der Gemeinen
im Großen Tugendreich vom Juli 1907

FSC
www.fsc.org
MIX
Papier | Fördert
gute Waldnutzung
FSC® C083411

Zeitfracht Medien GmbH
Ferdinand-Jühlke-Straße 7
99095 Erfurt, Deutschland
produktsicherheit@kolibri360.de